挑战与变革

——美国文化产业考察与思考

中共中央宣传部干部局
中共中央宣传部改革办 编

2012年·北京

图书在版编目(CIP)数据

挑战与变革：美国文化产业考察与思考/中共中央宣传部干部局，中共中央宣传部改革办编. —北京：商务印书馆，2012
ISBN 978-7-100-09495-5

Ⅰ.①挑… Ⅱ.①中… ②中… Ⅲ.①文化产业—研究—美国 Ⅳ.①G171.24

中国版本图书馆 CIP 数据核字(2012)第 226187 号

挑战与变革
——美国文化产业考察与思考
中共中央宣传部干部局
中共中央宣传部改革办 编

商务印书馆出版
(北京王府井大街36号 邮政编码 100710)
商务印书馆发行
北京瑞古冠中印刷厂印刷
ISBN 978-7-100-09495-5

2012年9月第1版 开本 787×960 1/16
2012年9月北京第1次印刷 印张 26½
印数 2 000

定价：65.00元

出版说明

为深入了解研究国外文化产业发展状况，加强我国文化产业高层次人才培养，提高经营管理能力和水平，根据全国宣传思想文化人才培养工作统一安排，2011 年 10 月中旬至 11 月上旬，中宣部组织举办了全国宣传思想文化系统“四个一批”人才赴美高级研修班，先后考察了解了位于洛杉矶、华盛顿、纽约等地的有关传媒集团、文化机构、社会团体，在哥伦比亚大学围绕文化产业发展面临的新情况新问题分多个专题进行了深入研讨交流。

通过考察研修活动，研修班撰写了美国文化产业考察报告，参加研修班的“四个一批”人才结合考察情况和我国相关文化产业发展实际，分别撰写了专题研究报告。为便于更好地相互交流、相互借鉴，更好地推动文化产业相关问题的深入研究，我们将有关研究成果汇编为《挑战与变革——美国文化产业考察与思考》并出版。本书包括“美国文化产业考察报告”和“启示与思考”两部分，从多侧面、多角度对美国文化产业发展现状进行了比较深入的分析，并就如何进一步促进我国文化产业发展进行了探讨，有针对性地提出了意见和建议。

中共中央宣传部干部局

中共中央宣传部改革办

2012 年 8 月

目 录

第一部分 美国文化产业考察报告

第二部分 启示与思考

第一部分

美国文化产业考察报告

上篇：总论

一、由美国见趋势

尽管面临金融危机，但美国作为世界第一大经济体的地位丝毫未动摇，其作为文化强国的地位丝毫未动摇，美国仍然在经济和文化发展方面居于领跑地位。因此，透过美国文化产业的发展，我们或许可以看出一些构成趋势性的东西，这些趋势性的东西可能引发我们更多的思考。

（一）文明转型与文化产业：重新定义未来

新媒体和新技术革命所带来的产业结构和经济驱动模式变革已经使美国从传统的工业经济发展道路转向信息经济的道路，使美国从工业社会向信息社会转型，即由工业文明向信息文明转型。

1. 应对文明转型已上升为美国国家战略。

互联网给美国经济带来了源源不断的发展动力，随着网络经济在美国的逐步发展与深化，信息产业已成为美国的支柱性产业之一。白宫将发展高速无线网络作为“美国创新战略”。继美国总统奥巴马在国情咨文中提出“赢得未来”构想后，白宫在 2011 年 2 月 4 日发表“美国创新战略”报告，提出五项新计划，其中第一项就是发展无线网络，在未来五年内使美国高速无线网络接入率达到

98%。“赢得未来”、“创新能力”、“竞争力”等词最近频频出现在奥巴马的讲话中。

2.信息文明形态要求改变工业文明形态下的一切。

如同工业社会区别于农业社会一样,信息社会与工业社会相比,必然表现出诸多不同,目前看来,这种不同是全方位的。

(1)改变思维方式和行为方式。

(2)改变生产方式和经营方式。

(3)改变管理方式和服务方式。

3.社会文明形态的转型要求国家、社会组织、企业和个人协调一致、共同发展。

在信息文明形态下,文化与文化产业的发展必然表现出与前农业文明、农业文明和工业文明不同的特点。美国人对此显然有很好的理解。当前,美国将其提到“国家战略”的高度,并定义为“赢得未来”。作为信息文明主要传载工具和标志的新技术和新媒体已经渗透到美国人工作和生活的方方面面,正成为美国人新的工作方式和生活方式。

4.新文明形态:重新定义未来。

当一切都变得不一样的时候,一切都需要重新定义。在新的信息文明形态下,电影已经不是原来的电影,观众已经不是原来的观众;电视已经不是原来的电视,观众已经不是原来的观众;出版已经不是原来的出版,读者也不是原来的读者;报刊已经不是原来的报刊,读者也不是原来的读者……所有这一切都需要重新定义。这种重新定义一切的过程,就是重新定义未来。

(二)科技、内容和价值观三位一体，构成文化产业发展的三大支柱

科技为内容服务，内容为价值观服务，传播价值观是文化产业发展的根本目的。三者的有机结合形成三位一体，构成了文化产业发展的三大支柱。

1. 科技正以前所未有的力量推动着文化产业的发展。

可以说，文化产业的发展比以往任何时候都与科技的发展更紧密地结合在一起，比以往任何时候都更有赖于科技的发展，无论是电影、广播、电视，还是新闻、出版和演艺等产业，莫不如此。

(1)数字传播技术已经深入到人们工作和日常生活的每一个角落，可谓无所不在。美国已经率先全方位地进入到了数字时代，继续领跑全世界。

(2)正确认识技术革命的意义在变革的“混乱”期显得尤为重要。美国人的认识很清晰、坚定：人类文明发展的每一次科技革命都代表着生产力的革命，都会为人类文明的发展提供新机遇、创造新奇迹。

(3)科技的力量无论多么神奇，它终究只是工具和手段，文化产业的核心是内容，科技的使命是为表现内容服务，使内容更生动，更具表现力、想象力和感染力。美国所有的文化产业都牢牢地抓住内容不放，就连小小的文化纪念品都把内容做得有滋有味儿。

2. 内容永远是文化产业的核心。

内容是根本，文化产业归根结底是内容产业。文化产业离开

了内容就无文化可言，没有内容就没有生命力，就不会有市场。

(1)所谓内容，简单说就是讲故事(包括素材)。

任何成功的文化机构和文化产品，其任务从根本上说，就是把故事讲好，讲得人们爱听，讲得打动人心。

(2)无论是经典的老故事还是新内容，都必须融入我们自己的时代精神，主题与人们的日常生活密切相关。

也就是说，内容要服务于人们的现实需要，只有这样，才能把故事讲好，讲得人们爱听，讲得打动人心。只有这样，才会引起人们的关注和参与的热情，才会引起心灵的共鸣和激荡，否则就会落入到令人乏味的“老调重弹”之中。把“老故事弹出新调调”，把“外国故事弹出中国调调”，是我们应该认真研究的课题。

(3)内容创造与内容整合并重，并有由原创向整合发展的趋势。

内容是所有文化产业共同的支点，其中出版业往往在内容方面提供第一种产品形态，成为其他文化产业内容的来源和基础。例如，美国的电影很少来自原创剧本，多数都来自于对已出版小说的改编。

3. 价值观永远是文化产业的灵魂，文化发展的目的就是传播价值观。

与科技相比，内容是文化产业的核心，科技表现为工具和形式；与价值观相比，内容反过来又表现为工具和形式，价值观才是文化产业的灵魂，所有科技手段、所有内容形式，都服务于价值观，其目的都是为了传递和传播某种价值观。文化发展的目的就是传播价值观，这是发展文化产业的精髓。明白了这一点，就能够理解美国为什么可以选择其他国家的内容题材(例如中国题材的《功夫熊猫》等)做成自己的产品，其目的是有效地传播美国的价值观，选用其他国家的内容题材，更容易被那个国家的人们理解和接受，因此其所承载的价值观更容易在目的国传播。

(三)美国文化产业发展模式的新变化

数字化技术的发展，正在改变着美国文化产业的组织形态、传播方式、业务模式和赢利模式，新的文化产业模式正在形成中。

1. 以内容创意为核心，延伸产业链，开展品牌立体化经营，实现业务范围的拓展、组织结构的重建以及管理模式的创新。

在这方面，迪士尼公司最为成功，迪士尼模式正在被许多美国文化集团，如 NBC 环球集团、福克斯集团等效仿。这种新型的产业模式可以实现品牌价值的最大化、创意价值的最大化，以及资源利用价值的最大化。

2. 新的产业模式要求调整受众定位战略。

以数字化接收终端(电脑、智能手机和智能电视)的一体化以及传播过程的无缝连接为核心，重新确定受众(读者、听众和观众)战略。传统的文化产业分为图书、报刊、广播和电视，它们有着各自的传播方式、传播渠道和基本受众。互联网的出现正在改变这种状况，人们可以在一个电脑屏上读书、看报、看电视和玩游戏。

3. 赢利模式从过去的以销售型为主，向以服务型为主、销售型为辅转变。

广告是传统报刊和广播电视的主要收入来源，其基本模式是通过优质的内容提高发行量和收视率，从而带动广告销售。现在这种模式受到了挑战，随着数字化多媒体的推进，美国几乎所有的传统媒体机构都建立了自己的网站，开始数字化传播。但这些传统传播机构遇到的问题是，传统媒体的受众在减少，广告收入在下降，它们自己的新媒体受众在大幅增加，甚至远远超过了传统媒体，但其带来的广告收入却少得可怜，大多不足以弥补传统媒体的广告损失。与此同时，一些新兴媒体机构的经营收入持续快速增长。据谷歌2011年财政报表显示，与去年同期相比，其网站收入前三个季度的增长率分别为32%、39%和39%。表面看起来，谷歌收入的主要来源依然是企业投放的广告费，但实际上谷歌为企业提供的已经主要不是传统意义上的版面和时间，而是搜索服务。

而另外一些新闻网站和社交网站等，则采取了以内容或服务吸引受众点击浏览，然后提供深度服务，比如在线游戏等等的赢利方式(游戏正在成为最大的文化产业)。从最近的趋势看，无论苹果的iPad和iPhone，还是谷歌的智能电视和云技术，卖点都主要是软件和服务而不是硬件。正如许多专家所说的，互联网是文化产业传统商业模式的破坏者，也是新模式的缔造者。新模式的核心是服务。

(四)新媒体发展势头强劲，新老媒体大有融合之势

美国新媒体的发展速度惊人，同时新媒体的发展又不是必然要把传统媒体取而代之，新老媒体大有融合之势。

1.新媒体的快速发展成为不可阻挡的趋势。

新媒体的快速发展得益于其传播速度快,承载的信息量大,覆盖面宽,传播的方式和手段更具便捷性、参与性和娱乐性。新媒体已经渗透到美国各行各业中,在文化产业更是无处不在,这是文化产业的内容特性和传播特性决定的。

2.新老媒体的融合带动文化产业的大融合。

新媒体的发展不是简单地取替传统媒体,而是新老媒体优势互补,呈现出融合的趋势。传统媒体发展新媒体或者购买新媒体机构,已成为美国通常的做法。在这种形势下,整个文化产业出现了大融合的趋势,也就是说同样的内容可以用各种媒体形式呈现,制作成各种形式的产品。与此同时,跨行业经营成为一种时尚,它使文化产业内部已经没有了界线。迪士尼和NBC就是两个具有代表性的例子。

3.出版业迅速转型,在其他文化产业领域,新媒体所创造的价值还十分有限。

我们发现,虽然新媒体在美国得到了迅速的发展,但无论广播电视还是报刊业,其收入来源主要还是依赖于传统媒体,只有图书出版的数字化转型比较快,在很多出版机构,数字产品的销售已经占主导地位。但新媒体作为连接受众的纽带,作为新型的营销方式,为满足受众的情感需求,又是不可或缺的,更何况它已经成为一种发展趋势。

4.互联网有“一统天下”的趋势。

互联网有“一统天下”的趋势,这是多数人共同的感觉。互联网所创造的新的生产力不容否认,文化产业的发展必须顺应这一趋势,这是问题的一个方面。问题的另一方面在于,互联网对以往的所有秩序已经形成了巨大威胁，而人类社会的前进和文明的进步从来都依赖于秩序，所以在互联网形势下确立新秩序是所有国家都必须正视的问题。

(五)公众参与无处不在

在美国文化产业的发展进程中，公众的参与度越来越高，这几乎体现在文化产业的所有领域中。

1.“体验式”参与。

让公众参加体验活动是美国所有文化产业最基本的体验式营销手段，它能使企业更准确地了解目标受众的真实需求，根据需求设计适当的产品内容和形式。美国的文化产业，无论是营利性的企业还是非营利机构，都很熟识这一套做法。

2.直接参与产品的设计和制作。

在电影、游戏等众多文化产业中，在企业的内容创作和内容整合过程中，让公众参与已成为一种重要的趋势。例如，有一家销售文化衫的网上商店，完全由网友来设计图案，然后发动网友对提交的图案进行投票，每次只有获得第一名的图案能够投产、销售。

3.公众直接参与投资，1美元也不嫌少。

鼓励和吸引公众投资在很多情况下不是出于资金的压力，而是在于提高公众的关注度和参与度，吸收公众的智慧。例如，在人们越来越多地把目光转向移动屏幕的时候，美国电影煞费苦心，采用了一个利用社交网络吸引观众投资的做法，把观众的目光吸引到电影院里。如他们很早地把电影拍摄计划在网络上公布，并鼓励观众投资，即使 1 美元的投资他们也乐于吸纳，他们看重的不是 1 美元的投资，而是 1 美元带来的口碑相传的效应和由此引起的更高关注度。再如，美国国家美术馆建立会员俱乐部，任何人只要捐 20 美元就可以成为会员，享受会员的待遇。

二、美国发展文化产业的做法

（一）注重教育与文化传承

文化与教育是密不可分的，甚至可以说是一对孪生兄弟，不可能离开任何一方而谈论或发展另一方。关于这一点，美国也给出了一个很好的案例。

1.把教育作为文化发展的基础。

综合美国大使馆以及国际权威的《互动百科》等的最新统计：截止到2010年，美国适龄儿童小学及初中毕业率均为100%，在该国成年人口中，高中毕业率为85%，学士以上学位获得者占成年人口的比例为27%，美国已成为世界上受教育人数最多的国家之一。在联合国的一个21个国家的教育索引中，美国得分为99.9，排名世界第一。仅以2008年为例，美国教育公共支出占GDP的5.5%，占政府总支出的13.8%。美国完善强大的教育体系为美国文化的传承奠定了良好的基础。没有教育作为支撑，文化就是无源之水、无本之木，教育从根本上决定着人们的认知能力、思维能力和创造能力。

2.把培养有文化的国民作为文化发展的关键。

在一般人的概念里，美国人是没有文化的，因为美国只有200余年的历史。的确，200年只能说明这个国家没有太多的文化“传统”，而恰恰这200年是现代化和资本主义迅猛发展的时期，而资本主义是当时世界上最先进的生产方式和最先进的文化，美国建立在高起点上，较少受到所谓“传统”（奴隶制和封建制）思想和制度的束缚。

另一方面，或者说最主要的方面，美国的国民是有文化传统的，他们的祖辈主要来自欧洲，因此他们是欧洲人的后裔，欧洲人的文化传统深深地影响着美国人。美国人对文化的尊重与热爱，他们对文化活动的积极参与，他们对文化事业的慷慨捐助，都源于他们欧洲祖先的传统。例如，美国的许多博物馆都源于欧洲人的直接捐助，现在美国文化产业的资金多数是依靠民间资本。可以说，美国的文化产业发展主要是依靠国民，当然最终由人民自己享受。所以，美国把培养国民尤其是青少年的文化认知和参与意识，作为重要事项来抓。例如，在美国，博物馆成为为学生授课的第二课堂（而不是有意识或无意识地偶尔带领学生参观一次博物馆），这一点已经纳入到正规的教育制度中。

（二）重视法律、秩序与规范管理

1.为文化立法，把文化产业纳入法律轨道。

法律是市场经济的必要支撑和保证，美国的文化产业与其他产业一样，是在健全的法律体系下得到发展的。美国政府通过一系列法案的提出和实施为其国内的文化产业培育了良好的市场环境，使企业、市场和竞争健康有序地发展。文化立法为促进美国文化产业的发展发挥了突出的作用。

2. 没有对知识产权的保护，文化产业寸步难行。

版权保护作为文化产业发展的重要基础，是促进文化产业健康快速发展的有效途径。美国完善的版权保护法律体系则为文化产业的发展提供了有力的保障。同时，美国还在国际上极力推广产权保护，使得知识产权和国际贸易问题紧密联系在一起，形成了一套有利于美国文化贸易的体系。美国政府还设有负责版权工作的办公室、贸易代表署以及海关等政府部门，加强对版权的保护力度。总之，没有对版权的充分保护，文化产业寸步难行。

3. 制定规则，建立完备的文化产业体系。

完备的文化产业体系的建立，一方面依赖于政府产业政策制定的规则，它要求设计科学、行之有效，使国家、社会、企业和参与其中的国民，都能找到自己清晰的定位，在一个健康的“文化生态”环境中，各司其职，共谋发展；另一方面依赖于法律条件下的市场机制，或者说在法律保护下的市场环境。

4. 行业自律成为重要的产业秩序保障。

美国人的先辈在登陆美洲大陆之前，就在“五月花号”轮船上订立了《五月花号公约》，每个人都发誓遵守共同的约定。这种民间约定以及由此确定秩序的传统，一直传承下来，成为促进美国产业发展的重要因素。

（三）政府补贴也“市场”，“非营利机构”也营销

不到美国，体会不到什么是市场机制；不到美国，不能理解什么是真正的营销。这话乍听起来似乎有些夸张，但仔细品味确有道理。在这里需要特别指出的是，美国文化产业的市场营销，其核心与宗旨是吸引美国国民参与和享受文化内容，接受美国的价值观，而不是简单地创造多少经济价值。有了广大国民的喜欢与参与，就等于有了市场，有了市场才会产生经济价值。经济价值是结果，而不是市场营销追逐的目标。

1.政府补贴的市场效应。

美国政府对文化发展给予有限的资金支持，支持对象主要限于非营利机构。政府对任何项目的资助总额不超过所需资金的50%，大部分资金依靠社会、企业和个人捐助，以及自身经营。政府资金尽管数量不大，却发挥着重要的引导作用，凡是政府资助的机构和项目，表示对其价值和内容的肯定，具有“官方认证”的意义和效果，它可以带动社会、企业和个人捐助的热情和信心。美国的实践表明，凡获得政府资助的机构和项目，一般能吸引高出几倍的社会、企业和个人捐助。

2.免税政策的经济效应和价值导向。

虽然非营利机构享受一定的政府补贴，但美国政府对文化产业的扶持主要体现在免税政策上，而其免税政策也确实起到了促进文化产业发展的实际效果。免税政策主要体现在：对非营利性质的文化艺术院团和公共电台、电视台免征所得税；对个人或企业

组织对非营利机构的捐助实行减税或免税；对营利机构的投资失败，给予一定的税收减免；地方政府的特殊的产业减税政策，如美国有31个州政府对拍摄电影给予减税政策等。这些政策不仅大大地鼓励了企业组织和个人捐助和投资文化产业的热情和积极性，使他们在支持文化发展的同时，享受到政策实惠，更为重要的是，它倡导了一种尊重文化、尊重“文化人”（参与和支持文化产业的人）的价值取向，为社会树立了良好的文化风气和风尚。

3. 非营利机构的经营与营销。

非营利机构的经营模式、营销活动和经营效果，是美国文化产业非常突出的现象。一般说来，美国政府并不直接拨款去建立或管理文化机构，而是通过艺术基金会的方式间接支持和资助。美国有大大小小四万个基金会，其中的公益基金会实际上是指有资格向政府申请拨款的基金会，但管理则由董事会委任的管理层负责。所以，美国非营利机构的运营采取的是与营利机构或企业运营类似的模式，其营销意识和营销活动丝毫不亚于企业或营利性机构。

非营利机构的经营性收入构成其资金的重要来源之一。但其赢利不可以分红，不能用于其他领域，只能用于自己所专注的文化领域。据统计，美国非营利机构每年直接或间接拉动的经济产值接近400亿美元，提供130万个就业机会。

（四）营利机构：市场提供法宝，营销成就王道

关于营利机构或文化企业的市场运作和经营营销，有关情况

和案例将在下面的专题报告中专门分析，这里仅从宏观结果上做三点概括。

1. 市场机制形成合理布局。

美国文化产业的布局很好地结合了资源优势与文化传统，例如电影基本分布在西部的洛杉矶，新闻媒体基本分布在东部的纽约，国家级博物馆基本分布在华盛顿等，这种格局在很大程度上是通过市场法则，经过市场竞争大浪淘沙后形成的。这样的好处是合理、有效地配置资源，减少重复建设造成的恶性竞争和资源浪费。

2. 营销竞争创造突出品牌。

市场营销的过程就是创造品牌的过程，美国文化产业树立了一个个全球知名的品牌：从好莱坞电影，到迪士尼乐园；从百老汇歌剧，到林肯艺术中心。这些品牌的一个共同特征，就是长时间的专注度，长时间在一个方面做专、做深。

3. 立体开发，拓展产业链经营。

以一个内容或品牌为核心进行立体化开发，拓展产业链经营，是美国文化产业的一个重要趋势和特征。以一个故事内容出发，从图书到电影，到广播电视，到主题乐园，到网络游戏，到演艺，直至到玩具和其他产品，等等。在这方面，迪士尼公司最为典型。

三、现阶段美国文化产业发展存在的问题

（一）危机的影响远未退去

美国文化产业发展的现状表现出了与经济衰落的一致性：资金短缺；规模紧缩；产量和销量减少；大规模裁员；企业倒闭；等等。这一切几乎发生在所有文化产业中。

1. 资金短缺问题仍很突出。

资金短缺问题对电影业的影响最大。美国受金融危机影响最大的就是华尔街。好莱坞电影对华尔街资金的依赖程度向来很高，危机形势下华尔街的金融机构纷纷撤走资金，合作银行只剩下几家，使电影产业受到较大影响。

2. 产量下降与市场萎缩。

产量下降与市场萎缩突出地反映在电影和报刊业。电影业产量越来越少，2008 年以来，各大制片厂制片量减少 40%；电影在美国的发行越来越困难，许多发行商倒闭；国外市场也显著下降。报刊业的状况更糟。例如，《洛杉矶时报》发行量由顶峰时期的 150 万份降到 70 多万份；有一百多年历史的《休斯敦纪事报》由 76 万

份降到 32 万份。而且报刊规模也大幅缩减，例如《财富》杂志版面由过去的 300 多版降到如今的 160 版。

3.被迫大幅度裁员。

面对金融危机，美国各电影制片厂普遍大面积裁员，报刊业、出版业也是如此。例如，《洛杉矶时报》裁员 20%以上；《休斯敦纪事报》裁员 50%。一些大的出版企业如西蒙与舒斯特、麦克米伦等也相继裁员。

4.破产与易主。

报刊业表现明显。据不完全统计，三年来，全美的 1500 家报社已有 100 余家宣布破产、倒闭。《洛杉矶时报》、《芝加哥论坛报》和《费城问讯报》所属的报业集团已申请破产保护；《读者文摘》已经易主；《商业周刊》经营不佳也破产易主……出版业也出现类似现象。如一些著名连锁书店已关闭多家门店。

（二）对海外市场的依赖过大

美国的大企业很多都是面向全球市场的全球企业，文化产业也不例外。好莱坞的海外电影发行、全球的迪士尼乐园、出版业的版权输出等等，对海外市场的倚重都非常大。迪士尼公司已经把“全球拓展”、“创新”和“技术”并列为三大战略。“全球战略”一方面反映了美国文化对全球的影响，另一方面也暴露了对海外市场的依赖，这是潜在的风险，因为海外市场的不确定性更大，可控性相对更小。尤其是各国都已经认识到，国家之间的竞争最终表现为文化的竞争，所以各国都会竭尽所能地在对外扩大自己文化影响的同时，对内减低外来文化的影响。

（三）移民国家的文化与身份认同问题

美国是举世公认的移民国家，各国的移民身份各异，文化差异很大。长期以来，“美国人”这个概念在美国国内很难落在具体的人群身上，而它被具体地肢解为“亚洲人”（亚裔）、“欧洲人”（欧洲裔）和“非洲人”（非洲裔）等等，甚至还被更具体地细分为某个国家的族裔，例如华裔、日裔、法裔等等。

1. 文化很难认同。

这些拥有“族裔文化”根源的外来移民，与美国文化很难相互认同，族裔文化很难融入美国文化中，更不能成为美国主流文化的一部分。

2. “族裔”对“美国人”这一身份，更难有认同感。

对外来移民而言，尤其是晚近的外来移民，很难在骨子里认为自己是“美国人”，总有“身在异乡为异客”的感觉。

文化与身份缺乏认同感直接造成了美国文化“统一”的困难，造成了美国与其他各国家与民族相比的一大尴尬——“美国民族”从概念到意识的缺乏。美国政府已经意识到了这个问题，现在明确提出，在美国只有“美国人”，没有“中国人”、“日本人”、“印度人”、“墨西哥人”和“法国人”等等，旨在“统一”文化和“国家与民族意识”。

（四）跨越产业边界与专业化趋势的矛盾

在美国文化产业内部，已经没有了严格的行业界线划分，例如，迪士尼就是一家几乎无所不包的综合性文化公司；美国国家广播公司（NBC）的业务还包括电视（有线和无线）、电影和主题公园等。这种以完全自由竞争为特征的市场整合，与当今企业发展的专业化趋势势必产生矛盾。

1. 跨边界整合有弱化内容创造的潜在危险。

美国文化产业内部的跨边界经营，明显地以技术为先导，而在内容方面更多地强调整合而不是创造，这样久而久之有导致内容创新能力下降的危险。

2. 专业化是保持和强化内容价值的根本。

专业化是当今世界企业发展的重要趋势之一，它体现的是企业对顾客价值的关心，是企业保持和强化内容价值的根本，因此是企业核心竞争力的保证。文化产业说到底是内容产业，内容价值的创造和不断创新是文化产业的生命所在。以市场整合和内容整合为特征的综合性发展，势必与企业的专业化趋势产生矛盾，如何在大型化、综合化发展的同时保持“专业”优势，是当前美国文化产业发展面临的重要课题。在这种形势下，如何应对文化产业跨边界经营的趋势，也是引发我们思考的重要问题。

（五）面对危机，报刊业几乎不知所措

1. 报刊业处于危机与转型的阵痛期。

可以毫不夸张地说，报刊业尤其是报业是新媒体的“重灾区”。因为其他传统媒体在受到新媒体影响和冲击的同时，也获得了新的机会，即转型再生的机会，甚至可以说新媒体在催生着传统媒体

自身的蜕变。相比之下，报业受到的影响和冲击似乎主要是破坏。之所以说主要是破坏，是因为新媒体在影响传统报纸受众数量、销售数量和广告收入的同时，并未提供足够的新增长方式和销售收入来源。确切地说，网络版的销售收入和广告收入微乎其微，可以忽略不计。而与此同时，传统纸媒的广告收入锐减。例如，《今日美国报》广告版平均占总版面的15％—20％，比过去大大减少；《财富》杂志广告收入下降也比较大。如果再考虑到整体的经济危机形势，报刊业可以说是雪上加霜。

2.面对双重危机，传统的报刊社显得束手无策。

在《洛杉矶时报》与六名主任记者的访谈中，面对新媒体和数字化的冲击，他们普遍表现出了悲观的情绪，甚至认为报纸的消亡是不可抗拒的事情，几年之后美国或许只剩下《纽约时报》和《华尔街日报》了。面对利润从2亿到8000万美元的大幅度下降，以及员工从10年前的1500人减少到只有500人，他们对自己正在进行的历史资源数字化的市场前景明显信心不足。在线收费阅读失败，网络版目前全部免费，只有《纽约时报》目前在做收费尝试，成功的几率不可预知。据《福布斯》的一名资深编辑介绍，《福布斯》、《财富》和《商业周刊》等杂志的网络版也是不收费的。为应对这种状况，美国的报纸可谓各显神通，有靠出租房屋维持的，有开展出租汽车业务的，有举办高端奢侈品展销会的，有举办旅游节和图书节的，等等。

（六）新媒体对“文化”的侵犯成为严重问题

互联网在美国有一统天下的趋势。在发展互联网、增加国家在新媒体领域的文化竞争力和保护传统的文化知识版权方面，美国面临着冲突和两难选择。

1. 人人都是信息的发布者和接受者，却没有人对内容的“文化”负责。

有人将互联网时代称为自媒体时代，在互联网中，人人都是信息接受者，人人又都是信息发布者。传统传播学意义上传者和受者之间的界限变得模糊，新媒体的拥有者往往只是提供一个服务和交流平台，而不是承担信息发布者的角色。面对海量的信息，要新媒体拥有者像传统媒体那样完全承担起把关人的角色确实是一件非常困难的事。文化发展的根本任务就是传播价值观，对信息的准确性和科学性缺乏“文化”的把握，是一件很严重的事情。

2. 在美国，当前最突出的问题就是互联网对版权秩序的侵犯。

信息或视频的提供者往往是版权的侵犯者，而且因为人数众多难以追究其责任。这在美国这样一个有着完备知识产权保护传统的国家是一件很棘手的事。对此展开的争论也非常激烈。以互联网为代表的新媒体一方坚持认为目前的做法是对的，有利于美国文化的繁荣和国际竞争力；而以各大传统制片公司和传媒机构为代表的另一方则认为这种不受版权保护的局面将导致没有人愿意投巨资去进行文化产品的创意与研发，最终将损害美国的文化创新能力和国际竞争力。目前这种争论已经上升到美国国会立法层面，而且双方势均力敌。

四、几点思考

通过此次学习考察，我们深深感到：美国作为资本主义国家的典型代表，其文化发展走出了一条独特的道路，尽管还存在诸多问题，但也有许多好的做法和经验；另外美国在文化产业发展中所显露出来的一些趋势，都值得我们在文化的改革发展中参考和借鉴。

（一）高度重视并大力提升文化软实力

“软实力”作为国家综合国力的重要组成部分，对世界各国制定文化战略和国家战略是一个重要的参照系。美国在发展政治、经济、军事等硬实力的同时，也十分注重发展文化软实力。提升国家文化软实力不仅是我国文化建设的一个战略重点，也是我国建设和谐世界战略思想的重要组成部分，更是实现中华民族伟大复兴的重要前提。

1. 提升我国文化软实力，应以马克思主义为指导，继续丰富和发展社会主义先进文化。应坚持为人民服务、为社会主义服务的方向和百花齐放、百家争鸣的方针，认真实施文化精品战略，大力发展繁荣哲学社会科学，善于吸收世界优秀文化成果，营造积极健康向上的文化氛围。

2. 要加强意识形态建设。软实力的核心是意识形态。意识形态作为一种政治价值观念，具有巨大的凝聚力和感召力。在我国，只有坚持马克思主义在意识形态领域的指导地位，建设社会主义核心价值体系，并用以引领和整合多样化的社会思想，用共同的理想、共同的奋斗目标来凝聚全民族的意志和力量，巩固全党全国各族人民团结奋斗的共同思想基础，才能实现全面建设小康社会、构建社会主义和谐社会的宏伟目标，实现中华民族的伟大复兴。

3. 要深化文化体制改革，进一步解放和发展文化生产力。按照“一手抓公益性文化事业，一手抓经营性文化产业”的思路，不断推进文化体制改革，逐步建立起促进公益文化事业繁荣、加快文化产业发展的文化宏观管理体制和微观运行机制，形成以公有制为主体、多种所有制共同参与的文化产业发展新格局，进一步增强我国文化的总体实力和竞争力；大力开展群众文化活动，保障人民群众的文化权益，满足人民群众精神文化需求，提高人民群众文化生活质量，促进人的全面发展。

4. 应深入实施文化“走出去”战略，在国际上弘扬中国文化，提升国家文化的影响力。要在开展对外文化交流的同时，积极扩大对外文化贸易，不断创新文化“走出去”的方式，推动我国文化产品和服务更多地进入国际市场，进入主流社会。

（二）重视教育基础的夯实与文化资源的利用

1. 文化发展不能忽视教育。没有教育便无文化和文化建设可言，在文化大发展大繁荣的进程中，不能忽视继续加大基础教育和素质教育的投入力度，把文化建设建立在扎实的基础上。当前我国的基础教育和素质教育还远没有达到与文化大发展大繁荣的要求相匹配的程度，因此必须强调这一点。

2.文化资源只有得到合理的开发与利用，才成为真正的资源。我国拥有丰富的历史文化资源，这为我国文化的繁荣发展奠定了坚实基础。如何做好文化资源的利用，是文化工作者需要认真面对和钻研的问题，我们要学会利用最新的科技手段，选取合适的内容题材，用人们喜闻乐见的“讲故事”方式，把传播社会主义核心价值观作为根本任务。

3.文化资源的利用与素质教育密切相关。中华民族虽然拥有未曾中断的文明发展脉络，但在我们的历史上，对文化的尊敬和发展文化的态度却不止一次地被中断过，以至于人们尤其是青少年学生对中华民族历史和传统文化的了解和认识，还与文化大发展大繁荣的要求存在较大的距离。所以，这方面的教育问题(现在在很多情况下体现为国学教育)，同样是不容忽视的问题，中央确立的文化大发展大繁荣方针是依靠人民、为了人民，人民参与文化建设与享受文化成果同等重要。

(三)顺应新技术革命与文明形态转型

对于新技术和新媒体所带来的文明转型，即由工业文明迈入信息文明，以及由文明转型所带来的“一切转变”，应当上升到“国策”的高度来应对，社会文明形态的转型要求国家、社会组织、企业和个人协调一致，共同发展，尤其是国家要在理论与学术研究、思想与观念转变以及行动与实践等方面发挥主导作用。因此，需组织专家专门进行深入的学术和理论研究，研究成果必将对我们“把握未来”提供有益的、重要的理论指导。

（四）切实加强对新媒体的管理

1. 积极应对全媒体形态的发展趋势。在我国文化产业内部存在着严格的业务界线划分，面对媒体融合的新趋势，面对跨媒体而形成的全媒体的崭新业态，我们该如何前行，这是一个需要认真研究的问题。

2. 正确理解和运用新媒体。充分利用新媒体，顺应新媒体的发展趋势是别无选择的，这是问题的一个方面。另一方面是，必须加强对新媒体尤其是互联网的管理甚至立法，以确立新媒体形势下的新秩序。有文字记载以来的人类文明史表明，人类社会和文明的健康发展依靠的是“秩序”，互联网有颠覆“一切”既有秩序的倾向，如果在“颠覆”既有秩序的同时不能确立新秩序，必然造成混乱，混乱即意味着灾难，人类文明的灾难。

（五）加大经营管理人才队伍建设

人才在文化发展中起着关键性作用。经营管理人才的缺乏在文化大发展大繁荣的形势要求下，愈发显得突出，“四个一批”人才培养工程的实施也愈发显得重要和迫切。人才培养的步伐丝毫不能放慢，在美国学习和考察过程中，我们深刻地感受到，培养造就高层次文化产业经营管理人才是宣传思想文化人才队伍建设的一个十分重要的内容，尤其是文化创意产业对经营管理人才的依赖度更高，必须加大培养力度。

下篇：专题

五、美国电影业:危机下的生机

2008年金融危机以来,美国电影界与其他产业一样,受到了很大的影响。主要表现为:资金短缺,华尔街撤走资金,合作银行只剩下几家,使产业受到影响;产量越来越少,2008年以来,各大制片厂制片量减少40%;电影在美国的发行越来越困难,许多发行商倒闭;国外市场也显著下降,海外市场对美国电影的要求越来越挑剔;DVD市场几乎崩溃,当然这一点全世界都如此;各电影制片厂普遍大裁员;等等。与此同时,数字技术和新媒体的崛起对传统影业也产生了新的影响。

但对于美国电影业来说,最难能可贵的是,他们善于在不利的条件下寻找生机。首先,正确判断和认识形势。面对危机和新形势的出现,他们表现得很从容和淡定,各制片厂一致认为电影业仍是好产业,摆在面前的问题就是转变做法、转变模式而已。一句话,现在电影处于转型期。其次,为降低成本,改变方向和做法。例如减少宏大制作的数量,方向转为系列片,人物形象反复出现,包括喜剧片和动作片等。第三,调整销售模式,缩短从院线到影视市场的时间。第四,充分利用新技术和新媒体如互联网,同时开展立体经营或跨媒体经营,实现图书、商品、影院、话剧、电视和互联网的整合式立体营销。所有这一切都表现出了美国电影人的应变和调整能力，但还应该看到，电影作为内容产业的本质和根本规律依然没有发生变化，也不可能发生变化。美国电影业的“变”与“不变”，无疑对中国的电影乃至整个文化产业都具有借鉴价值。

（一）工业化特征、商业化运作和系统化营销

1.美国电影的工业化。

电影本身就是不可量产、具有意识形态属性的定制产品，美国把此生产过程的工序切割得特别细致，而且每个环节都由专业人员控制和操作，每个人只专注在自己工作范围内的事情，互不干涉，即便是制景工(grip)也都在电影学院、学校接受过制作流程和片场制度培训。这是美国最典型的电影工业化。这种类似流水线制作模式的好处在于：(1)每个环节的工作人员只需做好一项工作，所以会很专注，也会对其负责的工作研究得很透彻，这样生产出来的作品质量就非常好。(2)细致分工会使工作链条清晰，若生产过程有任何差错，可以很快追查到失误环节和负责人，加快对失误处理的反应速度，提高生产效率。(3)因为所有环节的工作人员都有专业背景，懂得片场制度，会严格遵守片场安全操作守则，避免事故发生。而且，各环节专业人员大多归属于相关工会，能保证工作人员良好的工作环境（不超过 12 个小时的工作时数、片场伙食和补充体力的零食等），提高制作人员的工作积极性和工作效率。

2.美国电影的商业化运作。

工业化的程序是为了快速创造电影产品带来的最大商业利

益。美国电影的商业化可以明显地体现在电影类型操作和特许品牌授权(franchising)及其所带来的票房收益上。2011 年上映的 626 部影片中,剧情片(Drama)有 202 部,票房达到 10.15 亿美元,却只占全美市场份额的 11.95%;动作、冒险片(Action/Adventure)是票房创收最高的电影类型,75 部共计 38.85 亿美元,占 45.6%的市场份额;其次是喜剧类型(Comedy)93 部,票房 14.98 亿美元,占市场 17.54%。类似于时尚界,这些数据向制片人显示的是当年当季电影市场的流行趋势。除主流剧情片外,每季会出现票房飙高的某种类型片,制片人会根据科学的市场调研进行数据分析,再根据流行趋势为市场定制类型片。

为即时迎合市场,并符合工业化效率需求,美国制片人会将平时收集来的高质量剧本按照类型归类放置。一旦某一类型片在市场上表现突出,他们会将此类型片的剧本找出来稍作调整就可以马上进入筹备拍摄阶段。

最明显的商业化运作是特许品牌授权。这是一种具有合同关系的品牌运用。最成功的案例是 J. K. 罗琳的《哈利·波特》,一个有完整故事关系的人物品牌销售。用品牌知名度创造最大效益,拍摄系列电影、电影动画、电影游戏、电影主题公园项目等。电影公司将一个故事人物打造成品牌,最典型的是超级英雄(super hero)和冒险类电影人物,拍第一集的时候虽然最后整个电影的故事是完整的,但会在结尾处给人物的未来留下悬念,以方便于后续的系列制作。2011 年上映的《加勒比海盗 3》其实就是和下集套拍主要内容而完成的,之后的《加勒比海盗 4》在上映前补充拍摄并增加应时特技和元素就可以上映了。这样既满足了故事的延续性,同时也节省了时间和成本。

3.营销的科学化与系统化。

美国电影的营销永远按照一整套科学的市场调研方法和系统的销售来安排。

(1)科学地预算和合理地安排营销费用。

通常来讲,每部片子上的营销费用可以达到整部片子制作和发行费用总和的34%—37%,据统计,自2003年,美国六大电影公司的每部片子平均营销费用是3950万美元。而迪士尼用2亿美元制作的《爱丽丝梦游记》,营销费用就高达7500万美元,80%的营销费用用在电视、网络上。

(2)科学的市场调研和数据分析。

市场调查是重要的产品生产环节。美国电影公司不仅愿意花大价钱买数据,重金聘请顾问团队(如Baseline Intelligence,最具规模的电影行业数据及产业分析公司之一),还长期跟踪了解观影人群的行为模式,并依此在制作方向和销售方向上进行策略调整。市场调研和数据分析不是一个简单的数据统计过程,而是对市场长期、持续性的监测过程,并且用消费心理学和人类行为学去进行分析。当一个类型片的市场表现超出标准期望值的时候,各电影公司会根据他们的经验做多方面的理性分析,看这部片是有流行趋势元素和发展空间,或只是单纯的偶然现象。他们分析的方面包括:演员效应因素、剧作来源(原创、文学改编、游戏改编等)、拍摄手法(真人、动画、纪实等)、创作类型(当代、历史、儿童等),还有MPAA分级(PG、PG17、R、NC-17等)。所以即便是同一种类型电影,也会因为以上因素而影响影片在市场上的表现。

(3)科学的试看机制。

很多电影还会在放映前广发免费试映票,来参加的人有很大的随机性,通常都是逛街的时候收到的传单票。电影公司会借此机会观察观影者的观后反应,如若反应不如预期,他们会根据回馈,在影片正式上映前再做最后的结构调整或改变宣传策略。华纳的国际销售总监苏·克罗(Sue Kroll)说她们的片子很多时候都要准备20多个不同版本的预告片,以备在放到市面上的版本讨论度不高的时候可以被及时替换掉。

(4)对市场或观众进行有效的系统性细分。

美国所有电影人都认为故事为王(Story is King),不管市场有多繁荣,如果片子本身故事很单薄是不会卖得好的。做好这一点,接下来就是美国电影行业如何用完善的系统结构来使电影在市场上的利润最大化。美国68%的人每年至少看一场电影,当中11%的观影人每个月都至少看一场电影,每年上映电影超过600部,美国通过MPAA对影片分级可以分流观众,让影片在其对应的观众群里得到最大程度的关注,这是它的系统优势之一。分级制度可以有效提高成人观众群的比例,倒不是说用暴力、性等内容去吸引成年观众,只是这样会使题材更广泛、更多元,市场内容丰富之后观众群才会增长。

(5)对电影的播映时间进行系统的安排。

美国电影的播映时间有系统的安排,各媒体平台间互不干扰,以实现最大收益。周末是大家去影院比较集中的时间,所以在美国,每周五是新片上映的日子,所有的新片都在同一天上映。用科学的眼光看,这种固定式的放映时间给观影人群设定好了生物钟,每到接近周末,大家会条件反射地去查周五上映什么片子,新片单一目了然,不会因为放映时间不定而错过某部新片的放映。美国所有DVD发行是在星期二,新档电视剧的播出是在星期四,全都避开周五的新片在院线的上映。

(二)新媒体带来的产业生机

美国电影在院线效益逐年下降的关头,必须考虑如何运用新媒体优势来启动和发展网络平台而为电影产业带来新的生机。

1. 电影人积极利用新媒体。

布洛克布斯特尔(Blockbuster)电影租赁连锁实体店面的全面倒闭、柯达申请破产保护,都喻示着电影产业数字化、科技化的飞快发展,影片的播放平台也逐渐趋向云端。目前美国各大电影公司以及新兴实力雄厚的中小电影公司都在产业转型阶段积极探讨观影人群的去向,以及新媒体观影平台的搭建和发展。为此,今年的美国电影市场峰会专门针对这个问题请来行业最具经验的电影营销和发行从业人员、影院拥有者、新媒体视频平台创建者来共同讨论产业发展策略。美国电影界人士虽然对新型发销模式也还处于摸索阶段,但都一致认为新媒体视频平台是在影院观影次数逐年下降的趋势下能够力挽狂澜的有效途径。

美国电影行业对市场监控的能力还是很强的,一旦发现有不稳定发展的情况,便立刻进行市场调研和数据分析。一家公司(Stradella Road)在2010年通过谷歌、微软和雅虎等平台大规模启动了一项“2010观影人群”的市场调查。当中对1547人进行深度访问，对 2305 人进行量性问卷调查。结果显示，运用网络进行电影营销是大势所趋，而数字科技产品也逐渐成为主流观影工具。

(1)52%的观影人在家里会使用数字视频录像机(DVR)，而这当中 71%的观众会利用 DVR 来避掉广告以维持观看电视电影的连续性。

(2)美国几乎所有的观影人群都是网络使用者，而大多数为重度网络使用者，甚至 40 岁以上的观影人群对网络的使用率也达到 90%。这些人平均每周上网时间为 19.8 小时，多过看电视的时数(14.3 小时)。所以美国各大电影公司的营销人员也在关注如何重新分配营销经费，把以往大量花在电视上的预告片预算分出 1/3 来做网络宣传。

(3)网络使用者中，96%的人会上网搜索信息，95%的人收发电子邮件，75%进行网络社交活动(如 Facebook、微博)，72%观看网络视频，54%写网络日记博客。当中，在网上观看视频的人，有 69%是看网络用户自己上传的影片，66%是观看电影预告片，57%是观看新闻片段，55%是观看电影片段。

(4)虽然目前电视和影院仍然是观影人群获得新片资讯的最快途径，但是通过网络得知新片资讯的观影人群已达到 44%，远远多过从平面媒体或路边广告牌得知消息的人数。当中，74%的观影人认为电影预告片是促使他们决定是否看一部电影的最主要因素。所有观影人群中，45%—62%的人喜欢在网上观看电影介绍、影评和幕后拍摄花絮。只有 21%—43%的人是在电视上看到相关信息。

(5)新一代观影人群对权威影评人的信任度已远不如对网友

推荐的信任度。41%的观影人喜欢找网友的影评来辅助判断是否去看一部电影,而只有29%的人会参考专业影评人意见。

2.新媒体积极迎合电影人。

各大新媒体公司在开拓网络观影市场上也都有新举措,为电影的发行开辟新的渠道。主要有三种商业模式:

(1)按月订阅,无限量观看。

以耐特弗利克斯(Netflix)公司为典型代表。由于在线影片观看的形式在用户中的反响非常好,于是耐特弗利克斯迅速扩大了在线观看影片库,并通过Xbox和PS3等媒体器上网链接电视,使得用户可以在电视上直接收看网络电影。耐特弗利克斯把网络DVD租赁和在线影片观看两种观看模式分开来收费,大力经营在线影片。

(2)按单片收费。

以亚马逊和谷歌为代表。亚马逊是美国综合网上购物商城,在线销售图书、电脑、家用电器、服饰箱包、美容化妆等产品。2008年9月该网站创建了一个新的部门——亚马逊即时视频(Amazon Instant Video),为用户提供两种购买在线观看权的方式:一是以很便宜的价钱,约3.99美元购买24小时的观看权,原因是很多人看电影只是一次性的娱乐行为;二是以3—4倍的价钱购买所有权,用户可以把影片放到个人账户资料库,随时在亚马逊上观看。

谷歌旗下的YouTube本身就是视频网站,如土豆、优酷,起初就是为视频业余爱好者提供平台上传个人拍摄的创意短片或家庭录像。后来因为成为主流视频网,很多影视专业人员把自己的作品上传到YouTube做宣传。近来,谷歌在YouTube开通影视频道，与亚马逊的经营模式类似，都属于视频点播形式（VOD，Video On Demand）的单片购买在线观看。

（3）发售单片拷贝，免传导，可在多种媒体器上播放。

在这方面，UltraViolet 和 Vudu 较为突出，前者是近期美国各大电影公司及影音公司都联合推崇的发销模式。只要购买带有 UV 图样标志的影片，即可存储在 UltraViolet 个人账户资料库。一个账户可以有六个人同时使用，分别在各自的智能手机、电脑、平板电脑以在线、无线下载或直接播放 DVD 的形式同时间在不同地点观看。这样，对用户来说，可以更便捷、更充分地使用一部电影的观影权，而且不必局限在家里或有网络的地方观看。乌杜是沃尔玛集团旗下的公司，是跟 UltraViolet 性质相同的平台。它们打的是内容战，掌握片源是决胜关键。

（三）美国电影：我们应该学什么？

中国电影产业近年来得到国家宏观政策的大力支持，而得以在全球金融危机的大环境下依然呈现出迅猛发展的态势。中国电影市场的快速成长不仅吸引到本国的大量资本投入，还引起世界其他各电影大国对中国市场的关注。在中国电影产业进入黄金阶段的时候，要如何提高国产片在本国市场的竞争力，如何将国产片成功地输送到外国市场，如何培养有眼界、有创造力的新一代电影人来持续电影产业的繁荣，是我们面临的问题。为此，我们无疑可以从处于世界领先地位的美国电影业吸取一些有益的东西。

1. 时时刻刻认清形势，做出正确的判断，并及时采取措施，顺应经济形势、科技形势和产业形势的新变化。

2.作为内容产业的电影,与其他文化产业形式一样,其传播力关键在于讲好故事。

现在不论是投资人抑或外国电影公司,所看重的是中国电影无比肥沃的"市场",而非中国电影本身。这是个很尖锐和实际的问题。拿刚刚闭幕的2011年美国电影展(AFM)来说,外国片商的展映房间挤满了中国批片人员,各类外语片的中国版权几乎在开市四天内都被抢购一空。而我们华语片的展位几乎是门可罗雀,乏人问津。最大原因有两个:制作不到位,宣传不到位。

制作方面,除技术以外(技术不在讨论范围,只要思维和创意跟上了,技艺的提升速度可以很快)最关键的是故事内容。现在国内的电影还是太过于专注在"中国故事",但要以电影传播最强的美国电影举例,我们很少看到一部美国电影会觉得它就是"美国人的故事";相反,美国电影写的都是"人的故事",并不分国界,也没有地域性。这是美国电影可以赢得全世界观众的原因,它讲求的是人文关怀,题材或许有文化性,但电影语言是相通的,传达的信息也更直接和明确。如果中国电影要走出国门,我们要用电影语言打世界牌。

3.有好故事,还要有好营销。

宣传和营销方面,美国电影被当作产品来销售。营销策略系统化、科学化,并且宣发营销费用比例恰当。制作再精良、演员阵容再强大的片子,如果没有足够的曝光率,或是没有引起目标观众的关注,也会导致票房失利。既然要让外国市场注意到华语电影,我们一定要学习和借鉴美国的营销模式。

4. 科学集约地做强制作基地，增强聚集区效应。

美国电影产业历经百年发展后形成了独特的两大电影区域——创意策划和融资的“纽约区”以及制片制作工业化的“洛杉矶区”。除去必要的外景地取景，几乎所有制作都是在洛杉矶的大好莱坞地区完成的，所有艺术的、技术的、演艺的人员成长成名都是在这里完成的，这种聚集效应带来了充分的人才成长环境和优良的竞争环境；同时也使得影片的制作生产可以更加集约、高效，利于技术公关和人才的协调，从而提升效率、节约成本、借鉴得失。这是美国电影工业发展过程中由市场化形成的区域业态。我国在电影制作基地建设上遍地开花，既不市场化也没有统筹，大多建设成很受局限的外景地；其实电影制作基地的设置首先是要有影片生产的需求，其次是要有专业人员的聚集，经过长期制片产业的培养，形成聚集区效应。美国电影工作的发展为我们做了很好的示范，避免了很多不必要的浪费，形成良性的循环。

5. 顺应科技发展，充分开发利用新媒体为电影服务。

虽然国内的影院建设还有相当大的空间，我们的观影人数也会在未来几年顺势持续上升，但新的科技革命和新媒体发展开创了文化产业的新时代，新媒体市场并不一定是影院衰退后的替代产业，而是新兴的拓展市场，反映的是消费者新的需求，而且是日益增长的新需求。满足消费者需求不仅是天经地义的事，而且还能为电影产品找到新的投放渠道，毕竟每年超过 500 部的新片也只有 100 部左右能够进入院线上映。

六、广播电视产业:显示与新媒体天然近亲的优势

美国拥有多家全球性广播电视播出机构,如 CNN 的国际新闻、NBC 和彭博社(Bloomberg)的财经报道、ESPN 的体育节目及纪录片节目、迪士尼的动画频道等,都在全球许多国家和地区落地播出。这些播出机构拥有强大的议题设置能力和话语权,在为美国和全球民众提供资讯和娱乐的同时,还潜移默化地传播着美国文化和价值观,成为美国文化软实力的代表者和推行者。总的来看,面对 2000 年以来以互联网为代表的新媒体冲击和 2008 年以来的金融危机,美国的广播电视播出机构均积极应对,没有出现像纸质媒体那样的行业性衰退,而是表现出了相当的适应能力和竞争能力,同时也出现了一些新的产业动向和趋势。

(一)以品牌为核心,实现资源立体化开发,延伸产业链,从而形成跨媒体整合的产业发展新趋势

1. 品牌延伸就是延伸受众的注意力。

文化产业是一种注意力经济。一个文化产品的成功,不仅要

成功吸引消费者的注意力，还要对消费者的注意力实现延伸引导，进而实现其消费行为的延伸。这一方面，迪士尼是做得最为成功的。这家起步于1923年的公司，由动漫起家，80多年来走过了一条以动漫为起点的品牌延伸和资源立体开发之路。目前公司有五大产业链：影像娱乐系统，包括动画片、电影、音乐、真人秀等；传媒部，包括ABC、ESPN、迪士尼、有线电视网等；消费产品部，包括衍生产品的生产销售、出版物、英语学校等；迪士尼乐园，包括大型游轮、主题酒店和公园等；迪士尼互动媒体集团，包括网站、移动通信、社交媒体等。目前迪士尼公司是全球第二大的娱乐传媒集团，年收入近200亿美元，市值近700亿美元，是一个文化产业品牌延伸的典型案例。

2. 传播平台与内容生产的一体化整合。

与迪士尼从内容生产到传播平台的发展方式不同，NBC则走了一条从传播平台到内容控制的发展道路。这家由广播新闻起家的公司，在2004年成功收购好莱坞老牌电影公司、制片公司环球影业之后，已经成为一家同时拥有有线电视（CNBC、SyFy等）、无线电视（NBC等）、电影制作（环球影业等）和主题公园（美国、日本、新加坡、迪拜）的综合性文化企业。其内容制作从传统的新闻发展到娱乐（电影、游戏、科幻）、体育、女性，以及少数民族裔节目等。NBC目前不但是全美国最强的广播电视播出机构，同时也是电影娱乐等多种节目的生产商，开创了多个行业第一，成为美国广播电视发展的引领者。

无论是迪士尼的从内容到平台，还是NBC的从平台到内容，都揭示了美国广播电视产业发展的一种趋势，即对传播平台和文化内容生产的一体化整合。这种整合和利用不但是企业内部资源的整合与利用,更是消费者注意力资源的整合与利用。

(二)积极参与技术创新,按新媒体规律发展新媒体

从历史上看,美国的广播电视播出机构,不但是新技术的应用者,而且是推动者。NBC 长期由有电子技术背景的通用电气控股,80 多年的历史中,多次创造美国广播电视新技术应用的第一:第一个全国性广播网,第一个实验彩色电视,第一个实验高清电视。面对互联网等新技术的出现,NBC 早在 1996 年就与微软合作创办 MSNBC 频道,并通过互联网向全世界播出。尽管如此,互联网等新兴媒体对传统的广播电视还是构成了不小的挑战,迎接挑战,顺势发展,美国的广播电视业已经做出了回答。

1. 商业模式的转变。

2005 年,以用户上传、免费播放和收看为特征的专业视频网站 YouTube 成立,其迅速发展的用户规模和不断被模仿的商业模式对传统的广播电视构成了第一波冲击。但 YouTube 的致命缺点是大量播放没有版权保护的内容。2007 年,传媒巨头维亚康姆(Viacom)率先对 YouTube 发起法律诉讼并赢得了胜利。与此同时,NBC 与福克斯等联合成立了版权合法、点播收费的专业视频网站 hulu. com,开创了视频网站的新模式,并赢得了互联网用户的认可,迅速发展成美国和全球性的主要网站,随后迪士尼也投资加入到 hulu。hulu 可以说是传统电视机构主动进入并主导互联

网经营模式的一次成功尝试。hulu 模式创新的成功,也是美国传统电视机构以互联网的方式应对互联网挑战的成功。美国传统的电视机构大多同时拥有多个商业网站,比如 NBC 就根据其内容特长拥有科技和游戏网站(SyFy. com)、体育网站(golfnow. com)、新闻网站(cnbc. com)、财经网站(mnbc. com)、女性网站(oxygen. com)以及 hulu. com 等多个独资或合资网站。

2. 播出终端的多元化。

新媒体的另一个挑战来自播出终端的不断多样化、便捷化和多功能化。苹果公司的 iPad 可以说是专门为娱乐设计的移动多功能视音频播放器,面世以来,以其强大的娱乐功能和时尚元素成为流行新宠。它的出现,在传统电视媒体内容和渠道竞争的格局之外,增加了终端竞争的元素。2010 年以来,谷歌和苹果又相继推出了基于云计算的智能电视,把终端的竞争引向电视机。如果说之前互联网电视与传统电视之间的竞争是小屏(电脑屏、手机屏)和大屏(电视机)之争的话,智能电视的出现则使这种竞争变成了大屏之争、同屏之争,挤占的是传统电视赖以生存的客厅空间。专家预计,就像 iPhone 等智能手机改变了人们使用手机的方式一样,智能电视也将改变人们使用电视机的方式。对此,美国传统电视机构的做法,一是推出无处不在的电视(Everywhere TV),实现电视节目与传播终端的无缝连接。HBO 和 ESPN 等纷纷推出 iPad 应用程序,通过公共互联网或自己的专网向移动屏幕推送内容,康卡斯特(Comcast)和时代华纳等有线电视运营商也提出他们的有线用户(均为收费用户)可以在网上免费观看电视节目。二是对内容的传播方式进行改革,使其更适合于网络互动。比如新闻节目,其记者同时也是网站记者,同一事件基本上都是网站和电视交互播报同时推进,借以牢牢掌握事件报道的话语权。

3. 营业收入和市场的变化。

在美国,电视是一个高度产业化的媒体,收入决定生存。数据显示,全美国最近几年电视广告的总收入虽然有所下降,其市场份额反而在增加,从报刊分流出来的广告,大部分去了网站,一小部分流入电视。由于广告收入的绝对额下降,美国各大电视机构越来越依赖于有线电视收费的收入。NBC、迪士尼和福克斯等电视机构,来自有线电视的收入大多占到其电视部门收入的 80%左右。而像 CBS 那样没有强大的有线电视收入支撑的公司,日子就过得比较艰难。电视广告收入的减少让所有的电视公司感到危机。更为不妙的是,尽管各大电视机构都积极介入互联网业务,但来自其网站的收入却不足以弥补电视广告的损失。目前的困境在于,视频网站观众庞大但收入很少,而传统电视收入巨大但观众却在日渐减少。如何突破这种困境,美国的各大电视机构都在积极探索,但还没有看到可供借鉴的模式。

互联网是既有媒体商业模式的破坏者,同时也提供了建立新的商业模式的机会和选择。从媒体技术演进的层面看,广播电视可以说是互联网的一种特殊形式或初级形式,二者都属于电子媒体,有着天然的近亲关系,因此,广播电视有发展互联网的先天条件。从美国的现状看,在所有的传统媒体中,广播电视可能是唯一能够在互联网时代成功生存下去的媒体。因此广播电视也可以说是未来中国代表性媒体的骨干和核心,它有着承上启下的作用,应该是中国打造全球性传播机构、提高中国媒体在全球话语权的希望所在。怎样加大改革力度,放手扶植和发展广播电视,改变不利于广电发展的体制和机制,使其真正做大做强,是值得认真研究的问题。

(三)灵活的市场机制和严格的监督管理,成为美国广播电视繁荣发展的制度保障

美国是一个商业化电视体制为主的国家,全美最有影响的五大电视公司(NBC、ABC、CBS、FOX 和 CW)都是商业电视机构。这些机构大多同时拥有无线传输、有线传输和卫星传输多种全国性的覆盖手段,同时拥有多个收费的有线电视频道。另外还有几百家地方性电视台。如此众多的商业电视播出机构,在美国的公共电视网中却看不到格调低下和庸俗的节目内容,看不到不择手段挑战社会良知底线的节目,这是如何实现的呢?

1. 拥有严格的法律制度。

美国号称是一个没有媒体监管的国家,在美国创办报刊甚至不需要申报执照。但对广播电视却不是这样。最早是基于技术原因(波段分配的需要),开办电视台需要向联邦通讯委员会(FCC)申领执照,但随着电视影响力越来越大,联邦通讯委员会也开始介入对内容的监管。根据规定,美国电视台每年要向联邦通讯委员会提交一份自我评估报告,检查自己是否符合其要求,如果有不符合的地方要拿出整改措施,联邦通讯委员会则对各电视台的表现进行监测,对违规者进行处罚。1990 年,为了加强对儿童的保护,美国国会又通过了《儿童电视法》,要求对电视节目进行分级,将儿

童节目分为两个等级,对其他娱乐节目分为四个等级,并对淫秽、暴力、愚弄、博彩类节目的形态做了界定和播出限制。这实际上是为几乎所有电视节目划出了法律底线。

2.拥有强大的社会监督。

美国是一个社会公益组织非常发达的国家。对于媒体违反社会公俗良知的行为,这些公益组织会发起抗议直至法律诉讼。1969年,美国新泽西州一家地方电视台就因为种族歧视行为被公益组织起诉,最后被联邦通讯委员会吊销执照。2011年,有一家大的美国电视台因为播出的节目中含有很短的裸露镜头而被起诉,目前官司正在进行中。美国法律是判例制,这些关于媒体的官司最终会成为判例,成为美国法律的一部分。

3.依靠媒体的自律。

比如迪士尼给集团所有的节目制定了三个原则:①融于社区;②乐观,总有幸福的结局;③正确的观念和理念。媒体这么做,首先是自身品牌建设和维护的需要。在成熟的市场经济环境里,没有哪个企业可以通过不择手段违反监管和社会良知来树立品牌、赢得社会尊重和取得好的经济效益。社会责任与社会效益和经济效益是密切相关联的。其次是慑于法律和社会监管。媒体是独立于政府之外的市场主体,管办彻底分离,主管机构和法院对于媒体违规违法行为处罚极为严厉到位,使媒体不得不通过加强内部自律以避免招致处罚。

党的十七届六中全会提出一方面要大力推动文化产业发展,培育文化市场和竞争主体,另一方面要加强监管。这确实抓住了文化大发展大繁荣的关键。繁荣和监管,都离不开法律的保障,离不开公开透明的制度底线，离不开全社会的共同参与和监督。美国对外号称新闻自由，没有媒体和新闻监管，事实上通过立法和判例确立了完备的文化和媒体监管法律体系，保障了其文化的竞争活力和其核心价值观的传播。中国也亟须加强对相关工作的研究，加大监管力度。

七、报刊危机：敢问路在何方？

毫不夸张地说，报刊业尤其是报业成为新媒体冲击的“重灾区”。因为其他传统媒体在受到新媒体影响和冲击的同时，也获得了新的机会，即转型再生的机会，甚至可以说新媒体在催生着传统媒体自身的蜕变。相比之下，报刊业受到的影响和冲击目前似乎主要是破坏。之所以说主要是破坏，是因为新媒体在影响传统报纸受众数量、销售数量和广告收入的同时，并未提供足够的新增长方式和销售收入来源。确切地说，网络版的销售收入和广告收入微乎其微，可以忽略不计。如果再考虑整体的经济危机形势，报刊业可以说是雪上加霜。面对双重危机，报刊业的出路何在？

（一）双重危机下的报刊业

美国现有1400多家报纸企业，1.22万种杂志。报刊受金融危机和新媒体冲击巨大。主要表现在以下几个方面：

1.发行量急剧下降。

例如，《洛杉矶时报》（美国第三大报纸）发行量由150万份（顶峰时期）降到70多万份；有一百多年历史的《休斯敦纪事报》由76万份降到32万份；《今日美国报》过去高峰时期达到230万份，今天据介绍还有 170 万份。

2. 版面大幅缩减。

《今日美国报》以前版面很多,高峰时达 100 版,现在版面很少,32 版大对开版;《财富》杂志版面由过去的 300 多版降到如今的 160 版,广告版由总版面的 60%下降到 40%。这种情况在美国还是比较好的,《商业周刊》的情况更不佳。

3. 广告收入锐减。

例如,《今日美国报》广告版平均占总版面的 15%—20%,比过去大大减少;《财富》杂志广告收入下降也比较大。

4. 被迫大幅度裁员。

例如,《洛杉矶时报》裁员 20%以上;《休斯敦纪事报》裁员 50%;《华盛顿邮报》金融危机后大幅缩减驻外记者,目前在美驻外记者站由 10 多个缩减到 4 个,亚洲区记者人数也大幅减少。

5. 破产与易主。

据不完全统计,三年来,全美的 1500 家报社已有 100 余家宣布破产、倒闭。几乎每周都能看到、听到报馆关闭的消息。无论是近 150 年历史的《西雅图邮讯报》,还是密西根的《安娜堡新闻》,包括举世闻名的大型实事画报《生活》和《展望》,都在其列。2009 年,美国知名网站 Real Deal Politis 评出了随时可能倒闭的美国十大报纸,包括《纽约每日新闻》、《洛杉矶时报》、《芝加哥太阳时报》、《底特律新闻报》、《旧金山纪事报》、《迈阿密信使报》、《费城每日新闻》、《西雅图邮讯报》。其中《洛杉矶新闻》已停刊,其他 9 家也随时可能倒闭。《洛杉矶时报》、《芝加哥论坛报》和《费城问讯报》所属的报业集团已申请破产保护。《读者文摘》已经易主,《商业周刊》经营不佳也破产易主……

(二)网络新媒体:生机,危机?

无疑,互联网、数字化正在颠覆传统的平面纸媒。美国报业界人士及新媒体许多代表人物都预言:未来10至15年,美国绝大多数甚至全部的纯粹意义上的报纸都将退出历史舞台。如今,全美一共有1400多家报社,纯粹概念的传统纸媒、没有网络版数字化的报纸已经基本不存在了,个别如《西雅图邮讯报》等已放弃纸媒,只保留电子版。新媒体尤其是新技术的出现本来应该是好事,应该体现和推动文明的进步,但对于报刊业来说,至少目前还看不出好处在哪里。它们正处于转型的痛苦期,且一时不知出路何在。

1.目前网络新媒体造成了破坏,但不能带来好的经济收入。

尽管美国报业一直期待通过对网上阅读收费来改善经济状况,但没有任何一家报纸取得成功。目前的状况是,网络只起到"吆喝"的作用,报道引起受众注意,收入还得靠纸媒,尽管在日益减少。

(1)大量网民依然习惯于免费阅读。尽管免费阅读只能读到1/3的内容,许多信息只是提要,但网民只需要这些。

(2)个别报纸的网络版尝试收费,但收费极低。以《纽约时报》为例,650美元的纸媒年价,网上收费每年不到40美元。

(3)即使价格一落千丈,网上订阅也不踊跃,完全达不到预期量。

(4)网上广告收入有限。网上广告在报业广告的总量中不及

10％，且短期内不可能有太高预期。

2. 新媒体潜在的新威胁。

新媒体和新技术所造成的破坏可能远不止于此，还存在着其他新的威胁。

(1)阅读器过度集中(iPad、iPhone、iTouch)。

iPad(平板电脑)在一年的时间内销售达4239万部，虽然其他平板电脑也正推出新产品，但目前没有一家企业可以对苹果的不断增长构成威胁。iPad在苹果的总销量中只占16.23％，而iPhone占44.75％，iTouch 2销量没有下滑。这种垄断状况的出现，无疑将是一个新的威胁，它意味着或必然造成报业议价能力的薄弱。

(2)第二代互联网的冲击。

第一代互联网诞生于1969年，而中国在20世纪90年代才开始接触到互联网，那时对纸媒并没有产生明显的影响，而30年后对纸媒产生了冲击。1996年，美国启动第二代互联网计划，亚太地区、欧盟等地区相应组织及高速实验网已经搭建。新网将比第一代互联网快100倍，对网民的吸引力进一步增强，网上视频将不受网速限制，纸媒受众可能进一步被分流。

(三)中国报刊业：顺应数字趋势，向改革要出路

1. 顺应趋势，确立全媒体的报刊新战略。

报刊数字化已成为不可抗拒的趋势，因此对于我们报刊业来

说，聪明的做法就是更加自觉、更加主动地顺应这一趋势，加快数字化的进程。应充分认识到，数字化并不是最终的目的，它所带来的媒体融合才是最终目的，而且也是必然趋势。中国传媒业的发展最终将是多媒体的融合，而不是相互替代，更不是自相残杀。媒体融合有着鲜明的数字技术、网络技术、移动技术的特点，就是说，媒体融合是新技术推动下传媒产业的升级和重组。我们应重视多元媒体格局的建立，全面发展新媒体，努力打造融报纸、期刊、广播、电视、互联网及其他新媒体手段为一体的全媒体系列，全媒体应该成为报刊业新的战略。

中国传媒业在新的媒体时代面临两大趋势：一是大变局，传媒业两极分化，强者更强、弱者更弱，特别是在金融危机这场大洗牌的加速器影响下，两极分化更加明显；二是大开放，大整合。在这种外部环境下，传媒集团必须转型升级才能做大做强。

2.深化非时政类报刊的市场化改革。

2011年5月，中央就深化非时政类报刊体制改革专门出台意见，提出明确要求。十七届六中全会通过的《中共中央关于深化文化体制改革，推进社会主义文化大发展大繁荣若干重大问题的决定》中又作出明确部署。我们应按照中央要求，不断深化非时政类报刊的改革，全面推进体制机制创新，推动我国报刊业又好又快发展。

(1)建立现代企业制度，明确报企的市场化属性，建立科学完整的退出机制。据不完全统计，在全国的非时政类报刊社中，影响力大、舆论导向力强、经济效益具规模且良性运行的报刊社所占比例不是很高，不少非时政类报刊社处于社会影响力不大、保守经营、亏损甚至严重亏损、经济效益连年下滑的状态。出现这种状态的原因是多方面的，其中市场化程度不高、没有建立科学的市场“退出机制”是最主要原因之一。

(2)打破报刊社条块分割、各自为政、资源浪费的局面，做大做强一批报刊社。要以资本为纽带，推进资源重组、结构调整，提高产业集中度。推动以党报党刊所属的非时政类报刊及实力雄厚的行业性报刊社为龙头，对本区域本行业的报刊资源进行整合，培育形成一批大型综合性或专业性报刊出版传媒集团公司。

八、新媒体:新机会

新媒体是相对于报纸、图书、广播、电视四大传统媒体而言新兴的利用数字技术、网络技术、移动技术,通过互联网、无线通信网和卫星等渠道以及电脑、手机和数字电视机等终端,向用户提供信息和娱乐服务的传播形态和媒体形态。新媒体最显著的特征就是其融合功能,它实现了平面、电波和网络三大类媒体的融合,使其与受众实现精准联系。新媒体具有交互性与即时性、海量性与共享性、多媒体与超文本、个性化与社群化等与传统媒体相区别的典型特征。

面对新媒体的挑战,美国传统媒体,乃至整个美国文化产业,无论是广播电视业、新闻出版业、电影业,还是演艺业,都不约而同地选择了以最积极的态度利用新媒体。美国文化产业正经历着凤凰涅槃式的转变和产业格局的重构。

(一)美国新媒体发展现状

以互联网等为代表的新媒体是 20 世纪人类社会的重大科技发明,也是人类有史以来最伟大的创造之一。

1. 发展速度惊人。

从1566年世界最早的印刷报纸《威尼斯新闻》诞生，到今天新媒体时代的来临，人类走过了400多年的媒体时代，但从电视的出现到互联网的普及，人类仅仅经历了短短30余年。科学技术的迅猛发展，使新媒体更新的步伐远远超出了人们的想象。各种门户网站、搜索引擎、虚拟社区让我们眼花缭乱；手机移动媒体的发展更是日新月异，iPhone4S已启用了智慧语音系统，表明美国国防部从上世纪80年代开始潜心研究30年的人工智能系统已经取得了确定成果并开始用于商用；电视网络化传播已初步形成，向家庭用户提供包括数字电视在内的多种交互式服务的崭新技术，正在成为美国新媒体发展的又一新趋势；新型社交网站崭露头角，Facebook等社交媒体以其快速发展证明着自己也是媒体生态中的一部分，快速汇合着人们的意见、分享观点、传递信息，成为一个新的信息传播平台。

2. 新媒体经济的成长。

2011年10月22日在线流量跟踪公司康斯科尔(comScore)最新调查显示，过去一年中，访问社交媒体的美国用户增长了37%；2011年8月，有近4000万个美国用户通过手机访问社交媒体。

3. 新媒体成为新的工作和生活方式。

今天，新媒体对美国人生活的影响已无处不在，从政治到经济，从工作到生活，已经渗透到社会生活的各个领域。在美国没有什么能比得上新媒体对人们的影响之深了！数字化改变了人们所熟悉的一切！40年前，美国一个地方只有几张报纸，几家电台、电视台,而今天前景不再!传播方式、营销手段、市场发布平台……我们所熟悉的一切都在悄悄发生着变化。今天的记者与编辑、技术人员已经打破各自的生存空间,融为一体。一个记者对从传统的写稿子到拍照、录音、制作、采编等各个环节都要熟练掌握。一篇新闻稿子通常作为基本材料供所有媒体使用,新闻、博客、NBC.COM、有线电视新闻、第二天新闻深度报道,一个内容从不同角度出现。

在美国我们也发现新媒体的快速成长催生了一个新的职业,这就是博客写手。当今美国,以写博客为生的人已经多过电脑程序员或消防队员了,几乎和律师一样多。

(二)美国新媒体发展中呈现的几个特点

新媒体的快速成长改变了传统媒体的生态环境,并重塑着媒体的商业模式和价值标准。美国新媒体的快速发展表现出了这样几个特点:

1. 新媒体手段与科技结合更紧密,并得到广泛利用。

美国乔治·华盛顿大学马塔·莫瑞丝(Martha Morris)说,面对新技术的挑战,美国博物馆认识到传统的营销手段已经不足以吸引年轻人,他们广泛利用电子游戏、电视、社交网站、在线服务等新的技术手段,不断改变与公众联系的方式。为了保持活力,他们还经常在博物馆内组织一些专题活动,如戴安娜王妃服装秀、留年轻人在博物馆过夜感受博物馆文化氛围等独具吸引力的活动,让沉睡的展览馆再现生机。

帕雷艺术中心(PALEY CENTER)媒体理事会执行主任马克斯·罗宾(Max Robin)在接待我们时说,这是一个新媒体与传统媒体共赢的时代,我们的目的是共同对话,探讨如何发展。面对新技术,我们的中心旨在培育创新型人才、提高产品的质量。他动情地说,《阿凡达》和《狮子王》让3D电影风光无限,成为演艺和影视业的成功案例,帕雷艺术中心也一直在利用新媒体的技术手段,在寻求产品升级方面进行积极的探索。

2.新媒体在信息传播中的地位正在飙升。

哥伦比亚大学新闻学院研究生院劳埃德·西格尔(Lloyd Siegel)先生讲了这样一个生动的故事,和我们一起分享新闻传播方式的变化。他说40年前,广播出现的时候,除非有天大的事,一般情况是早晨写稿,晚6点播出。而现在越来越多的电视台都以网络优先为原则,先以网络满足最关切新闻的受众需求,然后再以广播、电视等做深度报道,这是新闻具有革命意义的选择,使新闻更能体现出黄金时间的传播价值。他详细地介绍了发生在俄亥俄州辛辛那提小镇克伦(Crane)的一次矿难事故的报道过程:10:39分出现了倒塌事故,10:40分他们就以警察的手持对讲机将事故新闻传递出去,10:51分事故的文本信息就传递到网上,10:55分电视上出现了事故特别报道,11:05分摄像记者赶到,11:19分记者将手机照相图片发回电视台,11:55分各种视频信息流汇聚到网上,12:17分完整的事故报道出现在当地新闻中。他之所以列出这个事故报道的时间线,主要是想说明当今新闻的时效价值就是占据目标受众的黄金时间,如果在这个时间抓住目标受众,新闻传播的边际效应就会最大化,与新闻相关的广告收益就会稳步提高。

3. 新媒体的公信度还有待于进一步提升。

相对于传统媒体而言,新媒体的诸多"优势性"特点也为其自身带来了孪生的"劣势性"特点。其"劣势性"特点之一便是其公信度目前还低于传统媒体,尤其是在错综复杂的形势下,更是如此。首先,面对"复杂局面",公众还是更相信传统媒体。其次,政府机构还是首选传统媒体发表观点或公布事情。

4. 传统媒体的商业模式正在改变,新的赢利模式初步形成。

面对新媒体,美国传统媒体正在积极探索新的赢利模式。向数字媒体、网络媒体转型,力求与新的媒体形式融合,实现传统媒体与新媒体的平台对接,是多数媒体广为认同的方略。从目前美国的实践情况看,新的商业模式主要有三种取向:平台取向、内容取向和管理取向。有的地方报纸已经没有了纸质版[如加州的《赫芬顿邮报》(*Huffington Post*)],而转向电子平台的开发和利用。电视媒体与网络结合,也产生了类似的效应:美国有线电视新闻网(CNN)1995 年 8 月 30 日建立网站,它的网页上兼有文字、图片、声音和图像,这既发挥了网络媒体的特点,又有效地保留传统媒体的优势,最大限度地发挥两种介质的潜力。新媒体为买卖双方创造了一个新的交易平台,《时代生活》(*TIMELIFE*)也向我们展示了这种新商业模式的魅力。它们广泛采用新科技,致力于数字平台的建设。其理念是传统+创新=转变,提出一个口号:"一次内容的投资,一生永久的回报",他们对读者的承诺是:如果你已经付费订阅了《时代生活》任何一种形式的产品,就可以选择以任何方式阅读。

5. 技术是引擎，内容永远为王。

自 20 世纪 90 年代美国构建了一条信息高速公路以来，世界正在扁平化。数字化技术、通信技术和计算机技术的迅速发展，推进了信息、电信、文化、娱乐、传媒、出版、金融、证券等众多行业之间的相互渗透和融合，许多新的业态应运而生。改变传统的产业结构，成为美国新经济的增长点。当前世界上真正进入信息和网络经济时代的国家为数并不多，其中美国是当之无愧的典型代表。美国经济至 2001 年连续增长了 10 年，成为自 1854 年以来美国经济史上 32 个经济周期中最长的一次。在美国，包括因特网在内的信息技术产业正在以比总体经济快一倍的速度增长着。

但最终吸引受众的是内容而不是传播方式！在激烈的竞争中，只有拥有被认可、受欢迎的优秀内容才能吸引大量的受众。技术和媒体永远都是内容的附庸，新技术和新媒体只是为内容提供更多、更快捷、更富于表现力的传播方式而已。一位教授在上课时甚至一再强调：书和报本身并不是产品，而只是传递产品的手段和工具，内容信息才是真正的产品。NBC 是个有影响力的电视媒体，但面对新科技新媒体的挑战，他们的选择就是不断创新内容，利用网络媒体平台将更加个性化的节目送到目标群体中，以吸引更多的受众关注。在特色节目的拉动下，广告收益大幅提升。

6. 技术无止境，更新的技术仍在发展着。

美国是因特网的诞生地。从上世纪末，美国一直在信息技术上占领着霸主地位。全世界 13 台服务器，有 10 台在美国，其中有 2 台用于军事用途，1 台由美国国家航空航天局使用。在应用方面，美国的因特网发展一直走在世界前列。不但网络基础雄厚、技术发达,社交网站的风靡和网络视频的风起云涌,也都快速推动着美国进入到 Web2.0 时代,使得美国因特网更具特色。第二代因特网正在研发中,据估计速度是第一代因特网的 100 倍。

据悉,尽管 3G 服务在较长时间内仍是主流,但是,部分移动运营商已开始加快对 4G 网络的部署。据悉,美国将在 2012 年整体跨入 4G 时代,抢占移动互联网发展主动权。美国运营商维瑞宗(Verizon)于 2011 年提供 4G 技术,而 AT&T 也在 2011 年开始提供。这两大运营商均选择 LTE 作为 4G 移动网络标准,4G 将在更大程度上提高信息化水平。

7. 传统媒体与新媒体融合,催生新的业态。

多元化资本战略和广泛合作的投资战略是国际大型传媒集团强势扩张的基础。在传统媒体遭遇新技术和新媒体后,他们看到了新的手段和新的机会,积极迎接新技术和新媒体。他们要么发展新媒体,要么并购新媒体,扩展新业务,合作经营,相互取长补短,降低投资的风险,尽快开辟和占领新的市场。他们一直以多元化资本经营为原则,进行资本运作,争夺市场份额,利用资本的力量撬动市场。

美国大公司多元化的发展战略正在引发媒介大融合,许多新的业态应运而生,催生着新的经济增长点,并直接改变传统的产业结构。美国传统媒体向新媒体的兼并扩张始于电视业,1995 年开始,美国传统的电视行业开始通过业内兼并,与电脑业合营或合作,增加自身的竞争能力。1996 年微软与 NBC 结盟成立的 MSNBC,具有真正意义上的多媒体特征,成为你中有我、我中有你的同一体。

近两年来，这种跨媒体的业务扩张趋势更加明显，这不仅指那些原本经营范围就非常多元化的跨国传媒集团，而且还有那些业务范围比较单一的传统报业公司。NBC 全球集团战略部主管萨姆(Sam)向我们详细介绍了 NBC 国际与美国最大的有线公司康卡斯特的并购过程。NBC 主营业务包括四块：有线电台、无线直播网络、电影、主题公园，2011 年更名为 NBC 全球。以前是 GE 占 51%的股份，现在经新一轮的并购，康卡斯特通过垂直式的并购持股 51%。康卡斯特主营业务是提供有线机顶盒服务及宽带业务，在并购中，NBC 也收购了康卡斯特的一些电视台。2010 年 NBCNHTY 营业收入 180 亿美元，利润 30 亿美元，其中有 5 亿由康卡斯特的有线电视台提供。NBC 集团收益最高的也是有线电视台，投资回报高达 50% 。2003 年 NBC 开始了一些新的业务，自己做一些新的节目，2004 年这些节目的收益以 20%的速度增长，这为未来文化产业整合提供了范本。

（三）新媒体时代：我们准备好了吗？

1. 要从国家安全的战略层面走科技自主创新之路。

西方有句格言“信息就是权力”。今天我们清楚地认识到国际政治经济格局与国际传媒秩序是紧密相关的，新媒体成为国际传媒秩序重构的技术因素，引领着国际传媒秩序和新闻导向。CNN 对于卫星电视技术的运用使之享有“全球媒体”的美誉，世界上流通的 80%的文字和影像来源于美国。国际一流媒体都把控着国际一流的传播技术，控制着世界传播的秩序。新技术发展和应用是国际媒体发展的推进器。

党的十七届六中全会审议通过的《关于深化文化体制改革推动社会主义文化大发展大繁荣若干重大问题的决定》指出,“当今世界正处在大发展大变革大调整时期,世界多极化、经济全球化深入发展,科学技术日新月异,各种思想文化交流交融交锋更加频繁,文化在综合国力竞争中的地位和作用更加凸显,维护国家文化安全任务更加艰巨,增强国家文化软实力、中华文化国际影响力要求更加紧迫。”网络等新媒体提供了信息传播的新途径,要从国家安全的角度和高度,从战略层面高度关注新技术的发展。要坚持走中国特色自主创新道路,加快国家创新体系建设,支持基础研究、前沿技术研究、加大对自主创新投入,着力突破制约经济社会发展的关键技术。要借鉴美国经验,从国家财政、税收各个方面建立起扶持创新发展的国家保障体系。要把增强自主创新能力贯彻到现代化建设各个方面,认真落实国家中长期科学和技术发展规划纲要,充分利用新媒体技术,扩大中国在世界的影响力。

2.积极调整产业结构,在国际传媒秩序重构中发挥后发优势。

“信息技术革命带来的信息和网络经济时代将会引起国际格局发生较大的变动。”面对新媒体带来的媒介融合,要从宏观经济结构调整的角度,利用新媒体发展的机遇进行产业结构调整,关注产业发展。按照六中全会决定的要求,“加快发展文化产业,必须构建结构合理、门类齐全、科技含量高、富有创意、竞争力强的现代文化产业体系。”

(1)加快转变经济发展方式,力争早日实现由工业经济向信息经济的转型。

坚持走中国特色的社会主义道路，发展现代产业体系，大力推进工业化与信息化的融合，推动产业结构优化升级；引导和推动社会投资向文化产业转移，既是繁荣文化产业的有效途径，更是激发全社会创造活力、实现高点定位、推动产业高端化发展的一条切实可行的路径。经济发展方式的转变和经济结构的变化，是我国早日跨入信息经济或知识经济社会，实现社会文明形态转型的关键所在。

(2)调整文化产业内部结构。

今天的传媒已经不再是任何一个载体所能独立承载的，我们要从更高的层面提早规划未来的产业走向。新媒体时代眼界要高远，行动要更敏捷，要紧紧把握时代的脉搏，占领发展先机，调整文化产业结构。文化产业结构是指文化产业内部构成、比例关系，及其相互之间的关系，它代表着文化产业的发展层级，决定着文化产业的发展规模。

3.锤炼内容，强化品牌、提升影响力。

任何传播形式的变化都只是载体的变化，任何载体的传播都离不开内容，无论传播的载体多么神秘，所承载的内容才是核心。可以断言，在未来内容服务不仅不会随着传播形式消亡而且还会更快发展。这些年谷歌风波在全世界都显示出了在内容面前技术的野心与无奈。在内容的选择和锻造方面，要强化品牌的打造，保持品牌的一致性和持续性，这样才能保持和提升影响力。

4.转变观念，加强学习，做全能型媒体人。

我国大部分的新媒体是从复制美国的成功模式中产生的。从最初的新浪等门户网站，到今天的人人网等社交平台，再到目前受到广泛关注的“微博”。美国现在经历的,也许就是中国将要发生的。美国成功转型的新媒体,除依赖于强大的技术支撑之外,更主要的成功之处是与技术同步成长的人才储备。专业的培训是美国大企业面对危机时第一个积极的选择,这既在一定时间缓解了人力成本的压力,又向未来提供了新的人力供给,充足的人力储备是美国能持续发展的发动机,使美国始终保持高速增长的态势。

5.让多元化资本助力新媒体的快速发展。

每一次产业结构的调整都引领着资本聚集的取向。新媒体的快速发展带来了国际传媒集团竞争和格局调整的一次新机遇。多元化资本战略和广泛合作的投资战略是国际传媒集团强势扩张的基础。从近30年美国新经济增长的历程来看,处于潮头的国际大型传媒集团都以资本的力量改变并树立着自己的权威,为的是快速占领新市场,在竞争中确立有利位置。因此,采取合作经营的方式,鼓励多元化资本介入,取长补短,降低风险,应是我们培育新业态应采取的积极策略。

九、博物馆:通向未来的钥匙

美国的博物馆业是此次学习考察的重点之一。我们访问了新闻博物馆、国家艺术馆、弗利尔美术馆和纽约大都会博物馆等著名博物馆,并在华盛顿大学听了博物馆专题讲座。

(一)年轻国家积聚深厚文化

1.博物馆的起源和发展。

美国的博物馆业起源于19世纪中叶,作为以继承欧洲传统文化为主体的移民国家和年轻的共和国,随着国势的日益强盛和国家迈向现代化进程的推进,美国在文化建设上自然也有意识与欧洲大陆看齐,并在欧洲文艺复兴传统余绪的映照下,将博物馆看作展示国家形象并赋予其精神象征意义的标志物。1846年创建的史密森博物院,来源于英国化学家和矿物学家詹姆斯·史密森(James Smithson)的捐赠,经由美国国会立法,成立以首位捐赠者名字命名的史密森学会,并在华盛顿特区建造了一个庞大的纪念馆综合体——史密森博物院,至今已拥有19座博物馆、美术馆和动物园。这也成为美国大规模兴建博物馆的开端,同时也开创了博物馆接受捐助的传统。美国博物馆建设的第一个高峰期出现在

19 世纪 70 年代,随着美国独立百年和费城 1876 年世博会的召开,包括著名的纽约大都会博物馆、波士顿美术博物馆和史密森旗下的数个国家博物馆都是在这之后陆续兴建的。“二战”以后又迎来了美国博物馆建设的第二个高峰期,数量每 30 年就翻一番,目前虽势头有所放缓,但仍处于平稳的增长中。

2. 博物馆之国——世界的楷模。

美国是世界上拥有博物馆数量最多的国家之一,总数超过 17000 座。由此算来,美国约 3 亿人口平均不到 1.8 万人就拥有一座博物馆。世界十大博物馆中,美国至少拥有两个,一个是世界上最大的博物馆综合体史密森博物院(Smithsonian Institution),其中华盛顿国家艺术馆、弗利尔美术馆、国立自然历史博物馆都归属其旗下;还有一个就是号称拥有超过三百万件藏品的纽约大都会博物馆,这是全球最大的艺术博物馆之一,号称“西半球最壮丽的艺术殿堂”。说美国是博物馆大国,不仅是指其博物馆数量多、规模大,也指其拥有一整套成熟完善的博物馆建设、管理和运作机制,特别是博物馆在美国人日常文化生活中发挥的独特而显著的作用,其功能的完备和利用的充分有效,给人的印象尤为深刻。在某种程度上讲,参观博物馆已成为美国人重要的生活方式之一。

3. 总体规划、布局与博物馆自身的定位和发展方向。

美国很注重博物馆的总体规划和布局。例如,在美国,有规模庞大的博物馆群,如在华盛顿国会山和华盛顿纪念碑之间有一块巨大的绿地(东西长约 3 公里、南北宽约 400 米),即所谓的国家林荫大道,两旁聚集了 10 余座博物馆。纽约大都会博物馆所在的纽约曼哈顿区也聚集着包括现代艺术博物馆、惠特尼美国艺术博物馆等知名博物馆在内的大大小小数十家博物馆，正是这些几乎连绵成片的文化建筑营造了文化之都的气息。当然也有散布在各城市甚至小镇上的专业类博物馆，也点缀着城市特有的文化风情。

美国的博物馆无论其规模大小、类别异同，都十分注重自身的定位和发展方向。如大都会博物馆的宗旨是："收藏、保存、研究、展示共同代表人类最广泛及最高水平成就的艺术品，鼓励人们鉴赏艺术品和提高人们对艺术品的认识水平，并在各方面以最高的专业标准服务于公众。"它们一般都拥有一整套有效的评估机制，其中包括现状分析、使命、愿景、发展目标和行动计划等方面，运用诸如社会学、统计学、经济学、市场营销等理论、方法进行科学、周密的分析判断，制订行动方案，并根据实际情况及时做出修正和调整，以适应和满足社会和公众的期望。

（二）美国博物馆的类型、性质和运营模式

经过百多年的发展积淀，美国博物馆业已形成较为成熟的发展模式和鲜明特点，其规律性的成果不可避免地成为世界博物馆业发展的参照系。

1. 根据投资主体或所有权来划分，美国的博物馆包括三种主要形式。

（1）政府资助的公立博物馆。

一般说来，美国政府并不直接拨款去建立或管理包括博物馆在内的文化机构，而是通过艺术基金会的方式间接支持和资助。美国有大大小小四万个基金会，其中的公益基金会实际上是指有

资格向政府申请拨款的基金会,但管理则由董事会委任的管理层负责。

(2)社会、公司和个人捐助的私立博物馆。

社会、公司和个人捐助博物馆一般也通过公益基金会实现。值得一提的是,所有捐助都会享受政府的免税或减税优惠政策。这一点不仅对所有捐助者是巨大的鼓励,激发人们的捐助热情,而且昭示着政府对文化的态度和价值取向,倡导着一种社会风尚。

(3)政府、社会、公司和私人共同出资的博物馆。

在这类博物馆中,政府资金一般用于为保证博物馆正常运营的日常开支。

三种形式的博物馆,体现出调动全社会力量办博物馆的理念。

2.无论是公立、私立还是公私合营,绝大部分博物馆都属于"非营利机构",这就保证了博物馆的公益性质和服务大众化的定位。

3.作为非营利机构,美国的博物馆仍然具有很强的市场意识和经营意识。

(1)多方筹措经费来源,使融资渠道多元化。

美国博物馆一般都会设立一个负责拓展资金来源的部门——发展部(Development Department),专门负责募集发展资金。据介绍,美国博物馆的资金来源构成大致是:政府财政拨付占24%,社会及个人捐赠占37%,两者加起来占总资金的60%左右。

(2)根据自身的特点和资源开展经营活动,保证一部分经营性收入。美国博物馆的经营性收入包括博物馆配套设施经营(礼品店、酒店等)占28%,投资赢利占11%,总计占40%左右。

(3)各级各类的董事会和基金会制度的建立,特别是基金会制度构成博物馆运作的基本保障。由身份独立的董事会实施运营和管理,可以保证规章制度的严密性和运营的规范性。

(4)先进的营销理念和良好的市场运作机制,保证了博物馆运作的高效率。

美国的博物馆把自己视为一个商业机构甚至一个产品,与一般商业机构或产品不同的是,它们不以赢利为目的,而是把吸引公众到博物馆里来作为这个产品的目标,把公众在博物馆里学到知识、受到教育和接受其所传播的价值观作为这个产品的目的、功效或使用价值。为此,他们开展各种丰富多彩的营销活动,甚至采取“留参观者在博物馆过夜”这种体验式营销方式。

(三)博物馆的功能:通向未来的钥匙

在一般人看来,博物馆可以与“老古董”画等号,但美国人不同。他们深知文化的力量,深知文化决定着国家和民族的持续发展能力,决定着其未来在世界的地位。在美国人看来,建设博物馆不是为“过去”投资,而是为“未来”投资。人类历史,归根结蒂,就是一部文化史,文化是通向未来的钥匙。

1.美国博物馆的根本宗旨是传播美国的价值观。

2008年在华盛顿开馆的美国新闻博物馆就为此做出了最好的诠释。在这家博物馆的墙上,醒目地张贴着美国宪法赋予美国公民的五种权利。一位在美国很有影响的资深新闻人和博物馆人介绍说,博物馆的所有展品、图像和文字都只有一个目的,那就是展示美国的核心价值观——自由、平等与民主。

2.展示美国荣耀,培养民族自豪感。

作为美国在迈向现代国家过程中的精神象征之一,博物馆被赋予了展示美国成功、美国力量及美国文化的使命。博物馆可以唤起民众对国家和民族的认同感,培养民族自豪感,增强民族的凝聚力。这一点对于一个移民国家来说,显得尤其重要。

3.学生的第二课堂,“道德储存库”。

教育被美国人看作是社会的基石和支柱。从美国博物馆诞生之初,就确立了博物馆发展的主要目标:成为教育机构,担负道德使命,培养民族自豪感并提高民族威望。1906 年美国博物馆学会成立时就宣言“博物馆应成为民众大学”。博物馆在美国甚至被誉为社会的“道德储存库”。

(1)博物馆成为学生的正式课堂,博物馆教育纳入到正规教育制度中。

就美国学生而言,博物馆是他们名副其实的第二课堂,从小学到研究生有相当一部分正式课程是在博物馆的展厅、教室、库房和图书馆中讲授的。华盛顿的自然历史博物馆每年还选出 35 名中学生与博物馆的科学家们一起着手进行长期的科研项目。这些教育项目大大增进了公众对科学及与人类息息相关的话题的了解。这家博物馆还成立了自己的研究生院,并已获准为学生颁发比较生物学的博士学位。这在美国博物馆历史上尚属首次。

(2)相应地,博物馆为不同人群开设有针对性的教育项目。

美国博物馆都不遗余力地加强与学校、社区、社会组织和公司机构的联系,提供切实的公共教育和公共服务。像大都会博物馆在教育服务上有针对在校生的“学校项目”；有针对家庭的“家庭和学生项目”，是专门为学生与家长的节假日生活设计的；有“社区项目”，走进所在社区和社区中的学校；举办馆外服务，像幻灯片讲座、有艺术家指导的工作坊等；还有“为残疾观众的项目”、“见习、实习和研究员项目”等，以满足特殊人群学习或研究的需求。

(3)美国绝大多数博物馆都设有“教育部”。

博物馆的“教育部”负责制订系统的教育计划，开办讲座甚至高级别的课程，他们还定期举办主题文化活动、编辑和出版与博物馆定位有关的书籍和影视片、出版研究专刊和杂志，甚至组织各类冷餐会、音乐会等，有的博物馆还借助互联网开办了双向可视远程教育，依托博物馆资源，形成社会教育的服务体系，打造文化资源集聚的精神殿堂。

4. 在美国，博物馆就好比是一个文化的轴心，不仅是收藏中心，也是文化、教育和学术中心，甚至还是休闲娱乐中心。

《华盛顿邮报》称：当代美国的博物馆已经成为“新的城市广场”。博物馆通过举办各种公共的教育和文化活动，营造城市特有的气质，以弥补城市发展中常见的个性缺失。例如，洛杉矶盖帝中心被称为洛杉矶“气质的指针”，也就是文化精神地标的意思。

(四)美国博物馆业带给我们的启示

1. 坚持博物馆的非营利公益性质。

政府的引导和介入是必需的。美国人的市场意识是很强的，但对市场机制的局限性也有清晰的认识，对于博物馆这样的公共文化设施而言,完全市场化的机制很难保证其运行和发展的需要。

中国博物馆绝大部分都是由国家投资建设的,长期以来实行的是事业化的管理体制,其性质应该也是公益性的,但与美国不同,在管理体制上缺少一个中间层,即类似基金会、理事会或董事会这样的组织,也没有“非营利机构”这样的概念和提法,在功能定位、管理机制和运作方式上并没有明确的界定,这对博物馆的长远发展是不利的,也无法满足人们对社会公共服务日益增长的需求。美国博物馆这种由政府主导,非公非私(或公私杂糅)的“非营利机构”模式是可以作为借鉴的。

2.“非营利机构”的经营理念和手段可以借鉴。

(1)由政府包揽向政府主导、社会参与转变。

经过多年实践,美国博物馆形成了一整套规范的筹款机制,并日益出现职业化的趋势。随着中国经济的崛起和国力的提升,社会财富的积累同样与日俱增,对文化事业的投入,也逐渐从政府包揽向政府主导、全社会共同参与转变,但由于种种原因,社会和个人投资文化的意愿和力度仍然不尽如人意,民营的博物馆不仅规模小、展品少,而且后续经营也遭遇许多困难,而公立博物馆也面临着经营和后续发展上的巨大压力,需要得到政府和社会各界的有力支持,美国的做法,对我们也许不无启迪。

(2)建立更有效的经营管理运作模式。

在美国博物馆界有个著名的“霍温主义”,其首创者是纽约大都会博物馆的前馆长托马斯·霍温(Thomas Hoeven,1967 年至 1977 年任大都会博物馆馆长),他采用了公司使用的以钱生钱的管理方式,将博物馆推进到公司捐助的时代,并推出了一整套公司式的规章、制度和程序，成为博物馆采用公司模式的第一人。他的管理变革为美国其他博物馆所效仿，他的一系列举措，诸如举办定期展览、组织社交聚会、庆典活动和媒体宣传等，使博物馆的影响力大为增强，经营收入的比例也大幅提升。当然，这种做法也不是没有争议，有人就不无贬义地称之为“沿街叫卖主义”，认为过度的“商业化”冲淡了博物馆公益非营利机构的色彩。但不可否认的是，美国博物馆之所以无论从藏品的数量规模、建筑设施到公众服务都走在世界的前列，与引入市场化的运作机制和手段是大有关系的。

(3)新技术和新媒体用于丰富营销手段。

除了进行市场调查，使营销活动和营销方式多样化，强化品牌意识和品牌管理之外，美国的博物馆在营销方面最突出的一点，是引进全新的网络和多媒体技术，用于营销与服务。一方面改进布展方式，如美国自然历史博物馆推出了博物馆导航系统，博物馆的相关信息可以免费下载到手机和无线终端接收设备上，让观众在系统的引领下，不仅可以在博物馆里穿行自如，还能享受到实时的解说，这在某种程度上重新定义了21世纪逛博物馆的理念。另一方面，不少博物馆还开设宽频网站、开发影碟等衍生产品、制作探索发现类纪录片等，全方位传播和推广博物馆优质资源。

3.做好总体规划、布局，加大博物馆建设的步伐，使我国的博物馆无论在数量上还是在质量上都与文化大国的地位相匹配。

据统计，2010年，中国登记在册的博物馆数量是3020座，13多亿人口平均要45万人才拥有一座博物馆。

4.正确认识博物馆的功能，使其成为有效的教育场所和教育手段。

对于我国这样一个基础教育还不算十分发达的发展中国家来说,这一点显得尤为重要。为达到教育效果,把"历史"与现实结合起来无疑会激发人们更大的兴趣。美国的博物馆与现实的联系非常紧密,十分善于捕捉新的信息与元素。例如,在自然历史博物馆,2010 年 10 月 13 日,智利圣何塞铜矿被困的 33 名矿工被成功营救事件中所用的"胶囊"救生舱也已放置在展厅中。再如,新闻博物馆力图把五个世纪的新闻历史与现今美国主流瞬息万变的高科技相交汇。走进博物馆就仿佛走进了众多新闻发生的现场,参观者与重大事件直面相遇。在这里能看到 9·11 倒塌的世贸大厦顶端的天线、8 块 12 英尺高的柏林墙墙砖等。博物馆二楼的走廊上,悬挂着美国和世界 400 多份报纸的"今日头版",也就是当天报纸的头版,让你时刻感受到时代的脉动。

博物馆在美国等西方世界诞生、发展和兴盛的历史轨迹充分表明,一个懂得尊重历史文化传统、懂得珍惜先辈前人智慧创造、懂得用一切文明成果来启迪今人的民族才是有希望的,有力量的,才是拥有未来的。中国有着五千年文明史和源远流长的灿烂文化,随着中国国力的日益强盛和国家地位的不断提升,我们必将迎来一个文化发展繁荣的全盛期。我们有能力也有信心在世界文化和文明新一轮群雄竞逐中脱颖而出,建立辉煌,这是时代成就的机遇,也是历史赋予的责任。

十、美国演艺业:艺术即市场

美国是全球演艺产业头号大国,演出市场层次多元,品种多样,注重营销,整体运作机制规范、成熟,商业化程度高,演艺产品具有较强的国际竞争力。

(一)艺术即市场

艺术与市场远不是对立的关系。汉语中“市场”一词有一层引申的意义,即“喜欢”和“支持”,说某人或某种观点有没有市场,指的就是这层意思。大都会歌剧院对此做出了很好的诠释,艺术即市场。

1. 以艺术赢得市场,赢得资助者的支持。

大都会歌剧院一直只演欧洲正歌剧或大歌剧。每年制作26部歌剧,3亿美元的运营成本,票房收入1亿美元,政府资助不到1%,资金的来源主要依靠个人及企业的捐助。企业和个人凭什么给他们资助呢?凭的是艺术的吸引力和感染力。艺术即是市场,赢得市场意味着赢得观众,赢得观众就会赢得资助者,资助者不追求也不可能追求经济上的回报,在这里对资本的回报只有观众对艺术的认可、喜爱。这就是文化!据悉,大都会歌剧院的剧目已经排满了未来5年的时间表。

2.非营利机构的市场运作和营销手段。

大都会歌剧院等属于非营利机构,但表现出了很强的市场意识和营销技巧。

(1)树立以作品或内容赢得观众的根本性市场和营销理念。

选择传统的经典作品作为艺术创新对象,以一种结合现代技术的创新形式将它们呈现出来,在吸引年轻观众的同时留住老观众。

(2)营销出奇招。

歌剧院试着将最好的座位以稍低价位出售,并组织艺术创作群体制作90分钟家庭剧目,吸引以家庭为单位的观众观看。歌剧院充分利用当地传媒,与工会加强联系,在工人群体中扩大剧院的影响力。时代广场的大屏幕上不再是让人眼花缭乱的商业广告,而是整晚地播放着大都会歌剧院现场演出的剧目。知名度转化为票房收入。此外,大都会歌剧院还推出了通过高清数字信号传输,在北美及欧洲的数百家电影院中实况转播歌剧。它不仅将去电影院看歌剧打造成为一项新潮流的时髦活动,还成为了西方歌剧业界研究和瞩目的焦点。目前,大都会歌剧院已有11部歌剧电影进入了46个国家和地区的1500个电影院。这些营销奇招有效地增加了票房收入,弥补了一些成本支出的亏空。

3.科技为艺术插上翅膀。

作为第二、三次科技革命的发源地,美国演艺产业霸权地位的确立,除了资本的力量外,科技因素也起到了至关重要的作用。美国的演艺产业非常注重加大对科技的投入和应用,网络传输、数字化、通讯卫星、数字电视等高新技术的广泛应用,使美国演艺产业拥有了向全世界扩展的“桥梁”和“利器”；百老汇音乐剧的科技含量之高，是许多传统表演艺术根本无法比拟的，运用声、光、电等现代技术手段，创造梦幻般的舞台效果，其美轮美奂的场景、高品质的灯光和音响效果，让人仿佛身临其境，大大增强了艺术感染力；高新技术的使用，不仅带来美国演艺产业技术上的革命，更加快了产业的发展进程，还带来了消费者思想观念上的革新。

（二）政府角色：政策胜于资助

美国联邦政府在演艺产业的发展方面，扮演着十分重要的角色，但这种角色的重要性更多地不在于它的直接资助，而是它给予的政策。

1. 保证一个公平竞争的环境（反垄断），保证演艺机构按市场规律有效率地运行。

2. 使演艺机构深感获益的是美国政府实行多年的社会捐赠减免税政策。

企业和个人出于各种动机将钱、物捐赠给文化机构并为此享受相应的减免税待遇。这不但间接达到了政府支持文化发展的目的，同时也调动了社会各界支持文化的积极性，政府、社会、演艺机构三方形成良性互动。此外，这项政策使社会个体，而不是政府官员成为资助的决定者和执行者，从而有效防止了一些腐败现象的发生。

3. 政府的资金支持。

在给出有效的政策支持的同时，美国政府也给予资金支持。

目前,美国政府对演艺产业的资助体现出了三个特点:

(1)政府不直接对演艺机构拨款,而是通过国家艺术基金会、国家人文基金会和国家博物馆图书馆学会等社会中介组织对演艺产业实施赞助。

(2)政府拨款对象为非营利演艺团体。美国联邦政府所支持的是那些非营利性演艺团体,申请资助的团体必须是非营利性质的民间机构,而且是从联邦政府取得免税资格者,其赢利部分不得归个人所有。

(3)政府采用资金配额的方式实行有限拨款。联邦政府机构提供的资金支持是有限的,一般要求对任何项目的资助总额不超过所需经费的50%,这样就避免了演艺团体过分依赖联邦政府,鼓励演艺团体积极进取。资金配额一方面促使各地方政府拨出相应的地方财政来与联邦政府资金配套,另一方面也要求各艺术团体或艺术家积极向社会筹集资金以获得政府的资助。显然这种资金配额方式调动了各州、各地方乃至全社会资助艺术事业的积极性,也调动了各艺术团体、艺术家的积极性。

4.政府“认证”带动民间资助。

需要指出的是,尽管联邦政府和各州各地方机构提供的赞助资金不占很大份额,但政府赞助却往往可以产生一系列的连锁效应。新建的艺术组织即使只得到较少的联邦赞助,也具有很大的意义。某个艺术家或艺术机构一旦得到联邦政府的认可,往往会在民间赞助方眼中获得一定的地位。据NEA估计,政府赞助的每1美元可帮助受益机构吸引7至8美元的民间赞助和收入。因此,美国的民间资本在政府的带动下,成为艺术资助的主力军。

(三)演艺业的“美国梦”

1.直面市场,拒绝“包养”。

美国联邦政府既无文化艺术主管部门,也没有相应的文化艺术管理政策,政府将文化艺术机构视作市场的主体,不实行“包养”的政策,而是将文化艺术机构推入市场,让文化艺术机构在市场中自主发展。剧院直接面对市场和观众,创作什么样的剧目、如何创作,政府不起主导作用。政府对文艺的管理是间接而宏观的,一般是通过文化、税收政策进行调控。这对我国的文化体制改革有着很好的借鉴意义,政府要与市场积极互动,以文艺院团转企改制为契机,将对国有文艺院团由具体管理转向宏观管理,鼓励文艺院团到市场中去闯荡。

2.市场同样能,甚至更能保持艺术的尊严。

艺术本身不能媚俗,但艺术的运作方式可以与市场实现有机的结合。美国演艺产业的成功之道告诉我们,艺术运作规律和市场规律可以高度吻合。面向市场并不意味着作品会走向低俗,服务大众也并不意味着艺术水准下降。事实上,大都会歌剧院的演出市场都见证了经济效益与社会效益的双丰收。我国的文艺演出院团只有认真研究并尊重演艺生产的规律,只有妥善解决好演艺生产者的艺术生产和演艺产品的产品构成之间同一性的问题,才能实现均衡化、系统化的生产经营,才能保证演艺生产的稳定持续发展。在这个意义上,真正地认识并尊重演艺生产的规律才可能更有效地提高演艺生产力。

3.艺术产品要拓展产业链,走规模化、立体化运作之路。

这也是美国文化产业长盛不衰的根本原因。艺术产品不能孤立地开发,在文化产业中,艺术要作为一种产业形式存在,要拓宽、做大产业集群,要靠市场为之打开大门。中国潜在的文化消费市场和蕴藏的商机都是巨大的,只有将舞台艺术进行产业化运作,立体化开发,才能谋求最大的市场效益,也才能实现影响人群和社会效益的最大化。

4.文艺演出机构必须走集团化之路。

文艺演出院团只有实行规模化、集团化的运营,只有在市场竞争中不断做大做强,才能最大限度地满足市场需求并赢得市场份额,才能在产品市场的不断扩大中强化企业的研发能力、原创能力和打造精品的能力。

5.集群式的剧场分布。

以百老汇为例,剧场密集分布造成了一种独特的群聚效应。密集的分布创造出相互烘托、相互宣传、相互刺激的气氛,扩大观众的整体数量。在形成良好品牌效应的同时,有效地带动区域经济的发展,并借助区域经济的发展促进艺术中心的良好运营。这样的良性循环也值得我们借鉴。

十一、美国出版业：符合出版规律的转型

本次赴美研修班没有专门安排考察出版机构，在课堂教学中也没有安排相关的课程，但在研修期间大家也对美国出版业状况进行了咨询和了解，并展开了深入的讨论。

（一）危机下的积极行动

2008年以来的全球金融危机，使美国出版业受到了较大的影响。例如，西蒙与舒斯特、麦克米伦相继裁员；企鹅和哈珀·柯林斯冻结薪资；霍顿米夫林-哈考特暂时停止购买书稿；兰登书屋集团宣布重组，将旗下五家书店整合为三家；著名连锁书店关闭多家门店。经济低迷之中也还有亮点：相关的财经类书籍就借机大卖。企鹅出版的《资金运转完全手册》（拉姆齐著）等书的销量超过150万册；另外，电子书销售额在纸介质书下滑的同时，快速增长，在美国出版商协会发布的2008年美国出版销售数据中，电子书销售额增长高达68%，接近2007年涨幅的3倍。

经过2008年漫长的"寒冬"，美国许多出版商纷纷采取行动，应对严峻的考验：

1. 新一轮的改组并购风潮。

2008 年 12 月初,兰登书屋集团将其大众业务板块进行较大规模的内部改组,最终确定由兰登书屋出版集团、诺普夫出版集团以及皇冠出版集团三家并立,以降低其不断上升的成本。2009 年底贝克与泰勒(Baker & Taylor)合并了北美布莱克维尔(Blackwell)图书服务公司和澳大利亚詹姆斯·贝内特(James Bennett)图书公司,布莱克维尔英国公司合并了贝克与泰勒的一部分。不过在目前环境下,企业对收购价很敏感。《出版商周刊》认为,"价格仍将是决定收购成败的关键。"专家建议有充裕现金流的公司把目标锁定在那些与母公司主营业务并不契合的公司上。

2. 缩短出版周期。

金融危机加剧了经济形势的变化莫测,读者的需求也在不断变化,有不少书籍甚至还未出版就已过时,美国出版商只好加快出版速度。西蒙与舒斯特副总裁大卫·罗森塔尔(David Rosenthal)表示:"与正在发生的经济事件相关的书籍最好尽快出版,内容才不至于过时。"与此同时,电子书的出版速度也丝毫不敢落后。例如,《金融市场的新范式》这部亿万富翁投资者索罗斯的书稿交给出版商后仅仅 10 天就见诸网络了,印刷版两周后亦火速推出。

3. 扩大按需印刷。

传统出版业为保自身特色,降低不必要的成本和费用,创新赢利模式,其中包括减少部分图书的首印量,添货订单通过按需印刷技术提供,以降低纸张成本和库存风险。另外,按需印刷量将在近年内持续增长,有几大标志性事件作为佐证,一是按需印刷行业的领跑者光源(Lightning Source)已出版了超过 1 亿本 POD 图书,图书种类从13年前的1100种已增至600万种；二是亚马逊的创造空间(Create Space)项目出版的图书和DVD以及为自助出版者提供的按需印刷服务数量也在增加；三是按需印刷机的发展为多渠道按需销售提供了契机。目前全球共有50台按需印刷机(Expresso)设于图书馆和书店。但是其高成本和有限租赁模式会阻碍其推广。随着技术的快速发展、价格的降低，按需印刷机进入非书店渠道销售也不无可能。

(二)符合出版规律的数字化转型

近几年来，美国的出版业一边积极应对经济危机，一边积极顺应科技革命的新趋势，开始向数字化出版转型。美国出版业成功的数字化转型有以下几个突出的特点。

1. 传统出版社主导着出版业的转型，出版的性质没有变。

数字出版，说到底，它还是出版，尽管传播载体发生了变化，但是内容本身的作用和地位并不会发生任何改变，掌握内容创造和生产的传统出版社必然仍然是主导者，而技术商和销售平台商的角色与传统出版模式下的印装厂和书店一样，构成新的产业链的重要组成部分，但不是核心部分。按照爱思唯尔数据中心产品主管艾里克(Eric)的话说，他们像爱护金子一样，重视他们的数据资源。爱思唯尔集团就拥有多个数据中心，所有的数据信息，包括软件都会时时备份，而且是多媒介的备份，保证信息的安全性。OCLC也自己维护两个数据中心，数据除了在中心之间进行备份，还有磁带、磁碟这样的物理存储，被保存在地下。同时他们还拥有柴油发电机等备有能源,以保证数据的安全性以及稳定性。

传统出版社的数字化转型最初采取与技术商和网络运营商合作的方式,将电子书放在第三方平台上进行销售。在此过程中,出版社将内容资源牢牢地控制在自己手中。现在出版商都在开发自己的电子书平台,大有甩开“第三方”之势。许多大型出版集团纷纷收回自己放在第三方平台上的资源,特别是学术图书资源,在自己的平台上整合期刊和图书,为客户提供一站式的信息服务。例如贝克与泰勒在2011年发布了新的电子书平台Blio以及AXIS360,尝试向电子书集成商转型。

2. 下游销售商有向上游统合的意愿。

新技术和新媒体在推动传统出版业的数字化转型方面发挥了重要的作用,技术商和网络销售商在提供技术和新媒体的同时,也在积极地向上游整合内容资源方面迈进。亚马逊公司通过KINDLE阅读器的整合,便是其中的一例。亚马逊宣布将在2011年秋季推出122本书籍的印刷版和电子版。英格拉姆公司(Ingram)从上游内容数字化、帮助出版机构进行内容整合和数字出版、POD业务以及在线电子书集成平台等方面开拓不同层面的业务模式,贯穿数字出版的整个产业链。其他各类电子书平台技术提供商提供图书馆书目管理、读者借阅、个人读者购买和智能比价等多种个性化服务。而且这些内容提供商的电子书适用于市面上绝大多数手机和移动设备的阅读器。

3. 传统出版社转型速度之快堪称奇迹。

美国传统出版社的数字化转型只用了短短几年的时间,不仅创造了出版奇迹,也为整个文化产业树立了榜样。励德·爱思唯尔集团2009年超过50%的收入来源于数字化相关业务，2010年超过70%，到2011年10月底已经超过90%；威科集团（美国及全球）2010年70%的收入来自于在线产品、软件及服务，在数字出版方面拥有很强优势。

传统出版业能够实现快速转型，除了传统出版社善于审时度势和富于创新精神之外，还与全媒体出版的市场需求快速增长密切相关。例如，根据美国出版商协会2011年上半年统计的销售数据显示，在上半年的图书市场中，电子书销售额比2010年头5个月增长了160.1%，而与此同时，纸介质图书的销售量全面下降。

（三）新模式，新趋势

亚马逊公司高管称传统出版商的最终倒闭是大势所趋。出版过程中只有作者和读者是真正必要的角色，其他的中间人物都同时面临机遇和挑战。这一点我们倒未必赞成，因为出版社和编辑在出版过程中的创造性价值是不可或缺的，编辑在保证所传播知识的系统性、科学性和规范性等方面的角色是不可替代的。但在新技术和全媒体出版形势下，出版业的新趋势必须受到应有的关注。

1. 新技术使得出版业越来越透明。

针对亚马逊开放作者查看尼尔森书籍市场调研销售数据的权限这一举措，传统出版商也推出了相应的对策。西蒙与舒斯特、兰登书屋和阿歇特集团都宣布他们将给予其签约作家直接在网上查看图书销售数据的权利。大部分作家对此消息表示肯定。良性的竞争推动出版业内部革新是大家都乐意看到的结果。正如一名图书出版中介人所说:"这是出版业不断走向透明的趋势。"

2. 自助出版大幅攀升。

美国书目信息服务商鲍克公司(Bowker)发布了美国纸质图书2010出版年度报告。根据对美国出版社的初步统计,该公司指出,非传统类图书2010年的出版品种数量为277.626万种,比2009年的103.3065万种增加了169%。这些图书主要为按需自助出版图书,由专门的公有领域出版社以及从事自助出版和小众图书出版的出版社出版。在网络经营模式的带动下,这一领域的业务急剧增加,可以预期该行业还将取得长远蓬勃发展。目前,该类别图书种类已经达到传统图书出版品种总量的8倍多。

3. 美国出版业:未来在云端?

云计算是目前被炒得最热的一个概念。很多出版公司拥有自己的云技术或者委托微软、谷歌、亚马逊等公司代管,然后将其产品放到云上。如今美国前6名的出版公司占据了图书销售市场50%的份额,其他成千上万的独立出版社瓜分其他市场份额。有人大胆预测10年后这6家的销售比例将会锐减至10%,其他的长尾图书会同时获得更高的销售量,以及更长的销售期。出版社也可以借助云技术,提供有效的搜索服务,使广大读者在长尾图书的云上找到自己需要的图书。如今,技术又以云端阅读的服务形式呈现出来。即在不同的平台上,无需安装专门的阅读软件,通过浏览器获得相同的阅读服务。谷歌的WebReader和亚马逊的Kindle Fire都在朝这个方向发展。

美国的出版商在数字出版的环境下由图书制造商转变为内容

提供商。专家指出未来我们指的书就是电子书(ebook),而不是专有名词(E-BOOK)。

美国出版业的数字化转型为我们提供了很好的案例,我国的出版业应该认真研究,面对数字化的转型,做出符合出版产业规律的正确选择。建议利用“四个一批”人才工程这个平台对我国数字出版的现状、发展及未来走势,进行专题考察和专门研究。

第二部分

启示与思考

一、兴才·旺业·富民·强国

——美国文化产业考察后的八个观察思考点

新华社《瞭望》周刊社总编辑　姬斌

此次赴美考察文化产业，参观、交流、进修，内容充实，21 天下来颇不轻松。或许是因为身上背了个“班长”、“团长”的头衔[①]，自然会想得多、问得多，而且每场参观交流还得担当开场白、结束语发言的角色，讲得多，就令低头记点什么几成奢望，这也让我难展记者出身的一点基本功。算是个小小的遗憾。

让我感到极度踏实的是，团里的每位成员都称得上是国内独当一面的专家，其专业几乎涵盖了文化产业的诸门类。加上对所要关注、考察的方向以及需要研究的问题预先有分工，许多考察的基础性、研究性的工作，除集思广益、群策群力之外，就各有担当、各展才识了。其精华不仅凝结在团里的考察总报告、专题报告中，还闪烁在各位成员甚有价值的单体报告之中，这令那些考察过程中获知的资讯，再无做重复性描述的必要，个人的些许思考和得到的启示则有与大家交流探讨的需要。

---

① 在哥伦比亚大学进修时用的是“全国宣传文化系统‘四个一批’人才赴美文化产业高级研修班”名义，而对外参观交流使用的则是“中国文化产业赴美考察团”的名义。

观察思考点之一：要真把文化产业当作富民强国的要素

在全球范围内观察文化产业的发展，不管从哪个维度、哪些指标去分析，都不可能把美国排除在最成功的国家名单之外。

美国电影在全球电影市场中占据主导地位，这可视作显示美国文化产业超强实力的一个标志。此次考察参观过的派拉蒙影业，加上华纳兄弟、环球、20世纪福克斯等一批美国电影公司，无可置疑地是引领全球电影业的巨头。

好莱坞用每年出产的数百部影片，创造并收获着“硬财富”。1987年，美国电影占领了欧洲电影市场的半壁江山，此后不到10年的工夫，美国电影在欧洲市场上的占有份额就蹿升至90%。美国电影在发达世界的表现尚且如此，欠发达世界就不言而喻了。各个国家若不是有市场准入的门槛，美国电影“一家独大、通吃全球”的格局更会固化。

国际金融危机爆发后，美国经济一度陷入低迷，美国电影的投资渠道亦收窄，然而电影市场上并未显露出明显的衰态，票房销量还稳中有升。2008年美国电影的平均票价是7.18美元，2011年则提高到7.97美元。2010年美国海外电影市场票房敛收183亿美元，国内票房则有98亿美元落袋，2011年美国电影市场虽然遭遇了“最强寒流”，仅售出12.8亿张票，创下1995年以来最低观影人数纪录，但国内票房收入仍居世界首位，高达102亿美元，海外票房更是收获颇丰，总额高达224亿美元，不仅实现了7%的增长，还创下了新的票房纪录。这是真金白银的“硬财富”。加利福尼亚州前州长威尔逊在1998年就曾自豪地说，“电影业已经超过国防工业，成为加州的最大产业。”

光是电影还不足以体现美国文化产业的全部实力。在美国，根据产业门类的不同，文化产业大致分为娱乐与电子传媒（电影、电视剧、唱片、有线电视和广播、网络）、新闻出版（报纸、杂志、图书出版和其他印刷品）和艺术、会展、旅游与知识产权产业等几大板块，每年创收数千亿美元，其经济总量约占美国国民生产总值的10％。

有资料显示，支撑美国经济大厦的基础，除先进的第一、第二产业之外，第三产业是极硬朗的支点，其中文化产业已是当仁不让的领衔主演，是个大名角——在美国国民经济中，文化产业的地位仅次于军事工业，每年文化产品出口值超过了航天工业相关产品的出口，成为第一大出口创汇产业。

来自世界银行的统计也给出佐证：2010年美国GDP为14.58万亿美元，而以知识经济和文化产业为核心的第三产业占GDP的70％；美国版权与许可费收入额为105.58亿美元，同期世界版权与许可费收入额为209.62亿美元。

除拥有在全世界最具影响力的电影生产基地好莱坞外，美国还拥有2300多家日报、8000多家周报、1.22万种杂志、1965家电台和1440家电视台，以及美国广播公司、哥伦比亚广播公司、全国广播公司三大电视巨头。全世界56％的广播和有线电视收入、85％的收费电视收入、55％的电影票房收入都在美国。图书出版业也举足轻重。2010年美国总共发行各类图书31亿册、唱片17.3

亿张。2011年,美国有110万种图书印刷发行。在个人图书出版方面有偌大拓展的个性图书印刷占据重要份额,多达34.7万余种,同比2010年上涨6%。

出访前,曾拜读过北京外国语大学美国研究中心教授孙有中所著的《美国文化产业》一书。后来孙有中教授曾向我们的记者提供过一组数字:早在2005年文化产业已占美国GDP12.46万亿美元的20%,当时美国的文化产业所创造的GDP相当于我国GDP的总和。

他提到,“美国的文化产业无疑已经成为其国民经济的支柱产业,同时也为美国经济主导世界经济起到了关键作用,并进而成为美国左右国际政治的重要‘软力量’。”经由实地考察后,由所见所闻转化成的所感,也证实文化产业的发达确实构成了美国的强国元素。

但只认为这是“软力量”、“意识形态需要”还是不够的,它还是具有转化成物质财富、且不见血雨腥风就能彰显其创富功效的“硬力量”。当然,用货币衡量的美国文化产业价值的数据,再大也是可以计算的,而美国文化产品转化出的社会价值则是无法估量的。

人是有精神产品消费需求的。人的物质消费需求在一定时期总会遇到天花板的,而精神产品消费则是无上限的。这是现代社会人类消费的一个根本特征。尤其是在解决温饱之后,文化产品的消费曲线会呈现陡升之状。供给不足必然会形成缺口,而存在这个缺口,就一定会有强势国家借助转型国家公众对经济现代化早走一步者的心理崇拜所酿成的对强势国家文化产品的消费企盼，不费吹灰之力地大举切入。因此，在研究文化产品如何“走出去”的同时，恐怕需要仔细研究一下为什么人家的文化产品能“走进来”且还“待得住”的问题。不研究透这样的问题，满足民众文化需要就可能虚化，真正的富民目标就难以实现。

中共中央党校文史部副教授、文学博士范玉刚为我们的记者做过分析。他说，我们的文化产品要想“走出去”，不能靠走传统制造业“来料加工”的模式，更不能依靠原材料输出，也就是不能成为文化资源的廉价供应地，反过来又因国内文化市场的“战略性短缺”而成为海外高附加值文化产品的倾销地，这会对民族文化产业发展和民众的文化消费市场构成威胁。此话颇有些哲理。

文化产业的发展直接受到一个国家发展方式的影响。同时，又会反过来影响发展模式的实践。中国应当成为真正意义上的“软实力”资源强国。清华大学国情研究中心主任胡鞍钢教授在为《瞭望》所撰写的一篇文章中说，中国文化与美国文化有所不同，美国文化是自我主义的文化，唯我独尊，排他性极强；中国文化则更多地强调包容性，是以和谐、和平、合作为基本原则的。这将是未来中国和美国的最大区别，也将是中国文化软实力之所在。

中国民众需要能彰显强国风范和影响力的文化产品；中华文明应当而且需要融入全球文化之中，并成为全球文明多样化的重要一极。关键是那些“走出去”的文化产品，应当在国内市场就要能够满足公众的需求，就要有极大的市场认同，就要实现“叫好又叫座”。不能让我们的文化市场供给形成巨大缺口，那将使我们的文化产业和文化产品遭遇无土无根的困扰。

观察思考点之二：
创意力是拉动文化产业勃兴的核心

在考察中，我们走访了若干美国的文化产业知名企业。过后查阅资料发现，在400家最富有的美国企业中，有72家是文化产业企业。

GDP越来越多地倚重于第三产业，特别是文化产业，算是美国等发达国家经济发展区别于发展中国家经济的一个鲜明特征。孙有中教授说，“作为总人口数不多的发达国家，美国在大量劳动力密集型产业转移出去后，经济发展必然趋向高端，而发展文化产业是其必然选择。”

这有利于深化理解上面的话题。需要注意到孙有中教授这个观点中的“高端”二字，有要义在其中。

什么是文化产业的“高端”属性？在美国一路走下来、听下来、看下来，深切的感觉是，“高端”是智慧的“高端”，而不是市场的“高端”。文化产品绝非都是“阳春白雪”，那必然“和者盖寡”，文化产品的“效益实现路径”应落脚在“下里巴人”、普罗大众的“低端”之上。而呼应需求、开启需求、赢得市场、创造市场的高端智慧，则集中在超强的创意力之上。

我们并不乏文化产业和产品的原材料，但缺少能点燃和引爆公众需求的创意，从而将这些原材料组合成有消费欲望的产品并由此形成极具吸附力的朝阳产业。

美国迪士尼版的《花木兰》、《功夫熊猫》，日本对中国四大名著的文化产业开发等，都采用了来自中国的原材料。他们为什么能用中国的原材料转化成富有市场感召力的产品进而获得高附加值的回报？当然可以列出多种原因，但以拨动市场、启动需求为目标的创意力是个核心。“彩线穿珍珠”，创意就是彩线，有了创意就能把散落的、破碎化的原材料组合起来，带动原材料升值，就能占据文化产品价值创造的高端，否则文化原材料资源肯定会躺着睡大觉，被贬值、被边缘、被闲置的结局无法避免。

文化产品是靠智慧、用创意来转化为财富的。一个“高端”的创意，可能创造出数百亿乃至数千亿美元的 GDP、数万计的就业岗位。在美国考察期间我们已然感到，当一个创意成功实现商业化后，其创造出的许多岗位，并不需要智慧力很强的人来担当。资料显示，1999 年美国电影业直接雇用 63 万人，10 年内年均增加 6.4%。而现在，美国文化产业提供的就业岗位超过 1700 万个。

在纽约考察期间，唯一看到门口排长队的商店是苹果电脑店。中国航空工业集团总经理林左鸣曾拿苹果公司对我举例说：“乔布斯巧妙地创造出了一种人们新的心理需求。新一款 iPad 出来后，仍然是排长队，很多人把上一代 iPad 扔掉重新去买。”他说，“真正要下功夫的恐怕还是在创意上下功夫。不管欧美也好，亚洲也好，中国也好，要害在创意。”他是中国航空工业制造的领军者，是搞制造业的，他对创意价值的体悟，对文化产业、文化产品的开发者来说也是有启迪意义的。

福川伸次做过日本内阁总理大臣秘书官、产业政策局长、通产省次官（副部长）。在一次交流中他介绍道，制造业的未来可能面临三方面的时代挑战或者说时代追求：

其一，绿色的创新，这是最大的挑战。制造业公司要做那些像混合动力汽车一样的绿色环保产品。其二，生活方式的创新。因为大家追求更加舒适的生活，非常重视身体健康，需要推出更多满足人们追求健康生活方式需求的产品。其三，把艺术和科技进行结合。也就是说要把文化的因素融合到高品质的产品当中，无论是在设计电动汽车还是在设计其他产品的时候，都应该考虑到文化和艺术的因素。他认为，“把文化和科技进行结合，相信会为制造业打开一个新局面。”制造业如此，文化产业不更该如此吗？

保罗·贝内特(Paul Bennett)是全球领先的创新咨询机构、美国著名设计公司IDEO的首席创意官。在一次交流中，他同样提到苹果公司，并由此提出两个观点：第一，消费者驱动非常重要。首先要想一个问题，是客户的需求，而不是我们需要做什么，苹果就是一个很好的例子。第二，创意创新就是要动手去实践。“创”是一个动词，而不是一个名词，关键是要做，一定要动手来做，才能知道到底怎么回事。这一点非常重要，就是一定要根据人们的需求制造你的产品。这些话，对搞好文化产业和文化产品的创意来说，既是真谛，也是提醒。

美国的文化产业具有延展开来的比较完善的产业链条，可以带动多项配套产业的联动发展。从某种意义上讲，创意力有多强、创新力有多大，文化产业本身的聚合力就有多强，文化产品生产和消费的市场空间就有多大。创意产业、文化产业的勃兴和崛起，可以给产业转型升级、经济结构调整一个不错的支点，可以走上少破坏环境、少依赖国外市场也能强劲增长的经济发展模式。这是一种具有主动权的增长。

物质财富和精神财富的“两富合一”才是真正的人类财富。当然,怎样将一种“创意”变成一种“创富”?这里所说的“富”绝不局限于物质的财富,而是包括了精神的财富,这可能要有一个过程,需要做很多的探索、很多的努力。

发展文化产业是需要资源的,但资源也不是一成不变的,文化产业资源是可以创新出来的。我们曾做过河南焦作资源型城市转型的报道。焦作市原来以能源为主要产业,而现在,以宣传旅游文化为目的的“云台山”的广告耳熟能详。从能源到旅游资源,就是一种转换。而这种旅游资源的开发,是需要创意来点石成金地整合资源、创造资源的。有人说,文化产业的特点就是“无中生有”。创新可以创造需求,创意可以引领需求。做文化产业在相当程度上是概念、是抽象的东西。不能用搞制造业的思路来做文化产业。文化产业可能需要从抽象做起,再做到具体。在今天这个时代,谁越是用有形的东西赚钱,往往就越是处在下游,收获的是芝麻而非西瓜。

观察思考点之三:在创造切合人性的产品中完成两个价值力的实现

在洛杉矶迪士尼乐园参观交流的那一天,并不是什么节假日,可满园人头攒动、人山人海,在那里从早待到晚,每个景点虽然游人众多,却十分有序,颇让人有几分羡慕、几分嫉妒、几分感慨。

只有高持续、高频率、高浓度的主动享用、主动消费,才会使文化产品的社会与经济两个价值力体现出来。如果文化产业、文化产品只体现在其“存在”二字上，那么它的价值会大打折扣，无人问津，两个价值力的实现力就无从谈起了。

完成两个价值力的实现，要害还是要能有开启公众需求的产品，而问题在于什么样的文化产品能够呼唤人们的享用和消费呢？恐怕不会是臆测中的“你应该消费”、“你必须消费”等单向的愿望，还是要拿出“叫得响”、“过得硬”、“卖得出”的产品，去激励消费者自愿消费、自主消费、主动消费。不管是付费的，还是免费的产品，都应如此。

考察期间，在百老汇看了音乐剧《歌剧魅影》。哥伦比亚大学的授课教授告知，此剧自1986年10月在英国伦敦首演后，在数十个国家上演，是百老汇第二大长寿剧目，累计收入约50亿美元。对一部音乐剧来说，这是一个惊人的数字。

除了成熟的市场运作和包装推广，这个剧目之所以能经得起市场和时间的考验而经久不衰，秘诀就在于其剧目内容和制作的精心——用出人意料的艺术元素与人性内在的需要对位，形成具有张力的呼应和共振。

《歌剧魅影》是一个什么故事呢？一位专家这样描述：故事发生在19世纪的法国。男主人公“魅影”本是一位优秀的建筑师和音乐家，但却因天生丑陋而不得不戴着面具栖身于巴黎歌剧院迷宫般的地下室中，成了传说中亦人亦鬼的“歌剧院幽灵”。女主人公克里斯汀受到了观众的热烈欢迎，而她的出色表演离不开“魅影”的帮助，正是“魅影”发掘了克里斯汀的音乐潜力，使她成为了耀眼的明星，并且在她走向成功的时候，爱上了她。天真美丽的克里斯汀既不能抗拒“魅影”的诱惑和吸引，同时又爱上了英俊而温柔的男爵拉尔。当“魅影”因为心灵的扭曲杀死无辜的杂役和演员、从舞台上劫走克里斯汀，并以拉尔的生命做筹码要挟她时，克里斯汀对“魅影”的信任彻底摧毁。可是，克里斯汀并没有因此而仇恨他，她深切地理解了“魅影”那灵魂深处的孤独与渴望。最后，“魅影”放走了克里斯汀和拉尔，让他们去享受阳光下的爱情。

对人类情感主题的强调是《歌剧魅影》成功的要素，它通过现实主义的视角将一个悲剧式的爱情故事演绎出来，从而引发出许多美好的人生寓意，正是这些美好的信念，在让主人公“魅影”走出黑暗、领悟爱情的同时，也让人们领略到生活与命运的真谛。

这位专家的概括相当精准。据说，这部音乐剧几乎场场爆满，看过演出的人数以亿计。由此，不难得出一个启示，最能感召人的恐怕还是那些富含人性要素的文化产品。对中国的文化产品来说，于国内市场，这方面值得持续注意，在国际市场，则更需要在人性的感召力和呼唤力方面下功夫，以破解我们的文化产品“走出去”并传递中国价值观的现实之难。

从国家和社会的管理者角度看，自然寄望文化产品能够担当传承、传播国家和民族核心价值观的大任。这当然是必要和必需的责任。同时，既然要用文化产品来传递、交流、沟通，那么产品从主旨到细节就需要充盈着人性的色调。事实上，只有那些能够激励人们主动享受和消费的充满人性的文化产品，才能有效实现张扬、巩固、传承、增进核心价值观的社会接纳和社会认同。这恰恰就是美国文化产品的共性。

尽管我们需要注意并警惕美国文化产业的创造者所具有的对

美国式价值观自信、执著甚或傲慢的一面，但我们也应重视他们对人内心精神基本需求面的理解与紧扣，以及对此竭尽全力的呼唤与开凿。这可以看作是构成美国文化产品价值力、传播力动能的一个重要因子。“迪士尼”的产品就相当强调将包容、乐观、道德品质培养三个原则体现在受众的娱乐中。

美国文化产品在选择题材上相当注意突破文化、地域、民族的局限，使得其文化产品的呼唤力、传播力、影响力大为增强。北京大学教授陈少峰研究文化产业多年，他曾告诉我们的记者，美国电影之所以能引起世界观众的共鸣，在于其选择的主题都把人性及自身价值观统一起来，如爱情故事、英雄崇拜等。美国好莱坞电影的主题其实比较模式化，或者亲情爱情故事，或者英雄故事，总共大概就十来个题材，而这些题材都跟人性有关。彰显人性可以“全球通”，一下就能突破文化的地域界限，任何一种文化，无论是伊斯兰文化，还是犹太文化，抑或是中华文化，包括更细分的区域文化，都能跟这种共享式的主题产生共鸣。

孙有中教授对此也有同感。他向我们的记者说，多元的世界文化存在差异性，但是其审美情趣的差别并不太大，都会体现出人性的价值取向。美国好莱坞电影的情节比较标准，一个英雄对面必然站着一个恶棍，通过与恶棍搏斗，英雄取得胜利，电影情节达到高潮，并走向一个圆满的结局。可能电影里展现的是美国场景，而给人的却是共同认可的、人之基本的价值。

传统风味、民族特色，是文化产业的要素，但还只是文化产业的一个外包装。文化产业最为本质的，是内容，是内容的价值，是影响人、改变人的内涵，这就是常说的“内容为王”。我们不能满足于“平台为王”。文化产业一般而言可以分成三大块：内容产业、传媒与平台产业、延伸产业。内容，无疑是源头所系。有人打比方说，如果我们自己没有好的内容，只是建设平台（媒体），就相当于我们的高速公路上跑着国外生产的奔驰、宝马，在为别人的软实力传播服务。

而就内容而言，文化产业本应以人性为依归。我们做新闻，强调说真话、说人话。对于靠传播力生存的文化产业来说，首先要回归人性，其次才是加上一些特色。如果总是强调传达某些理念、某种文化、某种特色，而使人性退居其次，那么所谓“特色”也很难被人接受。

专家们已经注意到，美国将文化产品的市场定位于“老少通吃”，其消费人群是家庭型的。电影实行分级管理，不能“老少通吃”的，专门在有线频道播出。这就使几乎所有文化产品都能面向相应的受众，满足不同层次的文化消费需求。

重视内容的创造，将价值观作为“内容为王”中的王中王，将创意力作用于产品制造的全过程，讲出让中国人、全球人都看得懂、听得进、动得心的故事，就能征服市场。在这一点上我们需要做更大的努力。

“中国电影需要拍得更有人情味。”《泰坦尼克号》、《阿凡达》的导演卡梅隆的话是中肯的。国际电影人对中国电影讲故事的意识、技能、水平，少有恭维的言语。“中国有很多题材可以推向世界，我们与中国的合作要想取得重要进展，需要创造力、更好地讲故事的能力，让屏幕中出现更现代的一些元素。”福克斯电影娱乐公司主席兼首席执行官吉姆·吉亚诺普洛斯直言不讳。

中国题材、中国故事、中国电影如何被世界观众看懂、接受，一直是中国电影业界讨论的热点。“这些年我们所输出到外国的电影只有中国功夫”，著名华人导演吴宇森也不无遗憾。只有中国功夫，那会给全球留下什么样的中华文化印记呢？

《泰坦尼克号》、《阿凡达》尽管有电影技术派的印记，但也充满了人情味。这是一个打动人的规律。中国电影要赢得国内国际两个市场的奥秘，在于如何讲一个好听的、有趣的、感动人的、有价值含量的故事。“最好听的故事莫过于能打动人的真挚的情感，能触动人性的琴弦。”作为中国的学者，范玉刚博士同样有这样的认识。在全球化舞台上的文化互动中，我们还不太会讲故事。要想把故事讲好，讲出有影响力的价值来，需要在“内容”上下功夫，需要有大格局、大视野、大情怀，需要创造出打动观众的讲故事的方法与技巧。

深中人性肯綮的文化产品才富有感召力。文化产品只有透过人的消费才能实现其价值，而浸透在文化产品中的价值理念会影响人、影响社会乃至改变人、改变社会。这是文化产品力量的强悍所在。而主动购买、主动消费对文化产品承载的价值力的转化是自觉的、高效的。我们应该把文化产品的“主动消费度”作为衡量文化产品的社会和经济两个价值力的核心指标之一。

观察思考点之四：文化产品应在市场黏合度中坚守主流价值和文化自觉

文化产业的产品，当然必须有较高的市场黏合度，才能实现其利润；但同时文化产品又有其文化性，这是其价值的核心，文化性在很大程度上表现为其对主流价值的体现。

在美国考察期间，我们注意观察了美国人的生活方式和话语行为，并仔细体味了其背后的逻辑；可以说，美国人的生活方式和话语行为几乎就是美国社会制度的人格化和美国价值体系的线路板。尽管美国人也有这样那样的抱怨、牢骚，但自信、自豪乃或自傲、偏执是掩饰不住的。最为关键的是“美国利益至上”渗透到了社会主导人群、主流人群、主体人群之中。美国人群体性地承担起维护美国价值观的责任，这反衬出的是一个国家、一个民族无形的核心价值观的有形能量。

“一个强盛的民族，必须有其发达的文化，而文化的灵魂就是这个民族的核心价值体系。”不能不赞成这样的观点。价值观是人类生活实践的理论抽象，核心价值观所影响的是本民族的思想和精神所构成的世界，左右本民族的思维方式和行为方式。由于核心价值观是整个价值体系最基础、最核心的部分，是一个人、一个集团乃至一个国家和民族长期秉承的一套根本原则，如果不能坚守核心价值体系，个人、集团乃至国家和民族将有可能被全球化背景下的社会竞争和发展所遗弃。

在美国考察期间我们参观了七八个博物馆。作为文化产业的重要组成部分，博物馆业在美国占有举足轻重的地位。我的团友中有颇有造诣的博物馆专家，对美国博物馆的品质、特色、运营等都有高水平的分析。给我感悟最深的是，博物馆在美国整个教育体系中的地位和作用被极大地凸显出来。就像考察团的报告中所描述的，“从美国博物馆诞生之初就确立了博物馆发展的主要目标:成为教育机构,担负道德使命,培养民族自豪感并提高民族威望。1906年美国博物馆学会成立时就宣言'博物馆应成为民众大学'。博物馆在美国甚至被誉为社会的'道德储存库'。就美国学生而言,博物馆是他们名副其实的第二课堂,从小学到研究生,有相当一部分正式课程是在博物馆的展厅、教室、库房和图书馆中讲授的。"

"担负道德使命,培养民族自豪感并提高民族威望"、"社会的'道德储存库'",讲得十分真切。价值观的培养和引领,需要有文化产品来承载,这符合人的接受规律和成长规律。价值观的培养和教育需要"从娃娃抓起"、"从教育抓起",这虽然已成为我们全社会的共识,但如何选择明智和睿智的路径和方式,则是我们需要特别下功夫去努力的。

儿时的教育,不仅在美国,而且在整个发达世界都被看作是社会的基石和支柱。他们不太注重在儿时对其进行什么"知识教育",而是注重帮助儿童建立起一个充实的内心世界、一个精神健康成长的方向。因为这些国家认为"人格养成教育"的缺失,对社会来说将是灾难性的。

就此延伸一下文化产业的属性,可以认为文化产业是给人类带来幸福感的产业。这就对文化产业、文化产品设计者、制造者乃至社会提出了一个如何理解人类幸福感的现实问题。在这个问题上的迷失,会让文化产品形成价值扭曲,进而让人类的幸福追求偏离正确的方向。其实,幸福感之本在于主流价值观的确立和重建。如果把财富追求放在第一位,把物质满足作为唯一的价值尺度,相信绝大多数人最终都不会幸福。如果只将人类的幸福归结为物质财富的追逐和拥有，而放弃对人类精神财富的积累和享用，那么整个人类将是变态的、异化的。实际上，幸福感的一个重要来源，是主流价值观认同之下的精神领域的满足。

和谐的人际关系、真实的情感交流、良好的社会风尚、健康的生活方式，是人们获得幸福感的保证。文化产业、文化产品需要承载让人类形成正确的幸福观的功能。有人说，造成中国一些人缺少幸福感的一个重要原因是信仰缺失，传统的伦理道德被撕裂，新的金钱崇拜又让人疲惫空虚。那么，在此面前，文化产业、文化产品更应主动担当起责任。

社会所需要的核心价值及其体系是什么？民族共有精神家园的思想基础是什么？形成国家文化软实力的支点和内生原动力是什么？完成中华伟大复兴与当代文化强国建设任务的民心品质是什么？文化学者沈望舒在与我们编辑沟通时所提出的一连串问题，也值得文化产业从业者做些潜心思考。

沈望舒向我们推荐了阿尔贝特·施韦泽所著的《文化哲学》一书。作者提出，西方文化的灾难在于"非文化"猖獗："它物质的发展过分地超过了它的精神发展，它就像一艘不断加速航行而舵机受损的轮船，已经失去控制并走向毁灭"。其基本观点就是：文化归根到底是一种肯定世界和生命的态度。沈望舒说，阿尔贝特·施韦泽的洞见在于将正确的文化伦理升至"精神觉醒"、"伦理意志"和治理"思想失灵"的关键的高度。

拯救文化衰落要重视文化的伦理本质，建设完善伦理的文化国家，才会"重新走在了从'非文化'回到文化的道路上"，"只有新的信念在国家中占主导地位，现代国家才能够实现内部和平；只有现代国家之间产生了新的理念，它们才会相互理解并停止相互残杀”。阿尔贝特·施韦泽断言：关于和平的规则即使被充分善意和很好地制定，也无济于事；只有使敬畏生命的信念发挥作用的思想，才能开创永久的和平。他由此提出令社会拥有人文伦理追求目标的药方。

沈望舒就此指出，倘若能有被人类广泛认知、认同的主导信念，能有各族群都向往之、追求之的伦理规范，各种和谐就会自然而然地产生。可是如此信念或伦理的“抓手”式内容何在？怎样做才能“化”作复杂社会中个人乃至人群的精神主导呢？

沈望舒说，以色列的例子可以对我们有所启示。“以色列”在希伯来语中意为“与神角力者”。这个犹太民族至今已经出现了很多人类文明史上的佼佼者：哥伦布、达尔文、爱因斯坦、马克思、卓别林、基辛格、门德尔松、伯格森……真可谓在科学、经济、社会、文化、艺术等等领域群星闪耀。

上世纪90年代初，我也曾访问过以色列，那里给我留下过很深的记忆。犹太民族之所以能成就“不大却强”的奇迹，是与他们塑造价值观的路径，以及他们用渗透式教育传承财富信念的做法密切相关的。根据沈望舒的观点，这个总量不大、高度分散、实质强悍之民族的凝聚力所在，主要体现在三个价值取向上：财富观、民族凝聚力以及对教育的重视。

犹太人视智慧为个人和民族唯一财富的观念历久弥坚。漫长受迫害的历史，使物质财富经历无数次的瞬间消失，土地、房产、珠宝、金银都昙花一现。因此，犹太民族具有对财富排序的共识：危难之时可以依次舍弃金子、宝石、房子和土地，但到最后一刻也不可出售书籍。因为一个人的伟大源自对智慧的无上推崇,智慧是民族的唯一财富。所以犹太社会普遍认为学者远比国王伟大和值得尊重;他们认为任何东西都是有价的,都有可能失而复得,唯有智慧的人生无价,是永恒的财富,可以引导人走向成功,且永不贫穷。这样的财富观塑造出一个将智慧视为高于一切的强竞争力群落,一个卓越人物辈出的民族。

犹太人视民族为生命共同体和亲情基础的意识坚定。危机四伏的环境、复杂残酷的现实,让犹太人民族奉献感强烈,形成团结奋斗、不怕牺牲、能为整体利益拼死抗争的合力。半个多世纪以来前赴后继,为慰藉民族冤魂而全球追捕纳粹余孽,尽力使每一具战友尸体回归乡土,在非洲营救被恐怖分子劫持的同胞……都让世界印象深刻。犹太人有矛盾、有分歧,但更有血浓于水的民族家庭文化真情。

犹太人视道义教育、传承为义务与使命,这种观念渗透于民间,贯穿整个人生。犹太民族的价值观和民族心来源于一代代的文化自觉。特拉维夫大学东亚系教授谢艾伦说:让孩子受到良好的教育是父母送给孩子最宝贵的礼物。犹太人教育孩子,重点放在学会把知识作为进取的力量,把智慧作为唯一的财富,把赚钱当作自己的天职,把勤俭当作必备的素养,学会在灵活处事和善待他人中赢得别人的信任,学会在正确驾驭自我的同时勇敢面对逆境的挑战……父母、学校、社会,构成道义观一以贯之的鲜活民族文化。

社会伦理规范是民族共有精神家园的发展之舵,功能强大的财富观是个人、种群、民族大家庭先进价值及其体系的原点,二者统一互补,就能构建出良好情感和真诚教育,共铸出一个有思想灵魂、有组织文化、有强大博弈力的国家。

中华民族是伟大的民族，中华文化是灿烂的文化。我们的文化产品应当告诉、启迪、引导当代人和下代人建立一个价值取向和财富的排序，把智慧放在土地、房屋、宝石、金子等等的前面，从而让中华民族自尊自豪地屹立于世界民族之林。沈望舒的观点是值得文化产品制造者品味的。

价值观是人们关于好坏、得失、善恶、美丑等具体价值的立场、看法、态度和选择。关乎幸福感、尊严感等精神层面的东西，需要在一定的价值观体系中自下而上地自发体会，不是单凭思想教育、媒体导向就能实现的，也不是搞一些“一笑而过”的小品就能送来的。执政者所能做的，是营造一个宽松的、积极的、向上的氛围和空间，同时从自身做起，在政府工作中首先倡导和践行诚信与公平。值得高度关注和思考的是，党中央已将建设社会主义核心价值体系提高到“兴国之魂”的高度，这应是勃兴文化产业之魂、建设幸福中国之魂。

需要像抓经济建设一样推动文化和价值建设，为促进人的全面发展创造良好的条件和氛围。在经济体制深刻变革、社会结构深刻变动、利益格局深刻调整、思想观念深刻变化的背景下，稳定发展需要有核心价值体系来支撑。在社会思想更加多样、社会价值更加多元、社会思潮更加多变的当下，坚持主流价值观引领社会前进方向的重要性和紧迫性更加凸显。从“两手抓”的精神文明建设，到先进文化教育，再到核心价值体系构建，相对物质文明建设而言，精神文明建设需要持续不断地加强。

我曾经听过北京大学国际关系学院中国与世界研究中心主任

潘维教授的一次讲座。后来又请我们的记者与他进行了交流。他有一个观点,“核心价值观是由知识精英决定的”。他认为,这些精英自上而下地界定着本民族文明各层面的核心价值观,最终形成一个社会主流价值观体系。他说,在现代社会,知识精英主要包括:政党领导人和政府中高级官员,大学的人文和社科类教师,主流大众媒体的管理者和从业人员,大型企事业机构的管理者。他说,核心价值观能被社会“公认”,需要通过关键的机构,也就是关键的政府机构、关键的大学、核心的人文社科机构和关键的大众传媒。

美国的大众传媒不约而同地承载着传播美国社会制度、美国核心价值、美国生活方式的功能。这是考察团印象最深的一点。

我们参观了美国新闻博物馆。它的建设耗资4.5亿美元,于2008年4月11日在首都华盛顿市中心开馆。展厅中集中展示了美国新闻历史变革、传播手段发展、重大事件报道等内容。其普利策奖图片展厅内收集了1942年至今所有的获奖作品,堪称“世界上最大、最全面”的普利策新闻摄影奖图片收藏地。普利策新闻奖自然是美国主流政治文化和新闻精神的产物。团里的考察报告和国内有关专家都提到了一点,即美国新闻界自诩比其他国家享有更多的新闻传播自由,并认为这一方面是由于宪法第一修正案的荫蔽,另一方面是由于新闻媒介在发达的商品经济社会中保持经济自立,在履行其社会职能时能摆脱外界干预。但这并不意味着新闻界超然于特定社会的主流价值观之外。美国新闻界讳言自身的政党倾向,而以新闻自由为核心的新闻价值观是为既存资本主义社会秩序服务的。其实,新闻界与美国政府“这两股势力都是致力于同一个目标——维护美国体制和现行制度”。

“如果一个大的国家或者民族，对他国、他民族有着占有冲动，其核心价值观便会以直接或间接的形式影响他国。”学者从这样的角度做分析不是没有道理。“美国文化产业把美国的价值观念、生活方式传播到世界各国，并在世界各国大众心中创造了美国形象，即美国是富裕、自由和民主社会的象征，以期创造世界各国人民对其国家的认可、对其生活方式和政治特质的认可。”孙有中教授向我们的记者强调，对外输出美国价值，提升国家软实力，是美国始终追求的一笔无形的资产。而中国社科院文化研究中心副主任张晓明研究员同样指出，国家软实力主要体现为文化影响力、吸引力和感召力，美国文化产业已经在国际市场占据了领先地位，其价值观也随之传向世界。

这笔无形资产是价值连城的，不仅会收获即期收益，还会收获长期回报。中国的 GDP 总量超过了日本，跃居世界第二位。可总量尚不足以说明发展水平的全部，分析我们创造 GDP 的方式、结构以及形成的力量，反映出明显的“质”的差距和缺失，差距在人的素质、创新能力、社会发展、发达程度，缺失在以硬实力为基础的软实力文化产品的“销售实现”能力。

在中国从“大国”走向“强国”的征程中，在产品附加值和技术创新方面仍需依靠发达国家，在中国人均收入于世界范围内仍处落后位置的大背景、大环境中，文化产业、文化产品既应承载起集合民族文化自信、自觉、自强的重任，又应承载起如何让世界包容、接受、认同中国价值观的重责。

观察思考点之五：
聚焦成就文化产业竞争力的基本元素

作为世界最具影响力的文化产业大国，近百年来，美国的文化艺术已经走上产业化发展之路。在美国考察后感到，美国的文化产业并不是一蹴而就式地发展起来的，每个大公司、每个大门类几乎都有一个漫长的充满挑战又极具执著的累积史。

考察归来，我请我们的记者就这个问题与中共中央党校文史部的张慧娟副教授做过专门交流。她说，美国文化产业大约经历了一个从无到有、从小到大的发展历程，大致可以划分为以下三个阶段：

第一阶段：从20世纪20年代到第二次世界大战前后，受科技进步、美国经济结构更新换代、美国国内消费结构的变化三重因素影响，美国文化产业萌芽并独立发展壮大。美国文化产业中的各个重要分支，如广播业、电影业等都开始萌芽并迅速成长起来，但它们的形成和发展基本处于一种自发、独立的状态，其发展推动力主要来自国内，发展的规模和体系也主要限于国内。

第二阶段：从“二战”后到冷战结束，美国的强势经济及计算机的发明带来了传播媒介的第三次革命以及新自由主义的勃兴，促成了美国文化产业独霸全球。这一时期，美国文化产业的各个分支都获得了巨大发展，总体实力在全球遥遥领先，尤以电视业的蓬勃发展引人瞩目。但同时，冷战时期美国文化产业同样突出的是意识形态的属性，国家在这一领域加大了扶持和干预的力度，凸显了文化产业的对外扩张性。“文化帝国主义”的概念和口号在拉美、亚非和欧洲相当流行，文化霸权和文化输出的指责声不断指向美国。

第三阶段：冷战结束至今，美国身不由己地加入多元文化竞争的行列。全球化、多元化、网络化是这一阶段的关键词，网络业的迅速崛起，对美国文化产业的传统格局造成了严重冲击，但也推动了传统文化产业的更新换代。由于美国占领了数字信息技术的高地，因此其文化产业能够继续在世界范围内领跑。但随着英、韩、日等国文化产业在政府的大力支持下迅速崛起，全球文化产业已进入了多元竞争的时代。

据张慧娟分析，尽管全球文化产业发展已经进入多元竞争的时代，但美国仍是文化产业领域的巨人。研究美国文化产业的发展轨迹，对认识当前世界文化产业的发展格局和今后的发展趋势具有重要的意义。

对美国文化产业发展历程的分析，并不是要为我们文化产业发展的相对滞后找借口，而在于启迪我们义无反顾地将文化产业当作一项重要支柱产业来看待，并从其发展轨迹中观察到成就文化产业竞争力的外部环境和机制元素，从而去发现、发掘、发育、发展那些能构成我们文化产业勃兴的要素。

第一，捕捉市场机遇的眼光和睿智。

就国内市场而言，发展文化产业并不是必须具有什么特定的机遇，什么时候都可以是机遇。我国有 13 亿人口构成的消费市场，随着收入水平的提高，有支付能力的文化消费力会不断增强。再扩大一点，还有与我们文化接近的亚洲 40 亿人口的消费市场。市场需求本身存在且巨大，这就是机遇。而就文化产品的国际化来说，文化产业的发展则需要发现市场环境的缝隙，捕捉能够切入的缺口，借势而进。当今的全球化趋势及其带来的文化产业多元化格局的进程，为此提供了可能。机不可失，只能抓住。

进入新世纪的10年，国与国之间的文化竞争融入了综合国力的竞争。国家实力已经由传统的军事、经济等硬实力，扩展到包括技术和文化在内的软实力。要强国，不仅需要硬实力，而且需要强大的软实力。反过来说，就是不能不发展。在这方面的任何徘徊等于放弃强国的追求。张慧娟副教授告诉我们的记者，她注意到了一个趋势，即在此背景下，一方面出于文化安全领域的考虑，另一方面则由于文化产业展现出的巨大经济潜力，许多国家不约而同地将视线转向了文化产业的发展，并将其放在提高国家竞争力的战略高度，着力提高本国文化产业的国际竞争力。英国、韩国、日本等国家的文化产业在政府的大力支持下迅速崛起，在全球文化产业的角逐中占领了一席之地，美国一国独霸的格局正被打破，世界文化产业发展将会呈现多元化格局。文化产业的全球化趋势与多元化格局，对我国来说，肯定是一个严峻挑战，但又肯定是难得的扩展契机。

由经济文化全球化引发的生产要素跨区域、跨行业整合配置及梯度转移产业链低端风潮，也使文化行业与其他行业之间的产业跨界融合发展变得颇为常见起来，使得国与国之间的文化交流日益频密、文化竞争更趋激烈。这意味着在文化建设中，单纯的宣传文化系统条块领域已较难担当整体推进的发展重任。

第二，确立企业主体和成熟经营模式。

一国文化产业的兴衰成败与其文化企业能否占领本土阵地、

能否走向世界文化市场息息相关。一国文化产业的竞争力是通过企业实现的。在发展文化产业中需要高度关注文化企业的市场主体地位。要让企业创业、聚集,一切围绕企业转。可以通过创业推动模式,通过建立创业发展基地、创建创业投资基金等方式,鼓励文化企业家涌现。

同时,要培育起符合市场竞争规律的经营模式。经过多年的竞争磨炼,美国文化企业面对市场的竞争和消费者的挑战,已逐步摸索出一套成熟的经营策略。

还是以好莱坞的电影做例证。我们驻洛杉矶的记者曾做过分析,比如,电影企业通过对不同人口、不同社会经济和不同地理环境的消费群体进行定位,使用不同的营销组合策略进行营销,提高电影的影响力与票房,达到赢利的目的。在发行趋势不断变化的情况下,好莱坞形成了一种新的行销模式——窗口化。一般情况下,最新的影片在美国全国电影院首映,2 至 3 个月后发行到海外电影院,首映 4 至 6 个月后依次在付费频道(PPV)播出,首映 6 至 9 个月后在全球发行录像带/DVD,首映 12 个月后在付费电视频道播出,首映 24 个月后在主要的免费电视频道播出,此后一段时间之后在免费电视频道二轮播出。这是典型的范围经济效益产生的多窗口。再有就是有针对性地建立会计制度。故事片在生产时已经建立了一种会计制度,即实时记录经营活动,管理者按照活动,而不是按照产品分配成本。这样做不但能更好地控制成本,也能防范一些不确定因素所带来的风险。如果没有建立起顺应和符合市场竞争规律的经营模式,竞争会是盲目的。

第三,文化生产和消费聚集方式。

美国规模庞大的博物馆群是聚集的。华盛顿的国会山和华盛顿纪念碑之间的国家大草坪两旁聚集了十余座博物馆。纽约大都会博物馆所在的纽约曼哈顿区也聚集着包括现代艺术博物馆、惠特尼美国艺术博物馆等知名博物馆在内的大大小小数十家博物馆。这些几乎连绵成片的文化建筑营造了文化之都的气息。

百老汇的概念,本身就是来自对纽约百老汇这个集聚了几十家剧院的地区的文化升华。考察团在那里参观并看过演出,也与剧场的管理者做过交流,哥伦比亚大学的教授还有过专门讲座。我们驻纽约的记者告知,百老汇的历史就是一个演出不断集聚的历史。1810 年建立的公园剧院(Park Theater)是最早的百老汇剧院,第二间剧院百老汇(The Broadway)于 1821 建立。20 世纪 20 年代开始,百老汇剧院文化迅速蓬勃发展,到 1925 年,这里的剧院达到 80 家之多。现今百老汇已成为西方戏剧行业的巅峰代表,成为剧院或是欣赏戏剧的代名词。产业的集聚,是百老汇的主要特征和制胜法宝。集聚产生规模、规模再促进集聚的升级,如此循环往复,使得百老汇的产业特点越来越明晰,越来越显出集聚的效应。在形成良好品牌效应的同时,有效地带动区域经济的发展,并借助区域经济的发展促进艺术中心的良好运营。以戏剧的艺术和商业成就为产业集聚特征的百老汇像一个巨大的盆地一样,把人流、物流、资金流统统纳入囊中,在取得艺术成就的同时获取巨额财富。

我们驻纽约的记者还概括到,集聚不是简单的堆积,它意味着产业之间、产业的各个部分之间的互补和最佳组合,在互补和组合中实现优势最大化、效益最大化。百老汇的公司和企业主要分为三种：一是剧院经营商，二是制作商，三是节目经纪商。剧院经营商一般拥有或者长期租用剧院，并负责剧院的日常工作管理和维护等技术方面的要素。制作商指的是开发并创作百老汇节目的公司，他们一方面要负责获取所有的创作作品的法律权利，另一方面要负责筹集资金，还要监督节目的开发过程以保证节目的成功。节目经纪商是制作商和剧院经营商之间的中间人。正是这三种分工不同的企业的互补和组合，才在"集聚地"的基础上把百老汇变成一个"聚宝盆"。

脉络很清晰，由集聚而形成产业规模，由产业规模而促进要素集聚，由此上升到文化层面的概念，概念吸引人流、物流、资金流，再形成新的高层次的集聚。这是一个不断升级的循环，也是百老汇集聚的逻辑。团里几位演出公司的老总也跟我谈到过这种现象。

由此想到，在国内，文化产业现在大热，各类经营活动都试图挂靠上"文化产业"，在有些地方甚至餐饮、地产也被叫做文化产业。一个地方要搞文化产业，对于自己手中的资源、相关产业的发展趋势，应做到心中有数。比如，不少地方一谈文化产业立刻想到旅游，对于谁是正宗的"某某某故里"争执不休。其实，有"故里"，有"山水"，也不一定就能成为下"金蛋"的母鸡。从数据来看，我国这几年增长较快的，还不是传统的景观旅游，而是活动经济或者说"文化游"。上海世博会给我们一个启示：人们感兴趣的不只是"我到过"，更重要的是"我感受到了"、"我体验到了"。一个景点，一处"故里"，一名游客一辈子恐怕也只看一次，但是那些"文化活动经济"发达，经常有展会、演出、论坛的地方，你可能会去很多次。这就是文化产业聚集产生的效应。

第四,文化产业融资平台。

观察美国文化产业的勃兴轨迹,会发现,其较为广阔的融资平台和风险投资体系,以及较完善的退出机制,为文化产业企业获得投资提供了良好环境。“美国文化产业企业的发展壮大,同美国成熟的市场经济和融资体系有直接关系。”中国社科院张晓明研究员就谈到,如果一个文化企业仅仅依靠生产文化产品去实现经济效益,而非通过并购、融资等经营模式介入市场,是没有强大生命力的。

美国文化产业投资领域的主要特点是投资主体的多样性,形成政府、外来投资和融资体制三结合的机制。一方面国家直接向所有符合政策导向的团体提供扶持,另一方面这些团体也吸收非文化部门和外来投资,一些大财团就直接向许多有实力的文化产业巨头如美国广播公司、哥伦比亚广播公司等进行投资。

上世纪80年代末到90年代末,全世界投资银行收入主要来源于传媒汇流。世界上重大企业的兼并重组事件大多同媒体融合发展的大趋势有关。没有资本市场和文化产业的融合和结合,现代新兴文化产业是发展不起来的。孙有中教授还告知,美国发达的民间资本促成了文化产业投资环境的良性循环。

“只要文化产品有利润,资本持有者就会投入资金。”这就是资本对文化产业资金需求最干脆的回答。

第五,文化产业延展与多产业融合。

文化产业是一个完整的链条,包括资源、内容创作、生产、集成包装、发行和展示等众多环节。像迪士尼、时代华纳等文化产品的知名供应商，从上游内容到下游渠道全覆盖，整个链条完整而闭合。无论是米老鼠、小熊维尼，还是哈利·波特，这些优秀的创意产品之所以能创造上百亿美元的市场价值，依赖的是完整而强大的产业链——从小说、游戏到电影，再到主题公园、卡通玩具、各式各样纪念品等等，不断挖掘和延伸创意的影响力、价值力，然后生成财富。一个小熊维尼，每年卖出将近60亿美元的衍生产品。而如果仅仅停留于出售原创作品，这种效益是不可能收获的。

我国的文化创意企业数量也不能算少，但产业整合程度并不高。中国最有影响的娱乐传播机构几乎90%的赢利来自广告，国产电影大片的收入也几乎清一色地来自票房。赢利方式的单一，折射出国内文化产业链上各个环节分散的产业现状，说明聚合的潜力还需要大力开掘。

需要顺便说一下知识产权保护的重要性和现实性问题。在美国考察发现，所有的博物馆、展览演出等文化场所，专属的品牌衍生品是其所有收入中相当重要的一部分。这种衍生品之所以卖得出价钱，除了其品牌的市场感召力之外，很重要的一个因素是社会最大限度地保护品牌所有者的权益。这是文化产业得以发展的重要条件。如果一个品牌好不容易创意和开发出的专属衍生品，谁都可以仿制生产，满大街都可买到假冒的廉价之物，文化机构、文化创意人谁还有动力再去创意、去创新呢？在这个问题上，眼光要放长远点，切不可短视。

文化产业与制造业、金融业、旅游业、文化地产、新媒体、网络动漫等结合，会形成一种超强的合力。

美国著名的文化企业时代华纳，是一家大型媒体公司。考察团考察了《时代》周刊。对方主要介绍的是他们要把旗下十几本杂志制作成平板电脑版发行的情况，并为我们做了演示。

赴美考察前，张晓明研究员曾向我们的记者介绍过一个大背景：2000 年，美国当时最大的因特网服务提供商美国在线与横跨出版、电影、电视行业的传统媒体巨擘时代华纳合并，组成今天的时代华纳。二者的合并，明显地表现出现代传媒汇流的形势之下，媒介手段和媒介内容之间形成一种新的合作关系。统计显示，在美国在线和时代华纳合作的第二年，就实现了 382 亿美元的销售额。

近年来，跨媒体、跨业务、跨行业经营方式也开始更多地融入文化产业。这种纵向和横向联合，使技术资源、人力资源和财力资源得到优化配置，为美国文化产业发展注入了更多的竞争力，也实现了市场效益最大化。文化产业最依赖“聚合效应”。只有产业聚集，形成互相支持的系统，文化产业才能不断提升量级。

第六，集团化与规模化经营。

在文化产业市场高度发达的美国，文化企业只有做大才能做强。美国的文化产业巨头一般都实现了跨媒体、跨业务和跨行业经营。

集团化、规模化经营是美国文化产业的大趋势。孙有中说，传统媒体产业的内容设计、制作与流通在经营上相对独立，但是数字传播技术的诞生使不同媒介形式的文化产业之间的联合成为可能，也将文化产品整个的设计、制作与流通过程贯通起来。在美国，一方面，新兴的数字技术生产商、网络运营商以及内容生产商在集约化经营模式下纷纷寻求跨媒体乃至跨行业经营；另一方面，传统媒体公司也通过与网络文化产业的并购形成了以时代华纳、迪士尼、维亚康姆、新闻集团等为代表的大型集团。这些文化产业集团凭借其雄厚的技术与资本优势和铺天盖地的营销网络，又进一步寻求与国外相关企业合作，成为世界文化市场的巨无霸。

观察思考点之六：紧跟技术创新带来的颠覆性革命

越来越多的科技手段被运用到文化产业之中，它直接影响甚至改变了文化产业价值实现的方式和路径。这本来应列在上个问题即聚焦成就文化产业竞争力的元素之中。但是，它太重要了，需要给予特别的关注。

最具典型性的算是报纸了。在美期间，考察团分别与《洛杉矶时报》、《今日美国报》、《华盛顿邮报》进行过座谈。在老牌的《洛杉矶时报》，从数位资深编辑的谈话中，能够感受到在他们金融危机和新媒体兴起双重挑战面前的无奈。他们留恋昔日的辉煌。4 年前还是 2 亿美元的进账，现在只落得 8000 万美元；10 年前员工过千，如今只有 500 多一点；在平板电脑数字版有偿发行上受阻；赢利模式上遭遇不确定性的烦扰。他们对纸质报纸的未来相当绝望悲观，甚至预言说，15 年后全球纸质报纸将消亡。而在《今日美国报》——只有 30 年历史的年轻报纸、全美发行量最大的报纸，几位年轻编辑的谈话让你感受到的是自信：“在 iPad 上阅读我们报纸的比重与 CNN 相当，超过《纽约时报》”，“不管媒体形态怎样变化，我们跟着受众的口袋（里的手机）走”。

孙有中教授为我们的记者回顾了美国报业百年来的发展历程:面对20世纪二三十年代兴起的无线电广播挑战、20世纪四五十年代出现的电视冲击以及20世纪90年代初网络媒体的普及,美国报业沉着应战,通过自己的深度报道、独到分析和对版面的革新,极力向受众证明自己不可替代的价值。现在,网络媒体对传统报业从产品形式、营销模式到赢利结构都提出了全面挑战,面对发行量下滑、广告业务流失这种局面,美国报业勇于接受新技术的挑战。

1994年,美国上网报纸只有20家,到2004年,几乎所有报纸都建立了自己的网站,并逐步在网络新闻服务模式上进行了创新。如:建立24小时滚动新闻模式;开创以报道本地新闻和特殊地区新闻为主的社区BBS模式;利用网络及时性进行特殊专题的深度报道或争取第一时间报道等。在采编上也依据网络特点进行了革新,如强化导读功能,增加更多图表,综合利用音视频技术,利用网络交互功能提供自由讨论与评论空间等。

美国报纸杂志还对网络赢利模式进行探索创新。根据美国报业协会公布的数据,到2004年,美国1500家左右的日报社已建立起自己的网站,部分网站开始赢利。2005年尼尔森互联网测评公司发布的研究报告显示,美国大报的网站访问量呈上升趋势。

新媒体时代,报纸要以整合面对挑战,走报网互动、报网融合之路已是许多报人的共识。报网互动是产业集群或传媒集团搭建全媒体数字化平台,通过将报纸、网络、手机等“捆绑”在一起,信息一次采集,整合利用,多次发布,形成合力,资源共享,效益最大。在报道内容和形式上内容共享、各有侧重,可以大大增强主流大报大刊的传播力。媒介融合已经是大势所趋,更是报纸杂志数字化时代的生存之道。美国帕雷艺术中心(Paley Center)媒体理事会执行主任马克斯·罗宾(Max Robin)在与我们座谈时说:"这是一个新媒体与传统媒体共赢的时代,我们的目的是共同对话,探讨如何发展。"

专家们把传播技术"从助推到引领"媒介发展的历程归纳成三个阶段:一是简单地把报纸复制到网上,即报纸电子版时代,那个时代的数字化仅仅是媒体搬家。二是建设报纸网站,建立公共服务平台时代,一些报社已经开发了手机报、博客、微博等拥有互动功能的传播新手段、新产品。三是开发新的产业模式的时代,让技术真正成为能为用户提供增值服务的工具。

应当讲,部分报纸和杂志网络数字版的成功,很大程度上归功于其品牌效应与读者群体的特殊性。他们把利用新媒体传播当作是对传统报纸杂志品牌的延伸和传承。"传统报纸杂志的权威性、影响力、公信力及其独特的品牌作用,在当前依然是不可替代的。"北京大学文化产业研究院副院长、国家文化产业创新与发展研究基地副主任向勇在《文化强国的历史抉择》一文中分析认为,一个媒体不会因为是纸质品而缺少生命力,也不会因为是电子产品就生机无限,媒体真正的价值是它的内容,是信息量,是实用性,是附加值。面对数字化冲击,纸媒真正的功夫应下在如何提升产品附加值上。这就是为什么当前不断有人提出要回归"内容为王"的重要原因。

话语权并不代表影响力。只有把话语权变成受众的注意力,把受众的注意力变成社会影响力,把社会影响力变成文化生产力,才是传统媒体的生存之道。传统媒体,尤其是具备品牌力的传统媒体，一旦找到聚合受众注意力的渠道，也就找到了生存发展的新定位、新方式。在强大的数字传播技术成为文化产业发展巨大推动力的当下，无须彷徨，应有的态度只能是主动掌握技术制高点，增强自主创新能力，进而掌握内容传播的主动权，舍此，没有其他选项。

技术进步对美国整个文化产业的影响，也大致经历了三个阶段。从中同样可以找到“从助推到引领”的轨迹。中央党校张慧娟副教授对此做过分析。她告诉我们的记者：

在美国文化产业发展萌芽阶段，复制技术和传播媒介的发展，使文化产品的大规模复制和流通成为可能；有声电影的出现推动了美国电影事业的发展，酝酿了20世纪30年代开始的好莱坞长达20年的黄金时代；显像管等技术的成熟发展，催生了美国电视业的萌芽。

在美国文化产业发展壮大阶段，20世纪50年代计算机的发明带来了传播媒介的第三次革命，成为美国文化产业发展的一个转折点。计算机、通信卫星、微电子、光纤通信、激光、数码等信息技术在这40年间获得重大发展，信息革命和知识经济带来了美国文化产业的飞速发展。如到20世纪50年代末，美国86%的家庭拥有了电视机，成为世界上电视普及率最高的国家。1962年，美国发射第一颗电视通信卫星，把美国电视节目扩大到全球范围，不断向北美、拉美及西欧等地输出电视剧。

从20世纪90年代起，文化产业进入新的发展阶段，标志是美国掀起了网络化浪潮。具有瞬即性、交互性、生动性等优点的网络，作为新的传播工具迅速遍及全球。这对美国文化产业的传统格局带来了正反两方面的冲击：一方面造成一些传统文化产业的下滑和萎缩，像上面谈到的报业，销量不断下滑。1990 年，美国日报的总销量为 6232 万份，到 2000 年下滑至 5577 万份。另一方面，网络的冲击推动了传统文化产业的更新换代。比如，美国各大报纸先后加入网络，创办了各自的电子报。美国出版物历经印刷型、微缩型、视听型、电子型的发展历程，值得注意的是，自始至终美国都引领着全球出版业的发展潮流。

孙有中教授这样概括，自 20 世纪 90 年代起，随着数字网络技术的发展，信息化、数字化和网络化逐步渗透到美国的新闻出版、音像出版、广播电视等传统文化产业中，使其逐步发展为网络文化产业的一个重要组成部分。

观察美国文化产业的发展脉络，已经可以看出科学技术的不断发展使得文化产品和服务的种类及领域持续拓展、成本不断降低，从而成为推动其发展的巨大动力。同时，以互联网勃兴、现代通信技术革命及数码科技突进为代表的高新科技，也对文化发展的理念、手段、载体、媒介、平台及业态等多方面的创新，提出了日益迫切的升级换代要求。在美国考察期间，几乎所有门类的文化产业企业都会向我们谈论到新技术的应用问题，也都会谈及新媒体环境下的产品传播、价值实现等现实问题。

事实上，电影 3D 技术的研发，就令电影业产生了全新的运作模式，还带动了 3D 动漫、3D 现场演唱会和 3D 体育赛事直播等一系列新型文化产业项目，同时也带动了传统电视、电子游戏和手机通信业等产业的提升。

一项技术的创新并被广泛应用，会改变消费认同，消费者选择的结果往往会是颠覆性、革命性的。CD 的出现淘汰了唱片，

MP3、MP4与网络音乐、视频下载则让CD衰落，iPhone、iPad的出现则将MP3、MP4、电子阅读器等等逼入尴尬境地。文化产品的传播形式也必须随之改变。

新的产品需要新的产能配置，这就需要新的生产和消费投资，旧的产能、旧的产品将被毫不留情地遗弃。因此，无疑需要关注未来20年数字传播技术可能变化的趋势。

美国著名科技杂志《连线》的联合创始人凯文・凯利，有“互联网思想家”和“科技趋势预测大师”之名，他在近30年前预测的网络时代诞生、社交网络兴起以及云端时代来临等，已在现实中一一得到验证。他在访问中国时发表公开演讲，就数字媒体领域未来20年的发展做出预测，新华社新闻研究所新媒体研究室将其所说的六大趋势做了概要的解释：

屏幕化——无处不在的屏幕化世界。面积或大或小、距离或远或近、功能或繁或简的屏幕已经无处不在。一个屏幕能够呈现多种内容，文字、图片、视频皆有可能，报纸、杂志、电台、广播、电视、网络、音乐、书籍等也都可以融合到屏幕中。当无数屏幕融合在一起，必将深刻改变人、文化和商业，目前屏幕带来的影响还远未呈现出来。

交互性——进一步的自然人机交互。iPad、Kinect（注：微软的3D体感捕捉设备）的出现，打破了指尖点击这种交互形式的局限。现在常用的触摸、语音、体感虽然使屏幕和人之间有了更多互动，但依旧是自然人机交互的初步阶段。展望未来，将会有更多丰富的交互方式和令人惊奇的应用。比如在我们看屏幕的时候，屏幕其实也可以看我们，了解我们的状态，不断优化学习，提供更符合我们需求的服务。

分享性——最重要的浪潮。分享是所有趋势中最重要的一个。互联网就建立在分享基础上，并将进一步沿着这一方向演进。位置、朋友关系、记忆、健康记录、行动等，任何能被分享的东西都将被分享，而分享得越多，透明度越高，越能得到个性化的服务。现在的技术和应用还远远没有给人们提供足够的机会，数倍于今天的分享大潮还没有释放出来，未来将有更多分享的方式被发现，而“云”的发展将是有力的助推。

流动性——数据流构成新媒体。互联网的组织方式，从文件、文件夹、桌面，到页面、链接、网络，再到数据流、标签、云，正逐步进入一个流动的时代。以 Twitter Stream、Facebook Wall、RSS 等为代表，我们经历了从页面到流(stream)、从 PC 到云的变化。这些永不间断的、无穷无尽的人与人、物与物之间的数据流将“漂浮”在我们身边，它们的融合与交汇将改变我们原有的生活状态，所有这些数据流的聚合构成了新媒体。

使用权(Accessing)——而不是拥有权。我们正在迈向一个不在乎信息和媒体“拥有”权，只在乎其“使用”权的世界。当拥有的客体从实物变成信息后，拥有的概念也随之发生改变。音乐不再需要 CD 承载，图书不再需要实体邮寄，存储空间也不再需要硬盘来扩展。数字化让使用权替代了拥有权的概念。而使用权比拥有权更好，因为不必为储存、更新、维护、备份而烦恼。Amazon、Spotify、Netflix 等服务已经兴起，使图书、音乐、电影等内容都可以“租借”，一站享受，即时购买。未来这一趋势将扩展到所有数字媒体的零售领域。

生成——而不是复制。互联网是最大的复制机器。任何内容一旦触网,就会被迅速广泛地复制传播,这是网络的运行原理之一。那么,当原创和复制无法区分的时候,如何实现价值?这就需要创造难以复制而易于付费的东西,价值存在于对用户需求的满足,例如即时性(延时下载免费,即时下载收费)、个性化(通行版本免费,定制版本收费)、易得性(内容免费,搜索付费)等。内容可以免费,但用户要为这些特性付费,这将成为新经济重要的组成部分。过去通过海量复制产品然后销售来获得价值的方式将会被颠覆。

这些趋势,对文化产业、文化产品生产和消费来说,意味着什么呢?至少需要文化产业的从业者去思考,在文化产业的发展上有没有跨越式发展的路径选择?在文化产品的开发上究竟如何把握未来?

还需要注意一种趋势性的特征。文化产业市场的内涵可分为两部分,一部分是文化本身,另一部分是跨界应用。北京大学陈少峰教授提示我们的记者,美国的苹果公司就是一个典型,它既是传媒公司,又是娱乐公司,还是 IT 公司,跨界应用使苹果公司成为了全球市值最大的企业。再如,数字技术生产商的代表微软公司,其经营范围几乎覆盖了从技术开发、设备生产、网络运营直到具体网络文化产品营销的各个领域。

观察思考点之七:
学会有效塑造有效运用品牌的力量

“变形金刚”作为一个品牌,在中国,几乎无人不知无人不晓。

其实，20多年前“变形金刚”还只是一个简单的动画形象，在制造商美国孩之宝公司成功的商业化运作下，变形金刚摇身一变成为风靡全球的“变钱金刚”，一年的营业额达到40多亿美元。我们驻纽约的记者说，从上世纪80年代到现在，“变形金刚”在中国赚了至少50亿元人民币。

“变形金刚”的品牌感召力，也被一些看似并不搭界的行业的商品借用起来。《变形金刚》的影片，就有些像是为宣传汽车文化量身定做的商业大片。通用汽车把原著中不属于通用的品牌替换掉，片中代表正义的汽车人全部由通用旗下汽车变形而来。

在好莱坞，将成功的影视产品通过系列化和连续化来打造品牌，被视为推广电影的最高境界。好莱坞007系列电影、星球大战系列电影、哈利·波特系列电影等，都是电影品牌化、系列化的成功案例。

美国百老汇音乐歌舞秀《星光璀璨百老汇》——一台大型音乐剧精华汇演，是百老汇金牌制作人大卫·金的力作，担纲演出的美国百老汇明星歌舞团也是一个品牌。他们演出的《猫》、《歌剧魅影》、《悲惨世界》、《西贡小姐》“四大经典音乐剧”，均曾获得多项托尼奖，不但在百老汇久演不衰，而且每每在世界各地演出都收获良好的口碑。于是，百老汇明星歌舞团无论推出什么新剧，常常会万众注目。

这些都是品牌显示出的力量。品牌是市场号召力，是市场聚合力。“美国文化企业通常会把一个主题开发得很透彻，尤其注重品牌开发效益。”陈少峰教授做过相关的分析。通过相关产品开发梳理品牌形象，再销售用品牌开发出的品牌内容产品，推动着品牌雪球的滚动。

迪士尼公司是全球最著名的一个文化娱乐业品牌。在考察迪士尼公司期间,公司负责品牌管理的副总裁提到,娱乐界的品牌应该给消费者带来创新感、体验感。当今娱乐界有两种成功品牌,一是发行品牌,也就是消费者搜索阅读观赏频道的品牌,例如 iPad;二是内容品牌,迪士尼就是后者。他还拿“福克斯”与“迪士尼”做比较,“福克斯产品很多,但品牌不明确;迪士尼则强调品牌突出,自始至终贯彻品牌意识和品牌承诺。”

他说,“内容品牌”不同于其他消费品品牌,它代表着一种有保证的内容品质,而且不断给消费者新变化的体验。

品牌的力量在于会给消费者留下印刻式记忆,并会转化成消费习惯甚至消费依赖。这位副总裁就特别强调,“迪士尼的品牌留给消费者的是一个真心的娱乐体验。”

“真心,就是我们做的每件事情要体现价值;娱乐,就是每个产品都要让大家感受到娱乐。”“讲故事是迪士尼做一切事情的基础。”他说,迪士尼非常注意向大众推出一个恒久的品牌形象,就是用所有产品所体现的“故事”特色来支撑品牌的承诺,“公司的创始人迪士尼先生本人就是讲故事的高手。”这就是迪士尼做品牌想给消费者的第一个概念——最会讲吸引人的故事的是迪士尼。

归纳他所讲的,专注创新、勤于创新、善于创新,是迪士尼做品牌想给消费者留下的另一个概念。从《白雪公主与七个小矮人》到“迪士尼乐园”都体现了“创新”和“常新”。

迪士尼的历史很悠久,试想“迪士尼乐园”中的项目如果数年不变的话,怎能呼唤不断进步的消费者掏出腰包来体验不一样的感受呢？于是，即便是一个老主题，也会进行创意式或者采用新技术的新编，让观众获得全新体验。这似乎是想让人永远有这样的联想："来吧，迪士尼乐园每天都是新的。"

迪士尼做品牌想给消费者的第三个概念就是质量。这位副总裁说，质量体现在产品中，体现在观众的娱乐中。而他所说的"质量保证三原则"——包容、乐观、道德品质培养，多少令人感到有些出乎意料。而后琢磨其所讲的"担负起道德承担的责任，让全世界看到迪士尼是一个负责任的公司"的内涵，倒是发现，这正是迪士尼塑造品牌最为精明之处。

实际上，迪士尼品牌是要给人释放出一种消费体验的安全感。这对于数以亿计的家长来说，的确太重要太重要了。它意味着迪士尼的产品和娱乐，不是毫无品位、内容枯燥的东西，更不会是误导人的东西，即"你可以放心地让孩子们去感受"。

迪士尼的品牌策略是聪明的且已获得极大成功。其根本原因还是在于坚守了品牌内容的承诺，而不是只将此承诺当作广告宣传的口号。这位副总裁说，确保内容品牌的体验，难度非常大，"在影视作品中表现我们的承诺相对容易，而在其他方面也要体现这种承诺就非常困难。但这就是我们要做的。"

米老鼠、唐老鸭，是迪士尼的品牌，迪士尼也的确围绕着它们做了不少衍生品开发。但这位副总裁反复谈到，"迪士尼要突出的是迪士尼的品牌。"这问题很简单也很现实，是让消费者记住米老鼠呢还是记住迪士尼？迪士尼要突出迪士尼的整体品牌，意味着想让所有消费者不是记住迪士尼的一个产品，而是信赖迪士尼全部已有产品并对其未来产品产生向往。这一点迪士尼做到了，也很不容易。作为品牌管理的副总裁,他说他每天仍然在为如何打造这一金字招牌而绞尽脑汁。

“三流企业卖产品、二流企业卖技术、一流企业卖品牌”,这是常听到的话。品牌影响力无疑是品牌开拓市场、占领市场并获得利润的能力。世界品牌实验室在评价品牌影响力,将市场占有率、品牌忠诚度和区域(行业)领导力等列为基本指标。这些指标不正是成功企业所追求的吗?考察团里一位广告和品牌专家很有感触地说,所接触到的所有美国文化机构几乎都视品牌为他们最醒目、最引以为自豪的财富。“在美国文化产业兴起、发展、壮大的过程中,最乐于创新的美国人似乎在这一点上极为念旧——品牌绝不轻易更改,而是悉心加以保护,历久弥新,使其至今还发挥着巨大的威力,成为支撑美国文化产业的栋梁。”

团里一位很有文化功底的广电传媒老总对此还有另一层意义上的解析:“美国的文化品牌深深融入了国家品牌,成为美国国家意志最有效的载体,在全球范围内无处不在地发挥着影响力时,左右着世界文化产业的走向。”的确,品牌是一个国家综合国力和经济实力的集中体现,是展现一个国家实力和整体形象的强烈信号。诺贝尔奖获得者、“欧元之父”蒙代尔教授说过,“世界品牌实验室发现,‘国家品牌’对一个企业或产品的品牌成功贡献率达到29.8%。”

强大的文化品牌肯定是靠高质量内容支撑的。陈少峰教授在交流中有关国家重点扶持文化产业内容创造以及对内容创造的投入应重于硬件设施投入的建议是有价值的。他说,未来可实施对外“十个一工程”,即每年集中力量推出十个文化精品项目,比如一部电影、一本畅销书、一首歌、一个舞台剧、一个电视剧、一个大型国际活动，等等。如果坚持做下去，十年后便可积累一些品牌，社会效益和经济效益非常可观。文化品牌产品的培育和成长的确需要持续积累。

成功的文化企业提供文化产业的内容品牌，而内容创造则同时带动对知识产权的保护，进而会以品牌为核心形成产业链和全球贸易市场，品牌影响力会在市场竞争中逐步发挥出来，且让品牌的市场统治力升级。这样的体系会影响、改变乃至决定文化产业结构，当然对已成功的品牌来说会很有利，同时也将激励出创造品牌的动力。当然，这也意味着品牌竞争将会更加激烈。

观察思考点之八：富含“中国元素”的文化产业需要人来引领创造

迪士尼骄傲地说《花木兰》是他们拍的，联想到电影《功夫熊猫》中的“熊猫”与“功夫”同样也是典型的中国元素，可《功夫熊猫》却是美国“梦工场”的。都是美国人的创意，都是美国人拍的。难道中国人做不出来让世界市场都认同的片子吗？这成为一种尴尬。

前面提到，与之相类似的中国许多题材被美国、日本等国吸收并产生了不少成果。我们缺少文化元素吗？肯定不缺。缺少的是创意人才和创新思维。文化产业不能没有创造型人才，不能没有创新思维。这方面的短缺必然会让整个文化产业疲软乏力。问题的关键可能在于一定要形成具有创意力、创造力的人才辈出的体制机制。

文化消费是带给人们幸福、愉悦、智慧的消费，人的文化精神消费是没有天花板的。乔布斯讲过这样的意思，消费者知道要消费，但许多时候消费者也说不清到底要消费什么。理解其意思，或许就是智慧的创造不仅会创造消费，还会引导消费。文化产业、文化产品更具有这样的特征。文化产业不是通过简单规划就可以振兴的产业，它需要有创造力的人与文化元素在互动中碰撞出活生生的灵感。

观察美国文化产业明星灿烂的现象，就可以发现人的重要。“文化产品的竞争力和品牌影响力，可以通过明星的号召力和带动效应体现出来。”北大教授陈少峰向我们记者谈了这样的观点，在美国，无论是学术领域，还是娱乐界，都会产生很多明星，相对于品牌塑造的繁杂，利用明星策略则更能快速有效地吸引消费者建立品牌忠诚度，从而获取高额而稳定的利润。

让富有创造力的人才辈出，需要政府和社会共同营造环境。国家需要在文化内容产业方面出台系统规划，需要加大对内容提供商的扶持力度，需要研究内容推广的市场化的方法，需要建立相应的补贴和奖励制度。在具体扶持方式上更要大胆改革创新，尝试改变扶持思路——把“扶植人”排在扶植序列的首位，这包括对文化产业管理经营型人才的重视，提升从业人员的整体素质等。美国还特别注意广泛吸收世界文化资源和各国人才，且结合自身科技优势，使美国文化产业增添了向外扩展的有效手段。在这方面或许也应给我们一些启示。

文化消费是文化内容的消费和文化价值的交流与互动。中国的文化创意者、创造者需要担负起践行树立中华文化自觉、自信的责任，要有内容目标和清晰的价值诉求，有担当起体现中华民族鲜明的价值诉求和国家意志大任的气魄。文化创意者有责任让中国人享受丰富多彩的有享受感的文化价值产品，并有责任让中国人从中找到自信，以更豁达、开明、宽容的心态和更开阔的视野，面对中国文化和世界文化。

我国文化产业和文化产品需要不仅国内市场的支撑，还需要参与世界市场竞争，而在某种意义上说，这是人才的竞争。陈少峰教授的看法，我有同感：我们需要熟悉国际传播规律、通晓世界文化、能够掌握跨文化交流能力，既能站在世界文明的高度吸纳各国的文化元素，又对中国几千年的传统文明有冷静和自觉认识的一大批人才。

受范玉刚副教授的启发，需要提到一个大问题，中国的文化产品需要切合世界发展潮流，但始终不能忘记应切近中国迈入现代化进程的审美表达和美学建构。

要踏踏实实地深入发掘和研究中国自己的文化，目的是为了在深刻了解自身文化的基础上形成文化自觉，也是为了站在更高的层面对人类文化文明的进步做出贡献。通过创意、创新，创造出能够把民族立场和可沟通的现代价值传播出去的文化表述方式，形成层出不穷的具有深厚艺术内涵、鲜明地方特色、适应国际文化交流的文化精品，增强全球文化互动的引力和魅力，进而赢得国内国际两个市场。我们要创造出既让中国市场高度认同的中华文化产品，也让世界真切地感受到今天真实的中国、中国人的精神状态和面貌、中国文化清晰的价值诉求，进而让在世界主流市场流通和消费的文化产品，传递出爱好和平、自信、从容的大国心态和走和平发展道路的大国意识，树立起对内科学发展、对外追求和谐世界的光明磊落、坦荡、刚健、清新、勇于担当的，既古老有历史感又现代充满活力的真实的中国形象。

在迪士尼乐园太空窗的体验影像是3D的，内容主题是“穿越加利福尼亚”，编排很新锐，影像极精美，音乐特震撼，没有一句解说，可是立体的近乎直观的体验，让主题更为鲜明：“美国是美好的，是强大的。”许多美国文化产品带有强烈的本国特色，如强烈的个人主义和平等观念等，这种价值观是美国本土的，但也能被他国受众接纳，其高明之处就在于找到了这个平衡点。不仅孙有中教授持这样的看法，陈少峰教授也做过分析，美国文化产品善于把握人们的共同需求，把握市场的共同要素，在无形中融入自身价值观，而非单纯地把自身文化推销给别人。上面就提到过，好莱坞的电影情节是标准的，通过创造悬念达到高潮，最终走向一个皆大欢喜的结局，其中扬善惩恶的英雄情结、对美好事物的不懈追求等情感，在世界各国都是一致的。虽然电影场景是美国的，但其展示的价值却超越了地域的界限。

文化全球化的大趋势下，中国的文化产品要参与世界竞争，就需要我们的文化产业和文化产品创意、创造在这方面多做考量，特别是在意识形态的融入上更加讲究技巧。

文化产业发展需要文化资源的支撑，只有这样才能创造出能够吸引世界各国受众的文化产品。在尊重各国文化差异的同时，也要寻找“普适内涵”。以“中国创造”为中心深度挖掘文化产业的中国元素是极为关键的。孙有中教授在交流时谈到，中国悠久灿烂的传统文化，为文化产业的发展提供了深厚的底蕴。中国文化产品的核心国际竞争力就在于怎样提炼中国元素——要在理解世界文化基础之上来提炼，不是简单的原装，而是进行现代的时尚包装，使文化产品既能体现中国特色又能满足各国受众的口味。比如，道家文化追求天人合一的境界，非常有魅力，其中养生哲学、对自然的敬畏等理念，同西方的环保主义是一致的，具有“国际市场”。

再如，民族文化是我国特有的资源。从歌唱、舞蹈，到服饰、习俗，相关部门应当提供资助，鼓励他们表达，创造机会让他们表达。要培育创造艺术交流和互动的环境，在这个过程中，艺术家的创造力会得到很大的激发。要让民族文化在大中华文化圈里面实现文化元素的互动，继而实现中华文化同外来文化的互动。

国家的软实力主要表现为文化的影响力、吸引力和感召力。承载着一国价值观的文化产品可以小到一个手工艺品，大到一部小说、一部电影。一个国家的形象和对其他国家的吸引力，关键要看这个国家的价值观能不能与其他国家和地区实现融合，能不能找到共识点，这直接影响着其文化产品本身的亲和力和影响力。张晓明研究员的分析不无道理。

实现建设社会主义文化强国的战略目标，就必须基于现代立场，提升文化创新和文化创意能力，在内容上、形式上积极探索和大胆创造，并运用现代技术增强文化的表现力，使之更具吸引力和感染力。

这些工作是需要人来做的，要一大批人来破解难题：比如怎样使文化产品在市场上有竞争力、有市场需求，唯有以产业思维和市场意识去推广，以人类共同的价值诉求去引导消费，才能形成内容上不断延展的产业链。有了市场和产业驱动，文化产业的发展才会有可持续性，只有发挥市场灵验的功能，才会使中国文化真正走进各国人民的头脑和心灵。

一个很现实的问题是，如何把中华文明、中华文化的元素要素梳理出来，用创新的方式传承下去，特别要让80后、90后，也就是20世纪80年代及90年以后出生的新一代中国人传承下去。这一点非常重要。否则，就会出现中华优秀文明传承的断层。

“美国的文化影响力主要由其传播内容发挥作用，主要影响两大群体，即青少年和未成年人、精英人士群体。这两种影响力可概括为大众影响力和高端影响力。”陈少峰教授曾为我们的记者分析说，文化对后者的影响力，其意义在于推动再传播和再影响；对青少年的影响力则决定着一国的文化安全。因为一个国家的文化安全主要在于青年一代在受“谁”的影响。这也正是我们为什么要发展文化产业的一个最为现实和核心的目标。

如果说改革开放30多年主要是靠老一代和正在承担重任的一代人去探索实践并已获得成功的话，那么未来建党百年时社会经济发展目标的实现就要有80后的参与，而新中国成立百年时中国现代化目标的实现就更要靠80后、90后了。中国从“大”走向“强”需要80后、90后的大担当，需要他们树立理想信念、增长知识本领、锤炼品德意志，把中国文明的要素传承下去并发扬光大，真正肩负起历史和时代赋予的重任，担当起传承和复兴的重任，在为国家、为民族、为人民建功立业中实现自身价值的追求。现实的问题是，面对80后、90后，我们的文化产业、文化产品该如何有效地实现中华文明的传承创新，特别是怎样把中国文化的影响触角延伸到国内外青少年中去？我们的文化产业应该也完全可以登高望远。

“吾尝幽处而深思，不若学之速；吾尝跂而望，不若登高之博见。”20多天的考察，启迪了我们的智慧。

二、文化产业发展与文化竞争地位

商务印书馆总经理　于殿利

(一)全球文化战争已经打响

1. 全球化使文化之争成为必然。

全球化早已成为经济发展不可抗拒的趋势,全球化包括经济全球化和文化全球化两个主要方面。经济的全球化总体上说符合人类的基本伦理,而文化的全球化就与人类的基本伦理相背。

我们之所以说经济的全球化总体上说符合人类的基本伦理,是因为经济的全球化意味着商品的全球化流通,商品的全球化流通满足的是全球范围内的人的需求,需求是人类最根本的伦理。需求通常被分为物质需求和精神需求,其实两者是辩证统一的关系,是不能够截然分开的。物质产品中也包含着思想和精神层面的东西,而精神产品也往往具有一定的物质形态。我们所说的经济全球化符合人类的基本伦理,并不否认由于全球区域发展不平衡所造成的“剥削”现象的存在。

文化的全球化与人类基本伦理相背,这个论断依据的是民族的特性和文化的特性。文化不仅是人类所特有的现象,还是世界各民族相互区别的符号，每个民族都有属于自己的独特的文化，这种独特的文化不仅代表着其自身的历史传统，还是其现实存在的标志。这样的情景是不可想象的：全世界的人不分肤色、不分种族，无论在地球的任何角落，每天都只说着英语，用着互联网，看着好莱坞大片或NBA篮球赛，玩着迪士尼乐园，开着美国车，吃着麦当劳，喝着可口可乐，去朋友家做客摔了一跤就要把朋友告上法庭。文化全球化的总体方向是抹平民族之间的差异，消灭民族的特性，这可能是在一定历史时期居于绝对强势的民族愿意看到的结果，而是其他绝大多数民族不愿看到和无法接受的结果，与民族自由与民族独立的人类基本伦理相违背。因此，伴随着全球化的进程，民族与国家间的文化交流、交融和交锋的愈加频繁，全球范围内的文化战争将不可避免。

文化战争其实早在"二战"结束后的半个多世纪之前就已经开始了，作为强势国家的美国具有较强的意识，把文化扩张或文化统治较早地纳入到国家总体发展战略中来，并主动地发起了针对当时的"社会主义阵营"的冷战。这一时期，其他国家要么自身处于发展中，要么处在战争创伤的恢复期，其社会的主要任务是解决物质匮乏问题甚至是生存问题，而文化发展的任务是越过这一社会发展阶段以后的事情。所以可以说，在文化战争的一开始，美国就处于攻势，而其他发展中国家则处于守势，有些国家甚至在成为美国的"盟友"之后，在这方面就完全变成了"无意识"。时至今日，一方面美国文化或美国价值观已经程度不同地渗透到了全世界，使其他国家受到了严重的文化威胁，另一方面人类文明已经发展到了更高的阶段，多数国家都已经解决或基本解决"温饱"问题，民族文化和民族尊严的意识正在觉醒中，所以这场文化战争便有由原来强弱分明所造成的攻守分明的“消极战”，向互不相让的“积极战”演变的趋势。

2.文化的内核就是价值观。

仅根据权威的百科全书，关于文化的定义即有200多种，其中之一认为文化是人类物质文明与精神文明的总和。根据这种定义，文化可谓无所不包，什么都是文化，因此这样的定义毫无意义。我们无意在这里过多地讨论文化的定义，只是想简要地从文字学，确切地说是从文字起源的角度，来探究中西方文明中“文化”一词的内涵，以揭示文化战争的本质。

汉字“文化”作为一个复合词，由“文”和“化”两个字构成。在甲骨文中，“文”字是一个行走中的人，其颈项上挂着一个装饰物。所以“文”字应该包含两层意思：其一，它是以人为核心的，是人所特有的；其二，它所表达的是向善、向美的东西。“化”字在甲骨文中是由一个站立的人和一个倒立的人组成，可以理解为两个人对面而立相互比照，互相以对方为镜子，来学习和吸收对方好的东西。所以“文”和“化”加在一起，就是“以文化人”，人是文化的主体，只有人才有文化可言。在汉字里，“文化”强调的是人与人之间的关系，是人与人之间互相学习、求同存异的关系。无论是个体的人还是组织里的人，强调的都是人与人的关系。在一个组织里有很多人，彼此之间的互相学习和求同存异，就形成了这个组织中共同认可的美的东西、好的东西，应该共同遵守的东西。这种得到公认的美的东西、好的东西，就是对组织有益、能促进组织健康发展的东西，甚至成为组织核心竞争力的东西。它可以被抽象地概括为组织的核心价值观。

英文的“文化”(culture)一词的词根为cultivate(耕种,栽培),来源于印欧语的一个词“*quel*”。“*quel*”的本意为“环形于某地”,或者“围绕一个圈子来活动”。人类的祖先“环形于某地”或者“围绕一个圈子来活动”就意味着在某地定居了下来,定居下来是因为发明了农业,开始了农耕生活,人类也由此迈入了农业文明的门槛。表示“农耕”、“种植”等意思的cultivate,这个词是在中世纪的拉丁文中固定下来的。在远古,种植农业对“天”的依赖度极高,可以说是“靠天吃饭”,在这方面,西方和中国似乎没有太大的分别,祭祀活动因此发展起来。英文“文化”(culture)一词中的核心cult就是“祭祀”、“崇拜”的意思。因此,根据英语“文化”一词的词源学判断,西方的“文化”是与农耕文明、定居文明密切相关的,它的重要指向是强调人与自然之间的关系,人与自然之间相互友善、和谐共处的关系。

汉字中“文化”强调的是人与人之间的关系,英文中“文化”(culture)强调的是人与自然之间的关系。汉字中“文化”强调的是一种“向善”和“向美”的取向,英文中的“文化”(culture)强调的是人与自然的和谐,两者都高度地上升为一种抽象的价值观。由此我们说,文化一定是处于具体的物质表象之上的更加高的抽象性的东西,我们把这种东西叫做价值观。个人应该有个人的文化,一个人的文化不是指他拥有多少知识,而是指他的思维方式和行为方式所体现出的他对客观世界和事物,以及对他人的态度,这就是我们通常所说的世界观和价值观。个人世界观和价值观的最一般表现形式,我们通常称之为“修养”。每个人的行为处事方式,必然会体现出自己的修养，这种修养就构成了属于每个人自己的独特文化。人在一个组织中，就要遵守这个组织的行为准则，每个人都按照这样的准则行事，就形成了该组织的文化，它可以是企业文化、机关文化，也可以是非营利机构或其他社会机构的文化。所有的组织在国家这样一个大组织下，有国家范围的行为原则和准则，这就构成了国家和民族的文化，也就构成了这个国家和民族的核心价值观和核心价值体系。如果离开了这个核心价值观，个人无法行事，组织无法运转，国家无所适从。对于个人来说，其所奉行的价值观的最极致的形式，通常表现为信仰。

什么能够得上个人、组织和国家的核心价值观？对这个问题的判断只有一个标准，就是看它是不是能够构成个人、组织和国家的核心竞争力。成为核心竞争力的东西，就可以被奉为核心价值观。例如，如果创新能够成为核心竞争力——顺便说一句，不是所有人、所有组织和所有事情都需要创新的——那么它就应该被作为核心价值观来奉行，无论是个人、组织还是国家，都应该如此。文化发展的根本目的就是树立和传播价值观和价值体系。党的十七届六中全会确定文化大发展大繁荣的根本任务是建立社会主义核心价值体系，这是非常正确、非常英明的。美国之所以成为文化强国，也恰恰是因为它有效地向全世界传播了它的核心价值观。

3.文化之争就是价值观之争。

文化发展的根本任务就是树立和传播价值观，它揭示了文化产业发展的根本性规律。美国文化在世界范围的影响，其最重要的标志就是美国价值观的传播和影响，美国价值观的传播手段虽然多样，但归结起来就是通过具象的产品来进行传播的。这些具象的产品包括好莱坞大片、迪士尼乐园、苹果iPad、流行音乐、百老汇歌剧、NBA篮球，甚至麦当劳与可口可乐等食品与饮料。这些产品中的大多数在世界各地流行着，尤其是对年轻人产生着较大的影响，它们代表着美国的思维方式和生活方式。世界其他各国与美国展开的文化之争，也最终归结为价值观之争。日本提出了“重返亚洲计划”，其口号就是要成为“亚洲价值观”的代表，因为日本长期以来已经完全被“西化”了，虽然从地域上说它无疑位列亚洲，但从本质上来说，它早已是“西方国家”了。印度创立的“宝莱坞”就是针对美国好莱坞的，其目标不仅是抵御好莱坞大片在印度的市场扩张和内容影响，更志存高远，意欲在美国本土与好莱坞一争高下，要用印度的价值观打败美国的价值观。沙特阿拉伯的亿万富翁阿尔瓦利德正在建设阿拉伯文化集团，以多媒体战略和泛阿拉伯文化战略，捍卫阿拉伯文化的地位。

（二）文化之争美国已占得先机

《中共中央关于深化文化体制改革 推动社会主义文化大发展大繁荣若干重大问题的决定》指出：“学习借鉴一切有利于加强我国社会主义文化建设的有益经验、一切有利于丰富我国人民文化生活的积极成果、一切有利于发展我国文化事业和文化产业的经营管理理念和机制。”不可否认的是，美国在全球文化之争中已经占得了先机，我们若要实现后发制人的战略，有必要学习或借鉴美国好的经验为我们所用。

1.有效地传播自己的价值观。

可以说，美国的各行各业都在以各自的方式传播着美国的价值观，而文化产业则把传播价值观作为自己的核心使命，同时价值观的有效传播也成为美国实施文化影响甚至文化霸权的重要手段。十七届六中全会把构建社会主义核心价值体系作为文化发展的重要任务，这是非常英明、正确的。美国在传播价值观方面的做法非常值得研究，有些经验值得我们借鉴。

(1)美国价值观的内容具有针对性和有效性。

美国的核心价值观，其所涵盖的内容主要包括“自由”和“平等”两大方面，它不仅是美国而且几乎是整个资本主义世界的核心价值观。这个价值观针对的是前资本主义诸社会形态(主要包括奴隶制和封建制)下的人身依附关系，尤其是资产阶级和资本主义制度脱胎其中的封建社会。资产阶级和资本主义制度正是在打破封建枷锁后才登上历史舞台的，所以“自由”与“平等”的呼声更强烈，烙印就自然更深一些。选取这样的内容作为价值观，完全是根据美国社会发展需要的“对症下药”，它也因此才有意义和最有效。林肯在美国历史和美国人心中的地位，为此做出了很好的注解，他被认为是从毁灭的边缘拯救了美国，原因就是他发动的废奴运动以及南北战争彻底摧毁了南方的奴隶制。

(2)准确、清晰、简洁的表述是有效传播的重要手段。

任何理念性的东西若想得到快速、有效的传播，必须具有极强的文字表达效果，这种表达效果要求描述性文字必须准确、清晰和简洁，否则人们无法理解和记忆。如果没有固定的文字描述，人们就会停留在抽象甚至空洞的概念中，而永远不得要领；有了文字描述，如果不准确、不清晰和不简洁，仍然不可能被人们掌握，也因此不可能得到有效的传播。美国和资本主义的价值观，就高度浓缩为“自由”、“平等”和“民主”等字眼儿。

(3)在价值观传播中遵循三个“统一性”。

美国的价值观之所以能够一直被人们牢记，甚至可以说已经融入了美国人的日常生活中，三个“统一性”发挥了重要的作用。

时间统一性。可以说，从美国建国一直到现在的 200 多年时间里，美国的价值观没有过其他文字性表述，不随意进行改变；“自由”和“平等”的观念和表述也从来没有被中断过。

空间统一性。美国拥有 50 余个州，有联邦政府和地方政府，各州或地方政府甚至还可以拥有自己的法律，但在价值观方面，却表现出了高度的“统一性”，只有美国的价值观，各州没有自己独特的价值观。

传播主体的统一性。无论是政府组织、企业组织还是公民个人，在任何场合都一直一致认可和传播同样的价值观，以各自的方式践行着他们所理解的“自由”、“平等”和“民主”观念。

(4)传播方式具象化、产品化甚至娱乐化。

观念的传播如果不注重方式，很容易落入说教的嫌疑，传播的效果一定会大打折扣。

2.社会形态转型已走在世界前列。

社会文明形态的转型要求国家、社会组织、企业和个人协调一致、共同发展。在信息文明形态下，文化与文化产业的发展必然表现出与前农业文明、农业文明和工业文明时代不同的特点，这些不同的特点必然会形成新的产业规律，国家、社会组织、企业和个人都必须遵循这些规律，必须协调一致。

关于这一点，美国人显然具有很好的理解。美国正率先引领人类社会的文明转型，政府将之提到“国家战略”的高度，并定义为“赢得未来”。作为信息文明主要传载工具和标志的新技术和新媒体已经渗透到美国人工作和生活的方方面面，正成为美国人新的工作方式和生活方式。

3. 全球文化扩张战略已实行半个多世纪。

第二次世界大战一结束，美国立即开始调整其全球战略，那就是很有先见之明地着手准备和实施全球文化战争策略，因为他们认识到单单依靠枪炮战争任何一国已经很难统治全世界，文化侵略和占领更能收到效果，要用美国人的思维方式和行为方式统治全世界，换句话说，要让全世界按美国人的方式行事，在精神和文化上变成美国人，从而达到其统治世界的目的。对于美国政府来说，好莱坞电影和文学作品在全世界的推广，不完全是电影公司和出版社的事，它是关系到美国价值观传播的“国是”，因此他们往往动用外交手段助其传播，甚至美国国会、国防部和中央情报局等都参与其中。

美国的全球文化战略经过半个世纪的实施，取得了不俗的业绩。首先，日本这个亚洲国家完全被美国“归化”，使其被全世界公认为“本质上的西方国家”；其次，也是其最大的胜利，就是在与苏联的长期冷战中取得最后的胜利，并最终瓦解了这个世界上第一个社会主义国家；第三，成功地瓦解了东欧社会主义阵营，使得与“北约”相抗衡的“华约”组织不复存在；第四，使世界上一些国家成为它的附庸。

4.依靠著名企业品牌统治全球文化。

在多年的世界著名品牌前10位中，美国至少保有8家，有时9家。它们是信息产业的微软、谷歌、IBM、Intel、惠普、GE，集娱乐、影视和演艺于一体的迪士尼，代表美国餐饮文化的可口可乐和麦当劳。另两家或另一家是欧洲的诺基亚或日本的丰田汽车。品牌的影响力最终还是体现在其所承载的文化上，即体现为文化影响力。更为值得关注的是，美国的这些品牌及其产品已经渗透到地球凡有人类的任何角落，它们正广泛地影响着世界的思维方式和行为方式。此外，在全球影响广泛的美国文化产品还包括苹果iPad和iPhone、NBA篮球和百老汇歌剧，等等。

（三）树立与传播社会主义核心价值观

1.社会主义核心价值体系的确立与传播。

（1）理直气壮地主张和传播社会主义核心价值观。

文化发展的终极目标就是传播价值观，可以说，这是文化产业的根本特性和基本规律。因此，社会主义文化大发展大繁荣必须遵循这一规律，必须把建立社会主义核心价值体系，有效地传播社会主义核心价值观作为社会主义文化大发展大繁荣的根本任务。

（2）准确地界定中国特色社会主义核心价值观的内容。

中国特色社会主义道路所取得的成就已经被举世公认，中国模式更成为国际社会热议的话题。中国道路或中国模式一定有其深厚的文化根源，这种深厚的文化根源无疑构成了中国特色社会主义的文化内核。根据我们的浅见，它应该由三部分组成：中国传统文化中的精华部分，对我们今天的社会主义建设事业仍然有益的部分，仍然可以成为今天社会发展动力的部分；世界其他各民族和国家文化中对我们有益或有借鉴意义的部分，尤其是对否定封建及以前阶级社会有进步作用、在当前的世界上仍成为主流社会形态的资本主义文化中的有益部分；代表中华民族时代精神、刻有中国现代化进程明显烙印以及中国特殊社会制度的当代中国文化。

(3)破解“理论”难点，明确文字表述。

确定中国特色社会主义核心价值观的内容来源之后，就要用精练的文字对其进行表述，否则便是没有内容的空洞的概念，空洞的概念是无法被人掌握，因此无法得到有效传播的。虽然“自由”、“平等”和“民主”等字眼已被资本主义为自己“标签化”了，但社会主义核心价值体系似乎没有必要刻意回避之，更不能因为回避不掉而放弃对社会主义核心价值观的具象化文字表述。原因有三：其一，小平同志早就对类似问题进行了理论上的破解，那就是关于社会主义与市场经济关系的论述，这种理论破解已经构成了邓小平理论的重要组成部分。小平同志指出，市场经济不是资本主义所特有的专利，社会主义也同样有而且需要市场经济。同样，自由、平等与民主也不是资本主义所特有的专利，更何况资本主义所标榜的自由与民主是有局限性的，社会主义更讲自由、平等与民主，自由、平等与民主更能体现社会主义的本质。其次，社会主义作为比资本主义更高的社会形态，自然不是凭空发展起来的，而是在吸收以往尤其是资本主义文化中先进的部分发展起来的，从文明与文化的发展和演进的角度上，是符合逻辑的。第三，中国特色的社会主义文化体现出的是事物的特殊性，特殊性必定存在于普遍性之中。人类社会文化的普遍性揭示的就是撇开社会制度之外人类共同的追求和特性，自由、平等及民主就是人类共同的追求，只不过资本主义推翻了违背自由、平等及民主等原则的奴隶制（美国南方的种植园奴隶制）和封建制，率先把代表人类自然本性和追求的自由、平等和民主等加在了自己的身上而已。

同样的道理，传统文化中精华的部分，对我们的社会主义建设仍然有益甚至成为动力的部分，关于这部分内容的文字表述更不应该以任何理由回避之。

关于体现中国特色社会主义、反映中国现代化进程的当代中华民族精神这部分内容，是区别于资本主义、高于资本主义的一部分内容，也是最能反映"中国特色社会主义"的内容。对这部分内容的文字表述，既要立足于现实，还要面对未来，具有前瞻性和引领性，这样更能体现其先进性。

2.让文化产品成为传播社会主义核心价值观的有力工具。

世界观与价值观不是空的，不是存在于空气之中的虚无缥缈的东西。它存在于具体的事物之中，存在于具体的产品之中。世界观与价值观的传播如果脱离具体的事物和具体的产品，那它让人感觉到的就只能是"空洞"，可能还有干巴巴的说教。社会主义核心价值观的传播必须与具体的事物和具体的产品联系在一起，必须依靠具体的事物和具体的产品。因此，我们的文化创意产业必须具有这样的责任意识，不仅要让我们的产品实用、有趣，更要让我们的产品具有“思想”，要让人们在享用文化产品的使用价值和服务的同时，还能享受到精神层面的满足。要让每一件产品都具有讲故事的能力，因为文化创意产业归根结蒂是内容产业，内容简单说就是讲故事，要把故事讲得好、讲得爱听、讲得打动人心，而打动人心的部分一定是故事所承载的价值观。

文化产业和文化产品的这种特性，是与一般产品的发展趋势相一致的，一般产品的发展趋势，或者说最高阶段，就是产品的思想性倾向。用黑格尔的话说，就是思想、理念和意蕴。思想是人类自身的最高追求，也是人的最高需求。到现在为止的一部人类文明史归集起来就是一部思想史，是思想在推动着人类文明的车轮一步步前进。所有的发明、创造、制度设计都源于思想。思想不是空的，思想要落到实处，要落到每一个具体的物质上面，所以产品是思想性最高、最集中的体现。从我们做企业以满足人需求的角度来说，产品设计的最高层面就是要让产品赋有思想。从我们自己作为消费者的角度来说，最大的需求也是接受好的思想的传播与影响。

另一方面，树立中国自己的文化品牌应当上升为国策。美国的经验表明，文化发展绝不仅仅是文化企业和文化产业自身的事，它体现的是综合国力，最终体现的是国家和民族文化的影响力。世界著名战略管理学家迈克尔·波特在其名著《国家战略》中指出，国家是企业的第一竞争力。日本倾举国之力力挺索尼，韩国把三星当做国家实力的标志，显示出以企业品牌凸出民族品牌的国家战略。有鉴于此，打造在世界上叫得响、立得住的中国企业品牌，应该上升为我国的民族品牌国家战略。

3.新时期的文化启蒙刻不容缓。

(1)加强素质教育。

我从来都认为谈文化发展不谈教育就是空谈,不能把文化与教育割裂开来。没有教育做根基,文化建设注定只能是空中楼阁,是不牢靠的。当一个拥有13亿人口的国家在教育方面存在许多问题,还有那么多孩子没有学上的时候,当考试依然成为教育的指挥棒的时候,素质教育的被忽视就是一个令人担忧的问题。因此,文化的大发展和大繁荣对我们来说,是一个非常艰巨的任务,我们的教育工作者对此必须要有清醒的认识,对于社会主义文化的大发展大繁荣,我们的文化教育工作者与其他文化工作者一样责无旁贷,应该首当其冲地挑起重担。一个不容否认的事实是,目前我们的教育所面临的一个严峻问题,就是学生的价值观缺失、信仰缺失的问题。虽然同样不可否认的是,造成价值观和信仰缺失问题的原因有很多,但是我觉得我们的教育方式以及知识和文化的传播方式,应该是最值得反思的问题之一。在这里我想举一个例子。对于很多学生来说,我们的政治课和思想品德课有着浓厚的说教味道,使得他们敬而远之、难以亲近,由此,教学效果自然就会大打折扣。一提起政治课,学生就感觉离自己很远,因为在一般的观念里,政治与学生关系不大,政治是政治家关心的事。同样,一提到思想品德课,就有一种被说教的不愉悦感,所以作为思想和世界观正处于形成期的青年学生,从骨子里就有一种本能的抵触情绪,甚至可以说是普遍的“愤青”情绪。传统教育中,只要涉及世界观和价值观的教育内容,多半会被归类到思想品德和政治课中,其实不一定非要如此。世界观和价值观是人类所特有的,是人之文化的内核，应该归类为最基本的人学范畴中。只要谈到人，就离不开世界观和价值观，换句话说，世界观和价值观是与人相伴的，是不能被割裂开的，就像人的灵魂和躯体不能分开一样。如果一个人没有世界观和价值观，那他注定是没有文化的人。可以说，世界观和价值观是人最基本的文化素质。树立正确的世界观和价值观是关系到学生健康成长、全面发展，以及不断完善自身人格的关键所在。我们的教育要认识到这一具有普遍意义的规律，并顺应这一规律采取适当的方式，让学生们认识和体会到这个规律和道理。认识到了、体会到了这一规律和道理，自然就不会产生反感和排斥的情绪，反而会理解和接受，并进而产生强烈的接受自觉性。

(2)文化自觉意识与新时期的文化启蒙。

国家之争与民族之争归根结蒂上升为文化之争。文化不仅是人类区别于动物的重要标志，更是不同民族之间区别的重要标志。换句话说，民族文化是一个民族存在的符号和标志，如果一个民族的文化完全被同化了，那么至少在精神层面上这个民族已经不存在了，因为人们已经无从辨识其存在了。一个民族的文化从根本上说体现为该民族的思维方式和行为方式，思维方式的最高级形式表现为价值观，行为方式则包括生活方式、生产方式、管理方式和服务方式等。中华民族若要永远屹立于世界民族之林，坚守、发展和弘扬中华文化是必由之路。坚守、发展和弘扬中华文化依靠每一个中华儿女，每个人都要从我做起，牢固树立文化自觉意识。所以，我们当下最重要的任务之一，就是要把文化的这种特性，把文化产业的这种规律，以及文化之争的全球性趋势作为教育内容在每个公民之间传播，尤其是在青年学生之间传播，因为他们在一个国家和民族的主流文化中占据着重要位置。也正是在这个意义上我们说，唤醒全民族的文化自觉意识，是新时期文化启蒙的重要内容，它关乎中华文化的发展与传播，关乎中华民族未来在世界的地位。“国家兴亡，匹夫有责”这句名言，在新的文化启蒙时期理应表现为“文化兴亡，匹夫有责”。

三、文化“细节”一瞥

中国教育电视台台长　康宁

此次赴美考察文化产业，适逢党的十七届六中全会《决定》公布，又是与出版、演艺、报刊、影视界的同行们同行，一路所见、所闻、所思颇多，讨论激烈，收获颇丰。带着众多的问号考察美国文化产业，我无意查阅经典、叩问哲人，只是将映入眼帘的那些可能不起眼的“细节”信手拈来，汇集在一起。这些“细节”随着考察天数的递增从小溪汇成了河流，从中我似乎窥到了美国文化产业之所以生机勃勃的秘密。

（一）见闻篇

1. 魅力迪士尼。

我知道美国迪士尼是在 1986 年，当时我带着还在肚子里的儿子游玩了 25 年后仍然人山人海的洛杉矶迪士尼主题公园。迪士尼的作品伴随儿子长大，可以说我们两代人共同领略了迪士尼影视作品的魅力。而从 1923 年迪士尼先生创作自己的第一件作品开始，更多的美国人可能是三代人都欣赏过他的作品。美好、欢乐、幸福的迪士尼留在我们的共同记忆中。美国著名电影与迪士尼研究学者简・沃斯科(Jane Wasko)对大学生关于迪士尼记忆的一项随机调查显示:迪士尼记忆是与快乐、家庭团聚、梦想和希望连在一起的,“迪士尼代表家庭,它创造了一个环境让家人团聚在一起分享欢乐”。[①]

迪士尼品牌管理部门副总裁查利克・凯恩(Charlic Cain)在介绍其品牌推广秘诀时所说的话值得我们深思:消费者要求大公司是负责任的公司,树立公司道德形象与制作品牌节目是唇齿相依的关系;越是历史悠久的品牌,越要在新的变化下坚守道德至上的原则,做正确的事情;坚决杜绝乏味、粗糙、说教、势利眼、无品位的故事;故事的结尾一定是幸福的,因为梦想过程就是幸福过程(Dream with us);迪士尼品牌意味着成为一个你永远记忆中的朋友的笑容。

派拉蒙电影与迪士尼动漫都是全球著名文化品牌,在想象中,它们的生产基地应是高楼林立,气势恢宏。可当我们来到这些曾经留给人们深刻印象的作品的诞生地,却都禁不住感叹:1912 年建立的电影生产院的大门仍然矗立着,就这么简单;上世纪三四十年代用于拍摄的 150 多个欧式建筑仍然在高频率地使用着;除了一座座白色摄影棚,几乎看不到所谓的美式现代大楼。迪士尼先生曾经使用的房间也不过是一个可以尽享加州阳光的三层小楼——他说过,创作之室应是阳光之地。越是详尽地了解这些近

---

① 钟蕾:《论积极传播的力量:迪士尼全球化现象给中国电影市场化、产业化、国际化的启示》,《中国传媒大学第二届全国新闻学与传播学博士生学术研讨会论文集》,中国传媒大学出版社,2010 年。

百年文化企业的细节，越是敬畏其传承虽不久远但尊重积淀的厚重文化精神，越能体味何谓“大师”之道。

让我们不解的是，国内也有不少人热衷效仿迪士尼，表面形似却实际上相去甚远，其症结究竟何在？一个卡通偶像——米老鼠，让美国三代人喜爱，而这个舶来品同样深得中国观众的喜爱，甚至在全球的孩子们与大人们中风靡；它不仅仅停留在银幕上，而是成为影响你生活并受到全家人共同喜爱的精灵，其魅力是什么？尤其让我们这代人困惑的是，小时候我们记忆中的《神笔马良》、《小蝌蚪找妈妈》、《孙悟空大闹天宫》等优美的艺术作品怎么就无法在新时代焕发其艺术吸引力？比如，留在我儿子脑海中的童年记忆，都只是米老鼠、奥特曼、变形金刚。迪士尼主题公园从57年前建立，发展到今天全球的五家，并将落户上海。当迪士尼总部的品牌推广人员充满想象力而兴奋地指着上海迪士尼蓝图说“这是一个结合中国本土特点的花园和森林公园”时，我在想，我们国内尚且没有一个如米老鼠般深受大众喜爱的艺术形象，又怎么谈得上推向全球呢？

2.博物馆中的教育。

一个能够经常徜徉在富丽的艺术殿堂的学生，他对历史、审美、道德、经典、文明、技术等的感悟，他对不同年代和境遇中人们的不同文化表达方式的理解，以及对不同文化与宗教背景下艺术情趣的比较与欣赏，都远远超过课堂和书本所能给予的。美国教育界显然熟谙这一门道，博物馆提供了学校无法获取并提供给学生的最经典、最丰富、最原创的教材，去博物馆也是学校利用社会公共资源最便利最经济的渠道。所以，在美国博物馆中最常见的群体就是大中小学生。我们在洛杉矶的盖帝艺术博物馆(The Getty Center Museum)看到一群大学生在上课,在惠特尼美国艺术博物馆(The Whitney Museum of American Art)看到一群席地而坐的小学生在上课。事实上,美国各州的教育大纲都把博物馆学习列入教学计划。可以毫不夸张地说,在美国,博物馆是教育的基本场所,也提供了教师教学所用的重要教材。

3.艺术中心里的公益活动。

我们在考察洛杉矶盖帝艺术中心(The Getty Center)时,正遇上一个非营利组织在里面举办"为了健全家庭的公共计划"活动。活动的主题是"家庭节",一天的活动计划大大小小有七八个。从精心设计的详细的指导手册里,我们可以看到这些计划的特点:专业性——所有的计划,无论涉及音乐还是绘画,都有相关艺术领域里的专业指导,这为家长们提供了可信赖的咨询基础;依附性——提供的活动内容紧紧依托博物馆展出内容,参与者可以把活动的目的与示范对象相互参照;互动性——活动设计强调参与者的艺术能动性与创造性,特别主张个体在参与中做自己的作品。正巧,我们在一个展示能力的活动区域,看到一些志愿老师在辅助几个家庭的孩子画他们眼中所看到的东西。一个不到两岁、连路还走不稳的小女孩儿,把她的作品"一个涂鸦"按照老师的指点挂在一棵展示"树"上,她的父母非常高兴地用相机拍下这一伟大的瞬间。这个小女孩儿和她的作品,在博物馆中与大师和他们的世界级藏画并驾齐驱,这是什么感受?!也许她要到十八岁时才会害羞地意识到自己的涂鸦可能什么都不是,但这个活动的所有设计者与家长们,以及提供博物馆场地的馆长,都清晰地意识到这些活动的价值，那就是创造、见证成长的快乐。可能每一位来博物馆的家长都这样想过：有一天，我的孩子的作品也会被收藏在这里！

4.小旅馆的文化气息。

有谁会想到，住在纽约39街一家非常小的旅馆中的我们，竟在一个特殊的日子里体验到一种久违的惊奇享受：2011年11月6日，一个星期天，这天是美国夏季时间的结束日。这家旅馆的主人在前一晚给每个房间发了一张纸，我以为只是一个通知，一读之下，却深有感触，像回到久远的学生时代，因为只有那个年代我们才读诗歌。其实，它只是一个告知客人要调整钟表时间的通知：

天变短了
叶子落了
日落早了
直到天都不再蓝了
时钟嘀嗒
又到每年的这个时候了
这个我们需要想起
将时钟调回一小时的时候
我们从夜晚借一个小时，给早晨
如果忘了
那就惨了
往回调，别错了
如果对了
你就可以享受

今晚多一个小时的睡眠了

这首小诗让我心底里荡漾起不再经常有的情感，很美好、很温暖。虽然所住宿的房间按国内标准算也就是三星级，但因有这样一首小诗，在我的评级体系中却俨然比五星级还高。旅馆外就是商业风向标、誉满全球的时代广场，而这个我只住了两天的小旅馆，却让我领略了纽约这座文化都市的底蕴。

5.剧院里的慈善活动。

我在百老汇看过三场演出，每次都目睹了这样的场景：在持久热烈的再次谢幕的掌声中，男主角非常优雅得体地期待大家奉献善心爱意。国内也有大型赈灾晚会，那是目的非常明确的慈善演出。演技且不论，所有人关心的是出席的演员是否捐款；事先闻讯准备好的一些捐款机构也会被演出主办方隆重介绍给观众，由此，观众会了解谁捐了款，捐了多少，并知道最终捐款总额。可是，在国内剧院的日常演出中却鲜有此类捐款活动。这有什么不同吗？细细想来，其实还是有所差异的。我在百老汇看过两遍《歌剧魅影》，演员虽然不是同一班人马——因为前后相距五年——但我每次都被演员精湛的演技所折服，甚至会泪流满面。我是从心底里喜欢这部经典、这些演员，深深沉醉于观看演出的全过程，每次都是极大的享受，最后都会买光盘。正因为我从演出中得到了如此相称的满足，我才会在演出结束时慷慨解囊。这是观众对艺术家和艺术作品魅力的肯定，也是艺术家创作的附加值的正向体现，是善与美的结合。我不知道，捐款数额与演员的艺术魅力是否成正比，但我相信，来自不同种族、国度和文化的观众的道德逻辑和艺术逻辑，会统一在剧院的平常心之上。

6.《今日美国报》总部大楼。

《今日美国报》是一份非常著名的报纸，我们在深秋的华盛顿的毛毛细雨中考察了它的总部。这座大楼堪称一个小社会，不仅要装下把整个美国当日发生的重大新闻事件记录下来的所有策划记者编辑，还要装下所有为一线服务的人员。我们此行参观了不少美国报业机构，唯独这座大厦令人心仪，因为建筑设计者匠心独具，在此工作的人和访客都能感受得到。设计者把《今日美国报》的基本理念传递到这座大楼每个角落，处处体现了为楼里的人们提供优质与舒适服务的设计思想。不对称的大厅，与可以透过全透明落地窗看到的绿色庭院以及对角设计的楼梯形成呼应；从楼梯高处俯望下去，整个大厅宽敞、简洁、通透。除了工作区域，我们还看到了非常漂亮、设施齐备的健身房，以及你以为来到了五星级酒店但这只是为工作人员享用的开放的用餐区。所有这些设施的设计与配备只出于一个理念，那就是为了使大楼里的人们能够更好地工作。接待我们的四位年轻的一线记者编辑个个精神焕发，侃侃而谈他们迎战新媒体冲击的收获，与我们考察其他报业机构所见到的愁眉不展的管理者们不同。其实他们面临的处境是一样的，之所以表现迥异，或许与这座建筑所带来的附加效应有关吧。

7.新闻记者协会。

考察美国著名新闻记者协会，留给我印象最深的不是这座有四万多平方米的建筑，也不是协会的功能地位使政要们不可小视，更不是这里的饭堂与酒吧因离白宫与国会近，使记者们愿意光顾，而是为何这个俱乐部大楼会建在此地，以及如何让如此众多而又互为竞争的记者们聚集在此地。在这座有着近九十年历史的大楼的高层的窗口，我们从协会的介绍人员那里得知了秘密。从这个窗口可以看见不远处的白宫、林肯纪念碑与财政部大楼。一百多年前，记者在白宫获取了重要新闻后如何发往各地？就只有依靠电报。电报大楼在弗吉尼亚州，而这座大楼所在地正好位于从白宫前往弗吉尼亚州的必经之路上，为记者们服务的大楼以及俱乐部应运而生。技术的发展催生服务的渠道与配套设施，这是一个佐证。另外我们通常知道这个道理：冤家路窄，但在这个已有一百多年历史的俱乐部却聚集着不同新闻机构、不同传媒业态、不同观点门派的记者同行。俱乐部的掌门人很聪明，他们不仅仅提供为记者们传递新闻服务的物理空间，而且主动邀请政府要人及各路名人召开各色见面会，非正式地与记者们进行各类谈话。因此，记者们也把这座大楼叫做"发生新闻"的地方，他们在此提出问题、发现问题并传播问题，彼此互通意见，以在更大范围内聆听多元声音。这恐怕是一个自负盈亏的协会之所以存在百年并获得会员人气的奥秘。

8. 新闻博物馆。

美国新闻博物馆（Newseum）是一个非营利机构，也是私立博物馆。在自诩新闻自由的美国，不难理解为什么不是政府来办这类博物馆。到此参观的人大多不是从事新闻职业的，但是，走一圈下来，你不仅可以知道新闻史上的大事，还可以感受近期全球发生的新闻的影响，也许你会重新考虑转换职业。特别是这个博物馆在设计上非常适于新闻这个主题的内容展示，我觉得它至少在三个设计要素上达到了新闻专业博物馆建立的目的：一是讲故事。主办者开宗明义地宣称这里的所有展示"都将使你沉浸在世界上最杰出的新闻故事里，无论是人物、地点还是时间”[①]。他们把包括美国宪法第一修正案在内的重大新闻事件都做成一个个生动的故事，还利用大量的纪录片作为佐证；把战地记者的报道以及在报道中英勇殉难的记者们的事迹作为历史见证故事；甚至还毫不掩饰地把政府特工与记者的关系作为人们耳熟能详的电影故事的原型进行展示：被称为“美国联邦调查局第一世纪的新闻故事”[②]——这一切都彰显了新闻职业的崇高、专业、伟大，使人们对此职业产生敬畏与神圣之感，潜移默化地接受教育和影响。二是讲体验。为了能让参观者身临其境般感受记者生涯的片段，博物馆设计者精心地将文字和图片转变为视、听、动感等多种形式：“聆听那些捕捉到世界上最伟大新闻照片的心声”[③]、“在 90 英尺高的高清多媒体屏幕上观看即时新闻”[④]、“翻阅从 1545 年至今的报纸头版新闻”[⑤]、“体验一名新闻播报员在摄影机前播报一则即时新闻”[⑥]。特别有必要提及的是在二层有一个媒体伦理中心，通过一系列互动游戏，来测试对于记者们曾经是一个个艰难抉择的道德困惑或公正判断。强化的互动与体验是新闻博物馆对孩子们的最大吸引力所在。在体验中孩子们知道新闻的功能与作用、新闻的形式与表达、新闻的历史与演变、新闻在生活中与我们的关系、新

---

① 《美国新闻博物馆隆重开放》，新华网，2008 年 4 月 13 日。

② 同上。

③ 同上。

④ 同上。

⑤ 同上。

⑥ 同上。

闻的规则与自律等等。新闻不再是成人的事情，它变成可认识、可操作、可实践的对象。三是讲技术。新闻传播的历史是伴随技术发展演进的历史，新闻博物馆非常注意反映新技术在新闻播报中的作用。2007 年我曾来此参观，今年再来，发现在这方面新增内容很多，说明新闻博物馆的建设做到了与时俱进。在博物馆的三层专门设置了互联网、电视与无线电广播展厅，前几个世纪的纸质传播进化到当今视听时代与互联时代的即时传播，这对近半个世纪以来的新闻传播影响巨大。我们重温从收音机的声音到互联网即时传播的发展历程；通过许多难忘的照片、视频剪辑追寻，感受电子新闻采集技术的发展与影响。

尤其让人们印象深刻的是，这个私营博物馆在彰显的办馆宗旨上一刻也没有忘记宣讲对美国新闻业影响巨大的美国宪法第一修正案。无论是在博物馆的创办者的介绍及和我们的交流中，还是整个展示对有关这方面的显著布置，都让我们感受到创办人的良苦用心。反观国内，我们的新闻宗旨主要是在新闻专业与从业人员中进行教育，很少有一种通俗易懂的形式深入大众。

（二）感想篇

以上细节只是我走马观花地看了美国一些文化机构之后所得到的零星印象，在它们的背后隐含着什么值得我们思考的线索？以下是我的一些感想和思考。

1. 美国文化产业的动力：遵循市场规律。

美国文化产业的影响力之大在全球已是不争事实。在商品出口中，美国视听业紧随航空业和食品业之后成为第三大出口业，其对美国经济最直接的贡献就是就业率，每年提供 2000 万个就业岗位。我们不禁有这样的疑问：美国文化产业发展靠什么？联邦政府起什么作用？中美文化产业有何不同？然而，两国对文化产业内容的理解及统计界定的范围不同，两国体制及管理机制也各异，因此，笼统下结论总觉得不妥。美国著名学者、媒体人罗伯特·库恩先生认为，在中国，文化产业是较广泛的概念，包括了媒体（广播电视）、娱乐、出版和音乐、舞蹈、美术、文学等所有门类。而在美国，“文化”一词的内涵范围有限，一般是指那些与知识、美学相关的文科，如绘画、雕塑、古典音乐、歌剧、芭蕾、纯文学、剧场表演等；而对广播、电视和报纸通称为“媒体”，“新媒体”则包括互联网、个人电脑以及手机等；“出版”是指所有书、报、杂志等的印刷。另外，还有“流行文化”，包括流行音乐、歌曲等[①]。所以，要是按照我国对文化产业的界定来看美国文化产业，它对美国国民经济的影响就更大了。

有意思的是，我们在对美国的考察中从未找到对应的国家层面的文化产业管理机构，美国联邦政府行政上没有设立文化部、新闻出版总署与广电总局等。这一切主要有以下几点原因：一是历史的原因。从建立之初，美国主流话语层就对国家层面的文化控制怀有深深的戒心。美国第三任总统杰斐逊曾经说过：“我们宁愿要没有政府而有报纸的美国，也不要有政府却没有报纸的美国。”——许多年过去了，杰斐逊的说法虽然被证明未免有些绝对，但这一历史传

---

① 李文云：《国外文化产业面面观：美国文化扎根市场》，载《人民日报》，2006 年 6 月 5 日，第 07 版。

统并没有被遗忘，甚至还以注入宪法第一修正案等法律方式固定下来。二是政体的原因。美国实行联邦制，联邦政府除了在外交、国防等方面拥有绝对权威外，在其他许多软性领域是充分尊重各州等地方政府的自治的。三是文化的原因，美国文化一向崇尚“不自由，毋宁死”，从精英到草根都不喜欢政府过多的干预。当然，凡事都有两面，非此即彼并不符合辩证法。实践证明，美国完全可以既要政府，也要报纸，秘诀就是借助市场这只“看不见的手”。库恩对此的解释是：“文化产业的一个主要特点是从业人员享有表达和创作的高度自由，这样才能不受任何意识形态和理念的束缚，最大限度地发挥想象力和表达能力，从而创作出杰出的作品。”[①]这是一种学理解释，也是从业者的共识。但在美国历史与现实中，任何组织与个体都摆脱不了历史影响与制度环境的约束。比如 2011 年秋天美国国内发生的“占领华尔街”事件，就是对媒体公正性的最有效的检验。但是，在美国主流价值的导向下，市场作为文化产业的基本动力是毋庸置疑的。美国这种独特的文化产业管理模式的一大优势就是使美国文化产业形式多样且充满活力。

美国文化坚持的一个基本原则是，在市场竞争机制下，依靠商业运作，让最好的文化产品流行于市场，为媒体等社会潮流的引领者认知和接受，继而影响大多数民众。[②] 不过，说主要依靠市场，并不是说政府和立法机构就可以无所作为和不作为了。美国对分

---

① 王军：《美国：市场机制和政府立法铸就文化强国地位》，新华网，2011 年 11 月 15 日。

② 李文云，前引文。

散自治的市场竞争模式也加以限制和约束。例如，要求文化观念的自由表述不能侵害种族、宗教等社会结构，或引发社会动乱。总的来说，美国文化产业的动力来自市场。具体一点说，主要依靠商业运作，限制过度竞争。或者用比较形象一点的话说，就是“看得见的手”与“看不见的手”并举，助推文化产业可持续发展。

值得注意的是，“看得见的手”如何助推文化产业的可持续发展。美国主流社会一般认为，文化产业与钢铁汽车等其他关系国计民生的产业部门没有区别，他们并不在物质产品与精神产品之间划出一条明显界限。只要能为文化企业的经济活动以及个人的文化创造提供一个公平合理、充分竞争的舞台，他们就相信，精神产品也一样有广阔的市场前景，并可以向受众提供像物质产品那样多样的文化大餐。正因为文化产品的生产来自民间，相应地，美国文化产业所需资金少量来自各级政府，大部分来自私人企业和基金会的赞助和购买以及票房赢利。数据显示，2010 年，美国文化产业只有 13％的资金来自各级政府，而多达 44％的资金来自销售相关产品的赢利和票房收入，其他部分主要来自个人和机构的捐赠。可以看到美国政府在文化产业投资上的附属地位，也可以看到市场主体作为主导引领多样化，并与政府补助、外来投资和融资三结合的体制。一方面国家直接向所有符合政策导向的团体提供扶持，另一方面文化团体也吸收非文化部门和外来投资，一些大财团为了自身利益和溢出效应就直接向许多有实力的文化产业巨头进行投资。

新媒体的飞速发展，使得如报业这样曾经在 20 世纪三四十年代引领传媒风骚的业态受到沉重打击。我在纽约街头看到，那些曾经显赫的、影响了几代人的报业集团的街头报箱，却与垃圾箱并列。三十年河东、三十年河西，其辛酸只有媒体人自己知道。技术进步直接导致一个行业的兴衰，报业是印刷技术的产物，并曾经成为传媒市场的最大宠儿；当网络冲击着人们收集资讯的习惯时，必将威胁并将替代这个市场。所以，《洛杉矶时报》的同行们在无奈地调侃自己喜爱并从事的职业将消失时，无不为前景担忧；但他们也坚信更先进的技术会带来新的资讯体验，这会促使企业正视现实，寻求更好的出路，更适应人们的需求。这是市场规律在技术引领变革的传媒业的最好体现。

美国从立国之日起就选择了市场经济，它有着根深蒂固的土壤。市场法则与市场约束培育了所有在市场大海中的主体，包括政府、企业、个人。他们无需学习探索、再建立并完善市场过程，他们与市场的关系是鱼与水的关系。这是中美两国文化产业环境很重要的区别。

2. 美国文化产业的魅力："美国精神"中的价值观。

总体来看，美国绝大多数文化产品之所以能够被市场接受，与它们坚持的价值观有关，至少在形式上与基本诉求上体现了这一价值。我们从美国文化产业中具有代表性，同时也是被多数人所认可的重要产品——迪士尼电影和好莱坞影片说起。

华特·迪士尼说：有一些记者认为我们有一些特殊秘密，我们的秘密就是"创作一些有趣的东西——就是把欢乐和笑声带给人们"[①]；

---

① 〔美〕杰森·施瑞尔著，鲍玉珩、钟大丰译：《迪士尼动画电影剧本写作——从构思到最后完成的过程：诀窍与技巧》，载《电影评价》，2009 年第 11—16 期。

“是故事让人们欢笑，是故事体现出人类的善良和温情，也是故事讲述了历史人物和英雄事件”[1]。迪士尼大多数作品的基本价值观及其主题定位，通过塑造的故事及经典人物表达了出来，对大众来说是一目了然的。不论是《白雪公主》、《辛德瑞拉》、《阿拉丁》、《花木兰》还是《美与丑》、《狮子王》，不论是米老鼠还是唐老鸭，不论是从古代到当代，还是从西方到东方，从动物到神仙，从公主、王子到孤儿弃狗，迪士尼所体现出来的价值观是人们普遍认同的美好价值观。应该说，这种美好价值观本身就来自人类发展中各民族的贡献和传承。

价值观是有方向性的。美好价值观，首先是指倾向积极的正向价值观。迪士尼选择对美好价值观的传播就是选择了理解和反映绝大多数人对幸福快乐生活的追求和希望。有关研究发现：迪士尼所传播的核心价值观和主题大多是超越文化和语言障碍被大众持续接受和理解认同的，有85%的被调查者认为“迪士尼电影的主题至少反映了其核心价值观中的某一方面”[2]；被采访者认为，作为娱乐的迪士尼，它是“健康、安全和有趣的”。正因为迪士尼在其长期的探索中找到并抓准了人类美好价值观的基本点，所以它才能通过整合提炼，将这些美好价值观加以经典化，并让经典化了的价值观成为其模板，再将一个个真善美的化身装进神奇的童话与梦幻世界，用符合人们美好价值观的道德标准和审美视角讲述这些故事和人物。迪士尼提炼出的故事“模板”及标准其实很

① 〔美〕杰森·施瑞尔，前引文。

② 钟蕾，前引文。

简单：恶有恶报，善有善报；亲情、爱情、友情为人生最宝贵的财富；纯洁、诚实、善良、努力是一个人应有的品质；有志者事竟成；每个人都享有机会和希望，梦想可以成真；等等。这些既是我们小时候父母、老师、朋友、长辈们教诲的金玉良言，也是一个民族与社会倡导、弘扬并赖以发展的基本精神。迪士尼不仅让人们获得一时的快乐体验，而且将这种体验变成人一生中最难忘最美好的记忆，潜移默化地影响和改变着一个人的生活态度和观念；同时，这一生活态度中的核心价值观念对个人和社会都必然会发生积极的作用。所以，我们多次在迪士尼主题公园看到男女老幼熙熙攘攘、充满欢声笑语的场面，也才能领悟到一个文化公司做大做强的法宝，理解它为什么能在近一个世纪的时间里持续不断地向全球扩展影响。

作为外来文化产品代表的好莱坞电影也在用自己特有的方式进入中国市场，在光影中阐释着“美国精神”并让人们在观影中了解“美国精神”。好莱坞最热衷表现的“英雄主义”，其实质是“爱国精神”，体现为“能力越大，责任也就越大”。这一被简洁阐释的“美国精神”已经得到人们的普遍认同。例如《肖申克的救赎》，影片一方面肯定了自由的价值，另一方面也肯定了希望、尊严和友谊；《阿甘正传》通过一个智障者的生活反映了美国社会的方方面面，不动声色地让阿甘的单纯、诚实、认真、勇敢成为美国理想化道德的象征；《勇敢的心》这部为自由而战的故事在造就英雄的同时也成全了美国文化；《独立日》中总统那番慷慨激昂的救世演说顺理成章地成为电影的高潮，总统的出场把美国的英雄主义宣扬到极致……

爱国主义教育是各国教育的核心，也是所有时代学校教育的基本内容。自从有了国家，爱国为荣、叛国为耻是所有国家国民的基本价值观。在美国，作为国民的自豪自尊情感的养成，不仅是通过“公民学与政府”、“我们是美国人”等全国统一学校课程——每天的课程是以唱国歌和对国旗宣誓尽忠开始，在重大节日庆典人人背诵“我爱这个国家，保卫这个国家”的誓言——与推荐“对形成美国文化与文明具有重大影响的必读书目”[①]进行教育渗透，更重要的是通过大量文艺作品润物无声地潜移默化。“梳理70多年奥斯卡的历史无疑就是梳理美国的美国精神史”[②]，我们都看过的《巴顿将军》、《珍珠港》、《拯救大兵瑞恩》、《爱国者》等。美国电影协会评选的2000年十大影片就被舆论界喻为弘扬“美国精神”的十大影片：《永不妥协》、《毒品网络》、《几近成名》、《夜晚降临之前》、《最佳表演》、《角斗士》、《高保真》、《梦之挽歌》、《天才小子》、《诚信无价》。虽然，美国也有大量拿不到桌面上的产品，但从主流倾向上看，美国作为移民国家，为了形成强大的国家向心力与高度的认同感，在大量运用文化产品向美国民众灌输爱国主义精神上从未动摇过。

据不完全统计，每年70%以上的好莱坞影片都在暗示美国是一个伟大、强盛、民主、自由的国家，这与我国当下关于主旋律影片与表现欺骗、背叛、凶杀的过度娱乐化的影片之争形成强烈对照。我们确实到了需要反思的时候了。2011年岁末，中国青年报社会

---

① 杜庆春：《奥斯卡、类型片和“美国精神史”》，载《经济观察报》，2003年2月25日。

② 同上。

调查中心通过“民意中国”网和“爱调研”网对2652人进行了在线调查，调查显示：64.8%的受访者支持国务院法制办公布的《中华人民共和国电影产业促进法（征求意见稿）》[①]中的规定。在调查中，仅37.4%的人对当下的国产电影感到满意，45.0%的人感觉一般，17.6%的人表示“不太满意”或“不满意”。52.2%的人感觉当下国产电影色情、暴力、低俗等问题严重，其中9.1%的人表示问题“非常严重”。受访者中，70后占23.7%，80后占52.5%，90后占15.9%。

当前我国电影市场存在什么问题？调查中，53.7%的人指出是“以血腥、暴力、恶搞为噱头，不利于青少年成长”；51.2%的人认为“电影人审美境界狭小，缺乏社会责任意识”；46.9%的人认为“缺乏文化关怀”；42.1%的人感觉“影视文化走向低俗”；39.7%的人表示是“传播不正确的价值观”。

调查显示，71.2%的受访者建议，国产电影不能单纯追求“大片”和创作数量，要注重电影的文化意义；63.4%的人期待电影在创新性和想象力上下功夫，而非一味制造噱头；63.1%的人认为必须让电影人明白每部影片都是价值输出，有独特的文化贡献。

尽管人们通常把迪士尼看作是美国的迪士尼，但有关研究结果却表明：被调查者通常认为“迪士尼也是属于世界的”[②]。从美国本土之外的眼光看来，迪士尼的各种文化产品以及好莱坞电影

---

① 《中华人民共和国电影产业促进法（征求意见稿）》明确要求电影不得含有宣传吸毒、渲染恐怖等情节。

② 钟蕾，前引文。

等通过其艺术魅力，在传导“普世价值”的同时也恰到好处地传递了美国精神。

确实，美国在其文化产品中无时无刻不隐含着输出美国价值和美化美国精神、凸显美国制度的优越性、张扬美国对外干预的合理性的意图，甚至有的产品就是罩着文化外衣的政治外宣品。但是，我们需要汲取的“真经”是他们如何如此冠冕堂皇、如此得心应手、如此潜移默化地做大做强这样的文化产品。其中，有几点是我们需要借鉴的：有魅力的文化产品的品质与属性要坚持“源于人民、为了人民、属于人民”①，要在坚持为人民服务、为社会主义服务的基本原则下，紧紧抓住普及率、共同性和多元化三个基本要素。普及率是指其在社会中的流行程度和对社会的影响程度；共同性则体现为其对人类共同认知的价值、共同情感以及人性共同点的表述；而多元化则指其超越年龄、宗教、种族、语言等人类交流中多重障碍而对大众多元需求的满足。就爱国感情而言，尽管国家是有疆界的，但对爱国感情的描述、抒发与升华却是超越疆域的。这样的文化产品通过“自由贸易”在全球化的市场进出口中可以演变成为其他国家的文化大餐，这样的途径我们为何不走？！

3.美国文化产业的活力：自由创作。

一个多世纪以来，耸立在自由岛上的自由女神铜像已成为美利坚民族和法国人民友谊的象征，永远表达着美国人民争取民主、向往自由的崇高理想。这种“自由”体现在文化产业上，就是美国

---

① 党的十七届六中全会公报。

的文化政策模式秉承自由主义传统。这一自由主义传统在美国社会中占据着重要地位，渗透到各个领域，本文限于篇幅不能在学术层面与制度层面全面分析，只是想说明它与文化产业的生产能力与活力的关系。这种关系主要表现在两个方面：一是“自由的”市场环境，二是“自由的”创作空间。

(1)“自由的”市场环境。

在文化产业政策研究领域，一个众所周知的事实是：美国没有统一的文化产业政策。在历届美国执政者看来，任何以国家政策的方式对文化发展做出规划、引导，都是对个人表达自由的干涉。“文化产业”在美国被称为“娱乐产业”；美国政府对国内文化市场的监管方式，与钢铁、汽车等其他产业部门几乎没有区别。与此相应，在国际贸易领域，美国也要求其他国家开放本国文化市场，取消对本国文化产业的保护壁垒，以实现全球文化产品的自由贸易和资本的自由流动。其实，这只是美国执政者表明的一种基本态度与原则，无论是在历史上还是现实中，无论是在国内还是国外，美国从来也没有放弃过对持不同政见者的干预与制裁。

美国自诩为自由经济国度，认为文化产业与其他产业部门相比没有特殊性，将之置于市场并同等对待。这是美国自诩文化产业与法国、英国、加拿大等国，甚至与世界上绝大多数国家的文化产业政策根本不同之处。美国政府认为，文化产业在经济领域不具有特殊地位，文化不需要特殊的规划和“保护”；政府所应做的，是为文化企业的经济活动以及个人的文化创造提供一个“公平合理、充分竞争”的舞台。美国政府认为，对于文化的发展来说，最为重要的不是对所谓优秀的文化及真理进行扶持，而是要营造与维护一个能够让各种声音自由表达的环境，同时这也保证了受众有充分的选择机会。政府可以通过财政补助与法律维护来引导，但在管理政策上的确看不到一个具体的指导意见。但我们都知道，文化产品的表达是需要资本做后盾的，在美国的主要表达机构的分类上可以看到，那些具有话语权并能够将话语传达到全美的机构都是财大气粗的财团在支撑，而这些垄断资本利益与把持美国政府的当权者的利益是一脉相承的，因此，这里所说的文化产业的“自由市场”也是有半径、有边界的，不可能有完全充分的自由表达的环境与可能。例如，2011 年在美国主要城市发生的“占领华尔街”运动中 99％的穷人们与 1％据有财富的富人们的自由表达环境在传播半径上就是不平等的。

美国是怎样营造所谓的文化“自由市场”的呢？在美国国内，政府主要通过反垄断法，防止某一文化产业领域的市场份额集中在少数大型企业手中。他们认为如果市场份额过分集中，会阻碍这一领域的充分竞争，窒息该领域的发展活力。美国对于其他产品垄断的约束一向比较严格，但随着海外文化市场的扩大，美国文化企业日益立足全球而不仅限于国内，美国对于文化产业的垄断约束有了微妙的变化，由此可以看到，美国对输出美国文化是何等用心。1996 年克林顿政府以放松管制为特征的《电信法》的出台就是一个例证，它赋予电话公司在其营业区内销售视频节目、经营有线电视等权利，并放宽了对文化、信息企业合并的限制。这就意味着，为增强本国文化企业在国际市场上的竞争力，美国放宽了对文化企业规模的限制。强行拆分微软、容许时代华纳与美国在线合并，是美国根据国际竞争需要，灵活运用反垄断法的两个典型个案:微软已占据全球相关市场90%的份额,即使拆分也不会影响美国在这一领域的国际竞争力;而容许时代华纳与美国在线合并,是为了加强美国在媒介领域的全球竞争力。这说明美国在文化管理方面"兵无常法",不拘泥于固定的手段,在自身目标——争取、保证美国文化产业的全球竞争力——的明确前提下,随着情况的不同而进行不断的调整。由此看到,美国政府对文化市场的无为而治不是不管,而是有所为有所不为。

(2)"自由的"创作空间。

美国著名传媒人士罗伯特·劳伦斯·库恩在接受新华社记者专访时说了这么一段话:"文化产业的一个主要特点,是从业人员享有表达和创作上的高度自由,这样才能不受任何意识形态和理念的束缚,最大限度地发挥自己的想象力和表达能力,从而创作出杰出作品。从这一点出发,美国政府认为,应为文化企业的经济活动以及个人的文化创造提供一个公平合理、充分竞争的舞台,并给受众提供多样化的选择。"[①]这一表述反映了美国人的共识,很有代表性。

曾凭借《泰坦尼克号》创造过惊世票房纪录的好莱坞重量级导演詹姆斯·卡梅隆,经过了14年的酝酿,耗资5亿美元,历时4年拍制的科幻巨献《阿凡达》于2009年年底亮相。这部史诗巨作凭借独一无二的宏伟场面、激动人心的叙事以及回归自然的主题,成为电影史上第一部总票房超过20亿美金的电影。《阿凡达》的成

① 温志宏、刘梦羽、何流:《大国更需智者:专访库恩基金会主席罗伯特·库恩博士》,载《中国报道》,2009年第12期。

功说明了美国文化产业给予创作主体的自由空间的边界有多大：一是资金自由。资金自由是指某部电影在资金投入和制作上不隶属于任何电影集团、公司（或制片厂），主要依靠制片人或导演本身通过各种渠道融取资金，甚至包括个人出资等形式来制作影片。2005年，福克斯先给了卡梅隆1000万美元，让他弄点儿东西出来证明他的想法。在拍摄《阿凡达》风险还很大的时候，詹姆斯·卡梅隆便投入了自己的巨额资金。反其道而行之是天才和勇者的做法。《阿凡达》没有电影明星，剧本没有小说在前探水，也不是成功大片的续集，但卡梅隆就相信自己能够胜出。二是故事自由。电影是艺术，艺术必须是发自内心的真实，讲述人类自己的故事，讲得不好立刻露出马脚。一部电影的特技再好、大腕再多，如果故事人物的内在逻辑不通，结果就会很不好看。卡梅隆的电影就反复提到以下内容：公司贪婪、坚强的女性、女权主义、人类和科技之间的矛盾，当然还有时隐时现的浪漫情调。对于讲故事，卡梅隆这样介绍他的经验：“要能抓住观众，特别是全球观众，电影要能够超越语言，超越狭义的美国的大众文化，触及人的感情和人的想象力。如果能够做到这点，那就是突破，就能大功告成。我想《阿凡达》做到了这点。”[①]三是创作自由。从艺术创作主体与过程看，美国社会对个体的自由创作空间与选择总体比较宽容。这种自由也表现在，影片中有不少揭露美国社会现有弊端及对外干预过度甚至造成战争创伤的作品。从艺术创作的规律与特点看，个体在艺术体

---

① 朱伟：《阿凡达：天才加资本的故事，华尔街在好莱坞前止步》，载《法制日报》，2010年3月3日。

验与创作中的自由度越大越好；尊重艺术创作者的出发点就是基于艺术创作规律。同时，艺术者本身要具备社会责任感与良知，这是一个基本准则。但在没有控制力的市场下，这个准则所遭遇到的挑战可能就是一个让社会无助、让艺术寒心、让政府无奈、让受众无言的不断堕落的文化市场。艺术家精神的存在与表达是一个社会健康与否的风向标，当这个社会的艺术家们都把自己创作精神作品的空间卖给市场时，这不是健康的自由创作空间的存在，而是艺术毁灭的开始。尽管这类产品有大量的收视率或可观的销售码洋，但是这个社会的肌体却正在被腐蚀、神经被麻痹、灵魂被吞噬、意志被消解。艺术与艺术家将被所谓的市场“自由”所捆绑；艺术创作不再具有健康的活力，艺术家也不再是健康的，当然，艺术作品也不再是健康的产品。

美国作为文化产业高度发达的社会，也吞下过过度商品化和市场化导致的“经济资本”的扩张甚至最终征服文化领域的恶果。著名的《娱乐至死》①一书就很好地解读了美国这一“恶果”并对之进行了反思。需要警惕的是：“经济资本”的势力总是会向“文化资本”领域蔓延，致使文化产品内在失衡，或倾轧“文化资本”的本有含量，甚至将其彻底沦为赢利的工具。美国文化产业的发展历史揭示了这样的规律：在一定限度内，大众文化产品的“文化资本”的增长是与“经济资本”成正比的；但如若超出这个限度，任何一种资本的过剩都会构成对另一资本的致命威胁，这两方面的危险对文化产业都是致命的。这绝不仅仅是学术的探讨，在我国已是需要

① 〔美〕波兹曼著，章艳、吴燕莛译：《娱乐至死》，广西师范大学出版社，2009年。

引起高度警觉的现实。我们需要在借鉴美国文化产业发展的经验与教训时防止另一种极端“自由”倾向的滋生。

4.美国文化产业的控制力:法治精神。

前面已说过,世界上绝大部分国家都设有专门统管文化事业的政府部门,像美国这样的政府职能齐备的文化产出大国,却没有文化部。美国主要通过两条途径推行它对文化产业的管理:一是通过立法、提供优惠政策,保护传统的经典文化艺术,扶植和推广新兴创意文化项目,鼓励和促进文化产业的发展。二是重视政府以外的文化政策形成的基本场所,这主要包括独立的组织,即非政府组织,如艺术家协会、演员工会等,他们在自治政策形成过程中也对行业管理具有影响力。这种模式近年来被许多国家所借鉴,也就是将文化经济活动向私人领域转移。“过去纯粹以国家为基础来制定文化政策的方式,已被更广泛的跨地区和多层次的方式所代替。”①

美国文化产业发展的控制力主要来源于法治他律与行业自律。从细节看,文化自觉与自尊都需要有文化“自律”精神;同时,健康发展仍需政策法规之类的“他律”来规制。只有在一定引导和限制的基础上,文化才能获得更健康的发展。

在听哥伦比亚大学的文化讲座过程中,我们不止一次地问道:在中国国内许多不规范但又成了行业潜规则的现象,是否在美国也存在过?我们总是被告知,没有这种现象。理由就是法治的自律与他律的存在。所以,一个社会文化产业的健康与其社会的法

① 刘悦迪:《美国文化产业何以雄霸全球》,载《粤海风》,2006年第2期。

制建设的完备是相辅相成的，文化产业不是脱缰野马，更不能我行我素、天马行空，它的发展空间取决于自律与他律的水平。

其实，美国的文化产业法规很完善，特别是针对文化产业中的低俗化现象，美国政府出台了一系列法规。如美国学术界有调查显示，每个儿童平均每年看到超过 2 万个电视商业广告，美国联邦贸易委员会因此发起立法研究，1990 年国会通过了《儿童电视广告实行法》，设定周末儿童电视节目中每小时 10.5 分钟、平时每小时 12 分钟的广告时间上限。1996 年，电视台、儿童权益维护者与联邦政府达成协议，要求所有电视台每周播放 3 小时的儿童教育节目。又如，针对近年来广播电视出现的低俗化问题，美国政府相继出台了《2005 年广播电视反低俗内容强制法》、《2005 年淫秽与暴力广播电视内容控制法》、《2005 年儿童友好电视节目法》、《有线电视法》、《联邦电信法》、《节目控制规则》等法规，警示人们在美国文化大的自由环境下，应避免触及道德底线。同时，美国政府还针对不同文化领域制定了详细的法规条例，先后通过了《版权法》、《半导体芯片保护法》、《跨世纪数字版权法》、《电子盗版禁止法》、《伪造访问设备和计算机欺骗滥用法》等一系列版权保护法规，形成了全球保护范围最广、相关规定最为详尽的法律系统。完善的版权保护，使好莱坞各大制片公司消除了后顾之忧，创作激情不断迸发，深受国内外观众欢迎的优秀作品不断涌现。

除了进行版权立法外，美国政府包括国务院、商务部、驻外使领馆和相关电影机构也开展密切合作，为好莱坞打入外国市场创造了有利条件。“维基解密”透露，美国电影界和美国使馆甚至派人直接参与西班牙版权法的制定，从而在源头上捍卫美国文化产业的利益。

此外，美国政府还从联邦税法的角度为非营利性文化团体和机构提供便利，免征所得税，并减免资助者的税额，鼓励基金会、大公司和个人投资，引导一部分社会财富用于文化发展。

我们无法评价这种“无法之法”和“法规监管”的成效如何，但我们看到美国有着全世界最强最大的文化产业，年创收超过万亿美元，经济总量占美国 GDP 的 10％以上。如果广义地理解文化产业，有学者提出其年产值在国内 GDP 中达 1/4，也就是 25％。这与美国政府对文化产业并未简单地采取市场化的措施有关；虽然政府在其有所为的领域里没有直接承担所有者和经营者的角色，但却通过立法及其他途径采取了监管、扶持、裁决等有为手段。

四、后金融危机时代的美国出版业

中国图书进出口(集团)总公司常务副总经理　张纪臣

本次赴美培训虽然没有安排专门的有关出版方面的培训和对出版社的考察,但作为一名从事出版物国际贸易和国际文化交流的工作者来说,却是一次难得的机会,使我能够跳出出版看出版,从大文化的角度看出版,对出版有了更全面更深入的了解。在培训和考察过程中本人结合自己的工作,通过侧面了解和非正式的访问,结合个人的日常积累和所思所想,对当前数字时代美国出版业的发展现状,特别是后金融危机时代美国出版业的特点和趋势进行了梳理、探索与研究,并结合我国数字出版的发展现实,通过比较形成以下观点:

第一,两轮金融危机与技术革命的推动,促成美国出版业基本实现了符合出版规律的数字化转型;中国数字出版定位于:适应时代发展的先进技术,实现文化内容、核心价值观的最大范围、最快速度和最有效果的传播,具有较大的后发优势和上升空间。

第二,内容是出版业发展的核心,过去如此,数字时代依然如此,并将继续如此;中国的出版单位拥有丰富的内容资源,只有牢牢掌握数字资源,才能掌握定价权和数字化转型的主导权。

第三,技术推动了产业的升级换代,为出版注入了发展的生命力，但转型之路势在必行；数字出版并非取代传统出版，而是在新技术的推动下，促进传统出版更新换代；从冲突到融合，是产业升级的必由之路，是出版业进入历史发展新阶段的阵痛。

第四，数字阅读将引领数字出版未来的方向；中国具有广阔的数字阅读市场空间，坚持构建以内容为主导、技术为支撑的多方共赢的可持续商业模式，是中国出版业数字化道路的关键；积极打造若干权威、大型的数字中盘，确保数字资源的整合、转换、存储、传输，是产业发展和信息传承的双重需要。

本文将从"两次金融危机对美国出版业的深刻影响"、"当前美国出版业关注的问题与话题"、"当前美国出版业的新特点与新趋势"、"思考、体会与建议"四个方面，结合美国出版业的数字化道路，论证、阐述以上观点。

（一）两次金融危机对美国出版业的深刻影响

2008 年，始于美国次贷危机并进一步演化的国际金融危机，引发了全球经济的衰退或增速放缓，世界出版业也因此受到波及。在美国，金融危机一方面重创传统出版业，另一方面催生了数字出版业的发展，从而带来美国传统书业大环境的萧条。2011 年，在金融危机复苏的坎坷之路上，新一轮债务危机再度引发全球新一轮的经济危机，但时隔三年后的美国出版业，在两轮金融危机带来的技术革命推动下，不断蜕变成长，实现了近乎完美的华丽转身。纵观美国出版业的发展，两轮金融危机对其产生了深刻的影响，主要表现在三个方面：

1.传统出版从被冲击迈向转型。

传统出版业是一个低投入高产出、高附加值的产业，产业的每个环节、上下游都连接了众多行业，形成了独特的产业链，如造纸、油墨、机械、印刷、装订、仓储、物流、销售等，抵御危机和风险的能力较弱。受消费者购买力下降，实体书店销售下滑，退货率上升，库存增加，回款时间延长，呆账、坏账、死账比例提高，印刷成本上涨，出版业投入减少，新书品种明显减少等一系列产业链各环节不利因素的影响，传统出版单位陷入停止加薪、裁员重组、削减预算（包括支付给作者的预付款）等经营方面的恶性循环，从而带来整个产业的衰退与萧条。据美国出版商协会数据显示，受2008年金融危机影响，美国传统出版的市场规模不断萎缩，2009年图书销售收入239亿美元，较2007年下降约4%。

与此同时，纸媒加快向其他媒体转移，Kindle、iPhone等的问世带来电子出版物和其他相关产品销售的日渐繁荣。各出版机构于是加大对数字化出版的投入，希望以此摆脱危机困扰，占领新媒体市场：企鹅集团宣布进军手机阅读市场，发布手机版图书供iPhone用户购买阅读；兰登书屋投入千万美元用以改善纸质书和电子书的分销渠道，加快建立电子书库，目前电子书和数字音频收入约占其总收入的8%；培生集团、麦格劳希尔教育出版集团加速教育出版的个性化和开放程度，由教育出版商向教育解决方案服务商转型；一些独立出版社则把数字化直接结合到现有出版流程中。

2.数字技术蓬勃发展。

美国的数字出版源起于上世纪末，2008年，伴随着金融危机的爆发，以及个人电脑和互联网的普及，以无纸化为特征的数字出版经历了一次发展的飞跃，快速发展的数字技术给出版业带来了新的变革。2011 年前后，数字化技术蓬勃发展，继续改变生活，继而改变出版业，突出表现为：

(1)专用电子阅读器技术不断成熟，移动阅读终端产品日新月异，继而带动数字化产品规模稳步增长，电子书销售突飞猛进。

(2)数字平台技术不断成熟，出版全流程的数字化，交互式、多媒体的新的在线服务和应用的普及，加速推进教育出版和专业出版的数字化进程，并全面提升其产品销售的增长。

(3)云计算和移动互联技术广泛应用于数字出版领域，由此衍生的云服务、云出版等进一步开拓了传播平台，成为数字出版的重要推动力。

3. 数字出版的商业模式日渐成熟。

数字出版时代的到来，正逐渐打破出版、传媒、网络、电子、电信等行业的界限，使得出版行业与其他第三产业相互融合，形成出版与平台、渠道和终端的结合。伴随着数字内容的不断丰富、传播平台的不断开发、延伸和出版产业链的转变，新的商业模式、新的出版赢利模式不断出现并成熟，例如：由传统出版商主导定价和分成的代理制销售模式，电子书的订阅式获取模式，微支付模式，按需印刷模式；以自助出版、开放式电子书制作平台、专门的数字内容营销公司等为代表的新业态服务模式；以及随着平板电脑和智能手机的普及，交互性、富媒体元素的增强型电子书大量进入市场，催生了出版向跨媒体拓展的重要商业形态。

(二)当前美国出版业关注的问题与话题

图书不仅仅是文本,它的出版过程是将不同分工的公司连接在一起的一个产业链条。随着数字技术和网络技术的高速发展,图书出版的产业链条不断解构,由此带给出版业此起彼伏的新话题。后金融危机时代的美国出版业,当前关注的问题与话题主要有以下三个方面:

1. 关于消长存亡的问题。

(1)纸质书是否行将消亡?

电子书销售额的不断攀升,引起美国出版业界对"纸质书是否行将消亡"的讨论。尼尔森和美国出版商业协会各自发布了2011年一季度美国图书市场的调查报告,两份报告均显示:纸质书籍销量下滑,仅第一季度销量就下滑9.0%,为1.62亿美元;而电子书在2010年的销售收入为8.78亿美元,三年增长了1274.1%,其在2011年上半年的销售额比2010年同期又增长了160%。此外,来自亚马逊和各主要出版集团的销售数据显示:截至2011年5月底,亚马逊电子书的销售已经全面超过了包括精装版和平装版在内的所有类型印刷书的总和;此外,兰登书屋、阿歇特、哈珀·柯林斯、西蒙与舒斯特等传统出版集团的电子书收入也基本占据其全球收入的20%左右。

面对电子书引爆的图书销售市场,美国福雷斯特研究公司在2011年国际电子书和数字出版顶级大会(DBW)上公布了他们此前对27家出版社35名高管的一项调查,结果显示,53%的被调查高管认为到2014年年底，电子书将占据图书市场的半壁江山，在销售册数上居主导地位，在销售额上则未必。

在纸质书与电子书的消长问题上，美国出版商协会副主席缇娜·乔丹做出了不同的解读，她认为，电子书的销量增长虽然惊人，并成为2010年和2011年度整个书业销售增长的主要力量，但是“我们看到的是图书种类的增长。虽然大家都在说纸质出版在转型，正向数字化出版转型，但我们看到纸质出版还活着，活得还好好的”。持类似观点的Verso数字公司，通过对消费者图书购买行为进行抽样调查后得出结论：电子书阅读器拥有者购买电子书和纸质书是两回事，90%的阅读器拥有者认为还会购买纸质书。

(2)实体书店、图书馆还能存在多久？

在美国出版商中，很多人担心书店今后将步音像店的后尘，《华尔街日报》网络版在读者中开展调查的问题“你是否认为传统书店会在五年内消亡”一时成为出版业热议的话题。

实体书店面临的存亡危机并非危言耸听。2010年美国图书市场销量整体下滑，其中，书店的营业额165亿美元，下跌了1.4%，这是自2007年销售额达到172亿美元之后，书店销售情况连续三年在走下坡路。2011年7月，具有40年历史，在全美拥有674家书店、一万多名员工，曾成功创造美国书业传奇的庞大图书帝国——鲍德斯书店关门歇业，令人唏嘘。业内人士认为，鲍德斯的遭遇反映了图书电子化对传统出版业构成的巨大冲击，意味着以亚马逊为代表的新兴网络书店打败了传统的实体书店。此外，另一大型书店巴诺书店一方面大幅裁员，另一方面在纽约的五家店铺开辟占地3000平方英尺的游戏、玩具卖场；百万连锁书店把DVD、音乐产品以及一部分纸质和电子书移到网上后，新增了酸奶和非书产品销售；美国的独立书店也新增了酒、巧克力、贺卡和当地手工艺品等非图书商品。

有分析师认为，不论是独立书店还是连锁书店，在数字化转型时期的生存道路似乎只有三条：一是转型数字化，减少对实体书店的重视，建立可以接入自助出版或直接接入传统出版商的内容平台，把书店的读者转移到平台上；二是转型为综合性零售商，减少图书销售，增设电子阅读器、玩具、游戏光碟等非图书类商品；三是坚守实体书店，凭借良好的地段、适宜的图书品种和适中的价格寻求逆境中的生存。

数字环境下实体书店的境遇，令国际电子书和数字出版顶级大会（DBW）的发起人麦克·沙特金预言：2014—2015年间出版业的数字化程度将达到一半；未来五年内，书店里的书架空间缩减一半；未来十年内缩减90%，实体书店最终将消亡。

除了实体书店的命运岌岌可危之外，继谷歌推出电子图书搜索项目之后，传统出版社的另一重要销售终端——图书馆的生存问题也引起了业界的关注。根据美国图书馆协会的报告，过去三年中，美国提供电子书借阅的公共图书馆的数量在稳步增长，2011年提供电子书借阅的公共图书馆比例已达到了67.2%，未来还将有继续增长的趋势。业界人士认为，相对于纸质图书和实体书店而言，图书馆和图书管理员虽然工作的内容已经发生了变化，更加接近信息官或者档案管理员的角色，但其作为文化遗产的守护者以及信息沟通专家的角色，仍然不可或缺。

(3)编辑、代理人是否仍为必要角色?

数字时代,作者和读者之间的出版过程发生了怎样的变化?传统出版过程中,发现、支持并关照作者,特别是在帮助作者挑选、寻找和推广作品的过程中发挥重要作用的代理人、编辑,是否在数字出版时代会成为可有可无的角色?随着电子书销量的猛增,出版商们纷纷对此前一直被他们忽视的电子书自助出版市场感到担忧。五年前,自助出版书籍的作家们很少看到他们出版的书籍能够与业内著名作家的作品摆在同一等级的书架上销售。但今非昔比,电子书自费发行的低成本以及 Twitter 和其他社交网站工具的普及,使此前极少被人们所熟知的作家一夜成名。

58 岁的惊悚小说家约翰·洛克在对电子书的定价机制进行研究后,在 2010 年 3 月做出了自费发行电子书的决定,在亚马逊出版了其第一本简装版小说,单册售价 99 美分,洛克本人能够从每册销售的电子书中获利 35 美分。2011 年 3 月,洛克在亚马逊发行的电子书下载量达到 36.9 万次,从亚马逊获得的出版收入累计达到 12.6 万美元,而他出版每种电子书的平均费用则为 1000 美元。

自助出版与传统出版之间形成的竞争态势,引发了美国出版界新一轮的话题。亚马逊公司的一名高管就直言不讳地表示:出版过程中只有作者和读者是真正必要的角色,其他的中间人物在数字时代都面临机遇和挑战。

2. 关于传统出版核心竞争力的讨论。

被戏称为"人人都害怕的亚马逊",每有举措必定招致出版业界的广泛讨论。进入 2011 年 10 月以来,亚马逊更换了新的编辑层,招募了广受好评的小说《私假》(*Personal Days*)的作者兼资深编辑埃德·帕克(Ed Park)至麾下,强化传统图书出版商不能很好地提供的那些曾经一度成为行业标准的服务,即发现作者、加工制作和营销推广。

针对此举,身兼代理人和电子书出版商双重角色的出版专业人士理查德·柯蒂斯(Richard Curtis)表示:“如果你是一名出版商,那么你很有可能在某天醒来时突然发现,亚马逊开始和你竞争了;如果你是一个代理商,那么亚马逊也完全有可能偷走了你的午餐,因为他们为作者们创造了跳过你这一环而直接出版图书的机会。”麻烦并不仅仅在于亚马逊正将一些颇有经济价值的作者们挖走,而是“这家公司正在不断地啃食那些过去由出版商、评论家及代理商们提供的服务”。

理查德·柯蒂斯的一席话引发了对数字时代传统出版核心优势和竞争力的再思考,主要代表性的观点包括:

(1)为图书选择和构建读者群是否仍为传统出版社的价值?

《书业百科全书》的作者帕斯卡·福切认为,即使作者直接出版作品,也无法绕过为图书选择和构建读者群这一问题。作者需要推销,而在互联网上推销作者,比传统纸媒时代甚至更难。数字时代,有写作冲动的人越来越多,作品也因此更加容易淹没在文本的汪洋大海中。相较而言,传统出版更具备营销图书的经验和优势,比如聘请专业的装帧设计人员设计最吸引眼球的精美封面、卖点提炼、专业书评等,为适合阅读此类图书的读者群进行有针对性的推荐。

(2)提供专业化的编辑加工是否仍为传统出版的资源优势?

有不少出版业者认为,亚马逊通过雇用那些有声望的编辑,向业界传达了这样一个信号：它重视维系编辑和作者之间的关系，而这正是传统出版的优势所在。数字出版的飞速发展，带动电子书日新月异的销售业绩，一方面繁荣了阅读，另一方面也打乱了传统出版社与作者之间、作者与读者之间的联系。许多出版社不再是简单地收取书稿、印刷和发行，而是向数字化转型，以完全不同于纸张出版物的全新方式组织图书的发行和促销，同时为了赢得竞争，更加注重加快图书的出版周期。编辑以超负荷的工作代替认真品味每一部作品，只有极少数作家才能获得以往特别的关注力。亚马逊通过搭建公司内部的编辑团队，将编校过的图书引入市场之举，传达出一个信号，即传统出版业所提供的服务依然有其存在价值。

(3)品牌是否能为传统出版社带来竞争优势？

品牌，是出版社经过长期不懈努力而形成的有口皆碑的标识，是品质优异的核心体现，也是出版社或其产品区别于同行业者的特质。企鹅、培生、孤星等出版社都以特色鲜明的图书产品立世，既成为市场上的金字招牌，长期培养了许多固定的读者群，更成为同类产品的知名作者们出版新作的首选。不少出版业者认为，数字时代的海量信息和快餐文化特征让读者经常面临无从选择的局面，因此，相较于提供内容的载体，富有含金量的内容本身才是人们最喜闻乐见的，才是竞争力的关键。持此类观点的人以亚马逊虽然已经有几十本平装书问世，但却尚未有一部业绩突出的畅销书为例，旨在说明：企业品牌和图书产品品牌是传统出版业最显著的优势。有价值的内容不仅指图书资源，更是资源背后的支撑——出版社的品牌积淀。

(4)“发现作者”的优势光环是否在数字时代日益黯淡?

在过去的传统出版公司中,通常由高级编辑负责在“废稿堆”中浏览审读以搜寻新人。如今,这些废稿堆在很大程度上都被外包给了代理机构,由他们负责花费六个月或更长的时间来完成出版商们的检索需求。一些作者清楚地知道自己脱颖而出的机会非常渺茫,于是转向考虑自助出版——以电子书的形式或是与自费出版社合作。而在亚马逊目前的出版业务中,Amazon Encore专注于打造“卓越图书和新兴作者”,“普通人也能获得成功”成为整个出版项目中最吸引人的部分。

3.关于“版权危机”与电子书的海外版权权限。

尽管电子书的盗版问题、旧书的电子书版权争夺问题,成为出版业始终纠结的版权话题,但时下最受关注且议论纷纷的当首推“版权危机”。

版权危机源于美国1978年1月1日生效的版权法,该法允许作家在转让版权35年后将其权利收回。这就意味着,从2013年起,大量作品将重获“自由”。对于出版商而言,重获自由的作品意味着权利转让的种种可能性,因此,伴随着2013年的临近,危机意识开始笼罩美国传统出版业。

劳埃德·贾森律师将这项权利终止条款称之为“定时炸弹”。虽然,这项条款完全是技术性的,但他解释,它实际上允许了创作者在作品创作完成35年之后从出版商手里收回权利,这与目前作者生前加死后70年的版权保护方式相违背。因此,最早受到影响的是1978年的一批作品。他认为,这一事件将会成为未来几年产业的焦点话题之一,随着亚马逊逐渐成为电子书和自助出版领域作家和出版商的理想伙伴，终止权将使作者有机会切断与出版商和代理人之间的交易关系。

美国作家代表协会主席、代理人盖尔·赫斯曼(Gail Hochman)表示，文学代理人正在密切关注有关作品权利的消息，她所在的组织已经赞助了一系列相关主题的会议。三叉戟媒体集团(Trident Media Group)的主席、代理人罗伯特·戈特利布(Robert Gottlieb)认为，终止权将会在数字出版领域掀起波澜，鉴于目前电子书市场的风云变幻，出版商需要采取有效的方式来说服作者，将其重版书交给他们，其中一种方式就是向作者提供额外的预付版税。

此外，在电子书带来的诸多挑战中，另一个复杂的问题是在开放的市场中如何处理海外版权，即如何通过网络对电子书进行地域限制。出版商和经纪人能否像印刷出版一样界定开放市场的区域版权，是一个突出的问题。原因在于，受汇率影响，北美版本的电子书比英国版本的售价低，如果设备提供商不能有效阻止美国以外的读者下载一个北美版本的电子书，而不是一个英国版本，那么电子版权的区域授权就失去了意义。

(三)当前美国数字出版业的新特点与新趋势

数字技术带来的种种变革影响到出版产业链条上各个环节的生存状态：有些弱化了，有些加强了，有些功能发生了变化。从2008到2011年，美国的出版业一边积极应对经济危机，一边顺应科技革命的新趋势，成功实现向数字化出版的转型。

美国出版业的数字化转型速度是非常快的，在短短几年的时间里，纸介质图书的销售量全面下降，电子书销售额及其他数字出版业务急速增长。例如励德·爱思唯尔集团2009年超过50%的收入来源于数字化相关业务，2010年超过70%，到2011年10月底已超过90%。在此转型过程中，传统出版社仍牢牢地掌握着核心的内容资源，并已经开始创立自己的网络平台，在自己的平台上整合期刊和图书，为客户提供一站式的信息服务。另一方面，下游的技术商和网络销售商在提供技术和新媒体的同时，也在积极向上游整合内容资源。

在美国出版业转型的过程中，我们能分析出一些有意义的趋势。

1.电子书引领未来的阅读时代。

2011年，亚马逊Kindle等电子阅读器的火爆销售浪潮已经推动电子书历史发展到了一个拐点。无论来自美国书业市场的消费数据、出版商的生产数据，还是作者们的反响，都不约而同地预示着：电子书将引领未来的阅读时代。

(1)消费者投票电子书市场。

2011年的美国出版业，消费者投票电子书市场。据美国书业研究协会(BISG)发布的“消费者电子书阅读态度”调查报告的数据显示，纸质书消费者中有电子书下载经历的比例从2010年10月的5%跃升到2011年2月的近13%。此外，2/3的受访者表示他们已经彻底或者基本上放弃纸质书而转向电子书。另据销售数据显示：2011年上半年，全美实体书销售额下降19%，而电子书销售额同比增长261%。其中，企鹅集团电子书销售额增长超过

130%，阿歇特美国电子书收入比重达 23%，哈珀·柯林斯在美国的电子书收入占到了 19%。

电子书受到读者喜爱的原因各不相同。有读者认为电子书提供了更舒适的阅读体验，特别是对一些视力下降的中年或老年人，只要点击按钮，就能直接将电子书的文字放大；有读者认为电子书让阅读变得方便，可以随时随地阅读，大大增加了阅读的时间和机会，而且手机、iPad、电子阅读器等更适宜旅途携带；还有读者认为，电子书便于储存，更环保。电子书的优势特征不断地被消费者挖掘。

(2)电子书受到作者们的青睐。

过去，图书的出版权由传统出版商牢牢控制，他们决定哪些写作者能成为可以出版的作家。但在数字时代，电子书为一些尚不知名的作者们提供了更多出版作品的机会。Smashwords 公司在 2008 年只出版了 140 种电子书，但是现在有 2.5 万名作者选择这家刚刚起步的年轻出版商，公司出版的电子书超过 5 万种。

此外，电子书重燃了消费者对出版了一年以上的重版书的兴趣，并产生新的收入流。许多出版商报告，电子书读者如果喜欢某位作者的新作品，就经常会购买其以前发行的所有书。不少作家对电子书带来的这一贡献欢呼雀跃。

(3)电子书受到出版商的重视。

美国书业的现状显示，电子书不仅受到新兴数字出版公司的重视，更受到传统出版商的重视。兰登书屋、哈珀·柯林斯、阿歇特等大型传统出版集团，电子书的数量伴随着销量直线上升。其中，兰登书屋在 2010 年只有 1800 种图书有电子版，而在 2011 年，电子书的数量达到6000种，预计约两年后，兰登书屋的所有图书都会有电子书版本上线。

飞速发展的信息技术与不断推陈出新的消费电子产品，也让传统出版商密切关注着“阅读”行为的变化，“信息碎片化”就是出版商应对碎片化阅读趋势而做出的变化。2010年，企鹅集团出版的斯蒂芬·弗莱的自传《弗莱的一生》，就是利用新的软件，使读者能够随意阅读该书的任何一部分，而不是从头读到尾，同时，也增加了更多的互动内容。2011年年底，兰登书屋也启动了名为“Story-cuts”的短篇故事电子书品牌，首批将推出包括243篇故事的150本电子书，作者中不乏畅销作家。这些电子书有的包含一个故事，有的则由多个故事组成，定价从99便士到3.99英镑不等，但多数为1英镑，将在几乎所有零售渠道销售，包括苹果商店、亚马逊等。

(4)电子书的发展符合产业升级的历史规律。

电子书集影音、图文于一身的复合传播，悄然改变着大众的阅读方式，从而牵动着出版界的发展思路。《书业百科全书》的作者帕斯卡·福切认为，未来，任何需要定期更新内容的图书，任何需要链接到文献数据库的图书，都非常适合以电子书形式出版。比方说，以后的百科全书就不会在纸张上印刷了，还有全部的烹饪书、旅游书、DIY实用指南类，这些图书将来会只以电子书的形式存在。或许，现在人们认为，电子书不会取代纸质书，但随着媒介技术的不断发展以及阅读方式和阅读习惯的改变，电子书适应数字时代和信息时代发展特点的长久生命力将日益凸显。

2.新技术推动出版业越来越透明。

亚马逊为进军出版业推出了一系列举措，其中，开放作者查看尼尔森书籍市场调研销售数据的权限这一举措，引起了出版界的哗然。尼尔森书籍市场调研销售数据记录了各个作家的纸质版图书在每个国家地区的销量，以往，作家能获取自己图书销量信息的渠道非常少，而通过尼尔森数据，作家们可以看到75%的印刷版的图书销量。

针对亚马逊的行动，传统出版商也推出了相应的对策。西蒙与舒斯特、兰登书屋和阿歇特集团都宣布他们将给予其签约作家直接在网上查看图书销售数据的权利。

3.出版门槛降低，自助出版大幅攀升。

自助出版的图书由专门的公有领域出版社以及从事自助出版和小众图书出版的出版社出版。在网络经营模式的带动下，这一领域的业务急剧增加，可以预期该行业还将取得长远蓬勃发展。目前，该类别图书种类已经达到传统图书出版品种总量的八倍多。

4.美国出版业的未来在云端？

美国云计算技术在出版领域的应用绝没有只停留在概念上，而是在经历了十多年的数字化发展，数字资源积累到一定程度以后，为满足信息服务和内容提供的现实要求而对云计算技术应用的内在需求和具体应用。很多出版公司拥有自己的云技术或者委托微软、谷歌、亚马逊等公司代管，然后将其产品放到云上。出版社也可以借助云技术，提供有效的搜索服务，使广大读者在长尾图书的云上找到自己需要的图书。如今，各种云端阅读的服务形式也被开发出来服务于读者。

（四）思考、体会与建议

以数字技术、信息技术和网络技术为代表的技术革命将改变和重塑出版业，已经是不争的事实。美国出版业在短短四年间历经两次经济危机的蜕变，通过传统出版业的转型与新技术的融合，步入数字出版高速发展的快车道，其过程中的种种波折、问题、观点、思路、方法和商业模式，都给我们提供了有益的参考与借鉴。结合当前美国出版业在数字时代的新技术、新产品、新形态、新内容、新趋势、新动向，以及对我国数字出版现实的初步认识，对数字时代出版业的未来发展提出以下观点和建议：

1. 内容是出版业发展的核心，过去如此，数字时代依然如此，并将继续如此。

出版是文化的传播，出版业是制造和传播文化的行业，而文化的核心是内容及其产生的思想和价值观。尽管技术推动出版业走向新的数字时代，但数字出版的主题词是“出版”，数字时代，出版业属于内容产业范畴的性质没有改变。因此，以内容为核心，基于内容资源开展数字出版是出版业新的话题。

（1）读者关注的根本是内容。

数字时代，出版的产品形态在变，比如电子书出现；阅读形式、阅读的载体在变，比如手机、阅读器等各种形式的移动阅读。但是，读者关注阅读的内容这一本质没有改变。在信息时代，在生活和工作的节奏飞快，空闲时间或零散或寥寥的常态下，面对浩如烟海的信息和层出不穷的写手，及时、准确地选择最有价值的阅读内容，始终是读者最为关注的。美国近两年来电子书销量的激增，意味着人们阅读形式和阅读习惯的改变，并不意味着不再关注阅读的内容。不管未来的阅读是数字化、社区化，还是云端化，阅读的品质永远取决于内容。亚马逊向作者们开放尼尔森书籍市场销售数据，千万百计地取悦、拉拢畅销书作者，就是意在提高其出版图书的内容品质，因为图书销量排行榜的榜单在不断证明：人们追求品质内容图书的宗旨，没有因为数字时代的来临而发生改变。

(2)出版存在的核心是内容。

作为制造和传播信息内容的产业，内容是出版的核心；不论工业革命时代，还是信息化、数字化时代，不论出版的图书产品以纸质形式、电子形式或是将来可能出现的其他形式存在，内容始终是出版的核心。默默无闻的作者希望尽快通过一本好书一夜成名，造就了美国当前新兴的自助出版，以及全数字出版公司的兴起，但是，这些新兴的出版方式只是降低了出版的门槛，并没有动摇出版的内容根基。恰恰相反，因为缺少了传统编辑专业加工的重要环节，这些自助出版的图书唯有内容更好看、更优质，才能在浩瀚书海中脱颖而出，其作者才能一夜成名。也就是说，前途和命运不取决于出版的方式、门槛的高低，而取决于图书内容的好坏。亚马逊高管仅把“作者和读者”列为“出版过程中真正必要的角色”即是想说明：作者是内容的制造者，读者是内容的消费者，内容是出版的核心与根本。

(3)传统出版的优势是内容。

内容资源在出版业中的核心地位，是传统出版商和数字出版商的共识。相对于数字出版商而言，传统出版商对内容资源更具优势，主要表现在：第一，内容资源的积累丰富。传统出版业经由几千年的积淀和近百年的发展，已经积累了难以数计的丰富的人类文明、文化遗产，不少欧美出版社都有数百年的历史，积累的内容资源非常丰厚。第二，内容资源的再创造力丰富。传统出版业日久经年的经营发展，不仅创造了经典的品牌，更固有一大批旗下作者，其中不乏有影响力的大作家。这些作者为内容资源的再创造提供了源泉。第三，内容资源的获取和技术精加工水平较高。传统出版商的另一重要资源就是拥有专业的图书内容精加工群体——编辑。在美国，数字出版虽然风生水起，但编辑在出版界的重要地位并未动摇。一个优秀的编辑，能够发现和把握阅读的风向、引领读者；能够及时发现优秀的作者，捕捉到优质的选题；能够由表及里、去伪存真，通过创造性的劳动让图书的内容更优质、精良。从美国亚马逊频频招募资深编辑至其麾下，就足见编辑的重要性。

综上所述，传统出版商在内容和内容资源的占有方面，具有新兴数字出版商难以比拟的优势。

2.技术推动了产业的升级换代，为出版注入了发展的生命力，但转型之路势在必行。

技术，是推动产业升级换代的重要力量。在人类社会的发展进程中，每一次技术革命都会促成传统产业的升级换代，从而推动经济社会进入全新的发展阶段。数字出版，更大程度是信息技术和数字技术对传统出版业升级换代的产物，它为出版注入新的生命力，也意味着传统出版产业只有转型，适应新的生产方式和经营方式，才能脱胎换骨，步入全新的发展轨道。

(1)数字出版并非取代传统出版,而是在新技术的推动下,促进传统出版更新换代。

和传统出版相比较,数字出版对于增加信息量、大范围地传播信息、快捷地享受文化成果,起到了非常积极的作用。数字出版赋予出版的新内涵,是内容资源的最大化开发和传播渠道的最大化利用,是对传统出版的更新换代,而不是对传统出版的彻底颠覆。反之,如果传统出版能够与时俱进,积极借助数字出版的新技术、新手段、新的传播载体,创新出版的内容与形式,就能够适应新的市场需求,从而立于不败之地。2010年,美国《出版商周刊》评出了10个增长最快的小型出版社,它们虽然在资本、规模、实力等方面不可与企鹅、哈珀·柯林斯、兰登等大出版社同日而语,但却凭借准确的市场定位和及时的数字化转型——把更多的图书转化成电子书、增加更多的电子销售平台,实现了年度销售收入的大幅增长。美国出版业数字化道路的成功,充分体现了出版业在传统出版主导下的数字化转型的成功,它与技术的推动和引领密不可分,但决定性的力量始终来自以内容为优势资源的传统出版。

(2)实体图书市场的萎缩不意味着传统出版末日将近,它意味着传统出版的转型势在必行。

来源于美国《出版商周刊》的报道显示,美国实体书店的图书销量自2009年年初开始便呈现疲软之态。2011年前五个月,实体书店总销售额63.3亿美元,同比下降0.4%;但是,图书零售在五月增长了8.5%,前五个月总销量增长了6.8%。总销售额增长的业绩中,电子书的销售贡献良多,但这并不意味着传统图书出版在电子书和数字出版的冲击下前景惨淡。相反,很多电子书的内容其实都来源于成功转型后的传统出版商。2011年,企鹅、阿歇特和兰登书屋等出版巨擘的图书都出现在主流电子图书销售渠道中。仅上半年,在美国地区,数字图书销售额已经占到兰登书屋销售总额的20%;阿歇特图书集团的电子书占到总销售额的20%;哈珀·柯林斯更因电子书销售额比之前的财年翻了七倍,创下总销售额的三年最高。由此可见,在数字时代,传统出版业转型才能带来再发展的新机遇。

(3)从冲突到融合,是产业升级的必由之路,是出版业进入历史发展新阶段的阵痛。

与历次的产业革命一样,技术是新经济的先导,在它的强力推动下,产业进入到一个全新的时代。阅读器、平板电脑、电子书、按需印刷、自助出版、云计算……越来越多陌生的词汇,伴随着这场以信息技术和数字技术推动的出版产业的革命,走入普通人的视野,并在传统出版产业掀起波澜。出版业是依靠技术发展的产业。数字技术的先进性,一方面带来传统出版产业生态链条的变化,另一方面则以不断催生新的市场需求的方式,刺痛传统出版业不适应时代发展的弊端,因此传统出版与数字出版的交融以冲突开始:实体书店倒闭、纸质书销售下滑、印刷业受到冲击……都是二者冲突的产物。正如从甲骨文到简帛、纸张,再到印刷的阅读时代一样,科技的进步总是推动产业从冲突到融合,不断升级换代。美国出版业内容与技术的融合实证:传统出版产业要适应新技术,学会充分利用新技术和新媒体平台,建立符合数字化时代特点的内容销售渠道,从而实现传统出版与数字出版的融合,进入出版产业发展的新时代。

3.数字阅读将引领数字出版未来的方向,如何构建中国出版业的数字化转型和发展道路至关重要。

当前全球的图书出版业正经历着一个巨大的、多维度的变革。在这关键的转型期,中国出版业数字化道路的发展速度、水平、成就,不仅关系到出版业的未来兴衰,更关系到中国文化未来在全球的影响力。新媒体技术的特点,阅读习惯和阅读方式的改变,电子书不断被挖掘的优势特征和持续增长的市场需求,都预示着:数字阅读将引领数字出版未来的方向。中国出版业的数字化道路如何选择、如何建设,至关重要。

(1)要直面中国数字出版的四大问题。

经过上世纪90年代至今漫长的探索、积累,经过两次经济危机的刺激与推动,美国的数字出版在2011年出现爆发式成长,其出版业的数字化之路呈现三个主要特点:一是传统出版业积累了大量数字资源,主导数字化转型;二是形成了一批以先进技术为支撑的有效的内容资源服务平台;三是构建了多方共赢的商业模式。

相较于美国出版业的数字化之路,中国的数字出版起步晚,摸索时间长,处于数字化道路发展的初期,主要存在四个方面的突出问题。

问题一:技术引导转型,传统被动应对,商业模式不可持续。与美国出版业符合出版规律的转型,即传统出版主导转型、控制定价权,新技术、新的出版形式反哺并加快促进转型,形成融合,从而建立相互依存的商业关系和赢利模式不同,中国出版业的数字化转型由技术商先行,而传统出版商大多处于应对的被动角色,双方之间没有形成可依存的信赖关系,技术商初期获取的内容资源有量无质，后续难以为继，商业模式因没有建立在共赢的基础上，是不可持续的。

问题二：没有真正建设和打造符合数字阅读和数字出版特点的大型、权威的数字中盘。在美国出版业的数字化道路中，涌现出若干引领数字阅读，符合数字出版特点、发展规律的中盘服务商，如亚马逊、苹果、Ingram公司等，这些中盘以高新技术为支撑，在数字资源的聚合、转换、存储、传输方面扮演着关键角色，从而确保了传统出版内容资源的最大化开发、最安全保存和传播渠道的最大化利用。相较而言，中国的数字出版囿于技术研发能力、版权保护力度、商业模式不可持续等问题，虽然成立了各大数字出版基地，一些出版集团也在研发、兴建跨媒体出版平台，但适应数字时代发展的真正意义的全国范围内大型、权威的数字中盘，尚且空白。

问题三：没有建立健全数字时代的产业信息标准。美国书业已经建立了一套系统化的信息标准体系，包括产品识别标准——国际标准书号（ISBN），产品描述标准——在线信息交换（ONIX），电子图书标准格式——EPUB，数据交换标准——电子数据交换（EDI）等。这些标准涵盖了出版物载体识别、内容描述、身份识别、数据流通与共享等标准。依据这些标准，出版商、书目服务机构可以对出版物的元数据进行标准化的数据描述、挖掘、优化。出版产业链各环节能够共享这些标准化的信息，可以实现无纸化出版物流通和交易，图书馆和个人读者也可以分享这些信息。应该说，美国书业的标准化体系提供了一个基于标准化的信息集聚与共享的平台，从而确保了美国的书业供应链建立在系统缜密、运行高效的信息技术管理运行平台之上。相比之下，中国出版业的产业信息化标准体系尚不健全,从而导致信息内容的相对封闭、独立、无法流通,仅以“信息孤岛”的形式存在,一定程度上制约了数字时代产业供应链的建立与打通。

问题四:数字时代的版权保护问题没有得到有效解决。众所周知,美国是知识产权拥有大国,出版界的版权保护意识非常强。针对数字时代信息内容传播速度快、范围广、载体多、渠道多等特点,专业从事行业服务、管理和版权保护工作的美国出版商协会,特别加强了对数字版权保护(Digital Right Management,DRM)的研究,通过数字版权保护技术保证合法的、具有权限的用户对数字信息正常使用的同时,保护数字信息创作者和拥有者的版权,根据版权信息获得合法收益,并在版权受到侵害时能够鉴别数字信息的版权归属及版权信息的真伪。中国由于尚处在数字出版的初期阶段,数字版权保护的制度、技术均不完善,由此带来盗版等一系列不利于数字出版健康发展的问题。

(2)要理清中国数字出版的功能、定位与发展优势。

运营数字出版,遵循规律、明确定位、发挥优势至关重要。图书是文化和知识的基本载体,是文明传承的重要途径,即使时代的脚步跨到了云端,出版的功能依然是制造和传播内容,内容是出版的关键核心。当前,日新月异的新技术为出版内容的开发与传播提供了新的无限可能,借鉴美国出版业已经取得的数字化成果,中国的数字出版应定位在:以适应时代发展的先进技术,实现文化内容、核心价值观的最大范围、最快速度和最有效果的传播。

中国出版业的数字化道路虽然相较于美国差距明显,但仍具备一定程度的增长后劲,其未来发展的优势主要表现在以下四个方面：

第一，来自传统出版自身的优势——传统出版已经意识到转型的重要性，正由被动客体转为源自内需的积极主动。市场消费需求的增长，国外同行业的发展，已经让中国传统出版业充分认识到数字时代转型的重要性与紧迫性，以内容为主导的数字化转型正在行业内掀起。

第二，来自市场终端的优势——数字阅读繁荣、发达，消费群体庞大，为数字出版的大发展奠定了前提。相关数据显示，中国是世界上互联网网民和手机用户最多的国家。截至2010年年底，中国网民已突破4.5亿，其中手机网民突破3亿，网络文学用户已接近2亿；手机用户达9.2亿，手机出版产值达到349.8亿元人民币，占2010年中国数字出版总产值的33.26％，成为数字出版的第一大门类。美国的数字出版之路已经预示着，数字阅读将引领出版的未来。因此，繁荣且高速增长的中国数字阅读消费群体，将为产业的发展提供巨大的利润空间。

第三，来自政府层面的优势——国家高度重视出版业的数字化转型，为数字出版的发展提供多方面支持。十七届六中全会的召开将全面促进社会主义文化的大发展、大繁荣，全会的《决定》一方面丰富了出版业的内容资源，另一方面也对出版业不断创造、提供丰富的内容资源提出了要求。2011年4月，新闻出版总署相继出台了《新闻出版业“十二五”时期发展规划》和《数字出版“十二五”时期发展规划》，两个规划都不同程度地强调了推进新闻出版业转型和升级的重要性，并将通过加大引导和政策扶持力度，通过足够的政府投入及相应的优惠政策来积极推动传统出版企业向数字出版转型，带动行业发展。

第四，来自资源融合的优势——三网融合打下良好基础，引领数字出版的高起点转型。数字化、信息化、网络化的时代特征，为媒介融合提供了基础，催生了多媒体、跨媒体融合；为行业融合创造了可能，实现了产业资本、金融资本融合。随着产业格局的调整和产业形态的升级，产业界限变得模糊，跨产业、跨行业、跨媒体的融合将是大势所趋。2010 年 1 月，国务院审议通过了推进中国电信网、计算机网和有线电视网“三网融合”的方案。三网融合通过技术改造，能够提供包括语音、数据、图像等综合多媒体的通信业务，实现互联互通，形成无缝覆盖，这无疑为出版内容的传播提供了良好基础，将引领中国数字出版实现高起点的转型。

(3)要攻坚数字出版发展道路的关键瓶颈。

在数字阅读将成未来、媒介融合已成趋势的转型时代，综合美国出版业的经验与成果，以及中国出版业自身的问题，对未来的数字化转型之路提供四点建议：

建议一：坚持构建以内容为主导、技术为支撑、多方共赢的可持续商业模式，是中国出版业数字化道路的关键。即在转型过程中，传统出版要拥有、加工和管理好内容资源，要重视内容资源的战略价值，只有牢牢掌握内容资源，才能主导转型，才能掌握话语权，构建共赢和产业良性循环的发展模式。

建议二：积极打造若干权威、大型的数字中盘，确保数字资源的整合、转换、存储、传输，是产业发展和信息传承的双重需要。未来的时代，内容将更多以数字的形态存在。集合先进技术的力量建造权威、大型的数字中盘，同上游出版社进行资源对接、实现资源的高效利用，对下游终端提供专业、有效的信息服务，同时确保数字资源长久、安全、有效的保存，这既是人类记录历史、传承文明的需要，也是产业发展的需要。

建议三：加快制定产业标准，为出版业的数字化转型与融合创造前提。标准化和标准化管理，是产业成熟的重要标志之一。美国书业信息标准的系统化、标准化、互动化为书业高度市场化、信息化提供了基础，积极加快和推动相对落后的中国出版业标准化建设，成为数字化之路的重要前提。

建议四：加强版权保护，为出版业的数字化发展提供保障。没有版权保护，内容的生产就无以为继。在以开放、共享为特征的网络时代，加快版权保护的法律法规的出台，加快版权保护技术的研发使用，意义重大。

五千年的历史与文化，为中国出版业积累了丰厚的内容资源。面对全新的时代机遇，只要积极解决问题，发挥自身优势，中国出版业一定能够实现高起点的数字转型，推动出版业成为文化产业中的支柱产业，成为具有全球影响力的重要文化力量。

五、中美电影产业的差异

——美国文化产业考察务实思索

中国电影集团股份有限公司董事、副总经理　傅若清

中国电影产业近年来受到国家宏观政策的大力支持，而得以在全球金融危机的大环境下依然呈现出迅猛的发展态势。中国电影市场的快速成长不仅吸引本国大量资本的投入，还吸引了世界其他电影大国对中国市场的关注。在中国电影产业进入黄金阶段的时候，要如何提高国产片在本国市场的竞争力，如何将国产片成功地输送到外国市场，如何培养有眼界有创造力的新一代电影人来持续电影产业的繁荣，这些都是我们面临的问题。

《中共中央关于深化文化体制改革　推动社会主义文化大发展大繁荣若干重大问题的决定》指出："学习借鉴一切有利于加强我国社会主义文化建设的有益经验、一切有利于丰富我国人民文化生活的积极成果、一切有利于发展我国文化事业和文化产业的经营管理理念和机制。"美国电影产业的发展已走过了100多年的历程，从制片、营销、发行、影院放映到后电影产业，已经形成了一个非常完整的市场体系。六中全会后中宣部组织我们赴美国哥伦比亚大学进行文化产业研修，经过近一个月的系统学习，对美国文化产业有了进一步的了解。特别是作为电影从业者，团内唯一

来自电影行业的代表，这次美国考察之行中我的收获很大，对美国电影产业有了更多的认知。现就我的考察所得及与中影美国分公司同仁的共同探讨的感受分享如下：

现在不论是投资人抑或外国电影公司，看重的是中国电影无比肥沃的“市场”，而非中国电影本身。这是个很尖锐和实际的问题。拿刚刚闭幕的2011年美国电影市场(AFM)来说，外国片商的展映房间挤满了中国批片人员，各类外语片的中国版权几乎在开市四天内都被抢购一空。而我们华语片的展位几乎是门可罗雀，乏人问津。

最大原因有两个：制作不到位，宣传不到位。

制作方面，除技术以外(技术不在讨论范围，只要思维和创意跟上了，技艺的提升速度可以很快)，最关键的是故事内容。现在国内的电影还是太过于专注在“中国故事”，但要以电影传播最强的美国电影而论，我们很少看到一部美国电影会觉得它就是部“美国人的故事”；相反，美国电影写的都是“人的故事”，并不分国界，也没有地域性。我认为这是美国电影可以赢得全世界观众的原因，它讲求的是人文关怀。题材或许有文化性，但电影语言是相通的，传达的信息也更直接和明确。中国电影要走出国门，我们要用电影语言打世界牌。

宣传方面，美国电影被当做产品来销售。营销策略系统化、科学化，并且宣销费用比例很高。制作再精良，演员阵容再强大的片子，如果没有足够的曝光率，或是没有引起目标观众足够的关注，也会导致票房失利。既然要让外国市场注意到华语电影，我们一定要启用美国完整的营销模式，不能强行攻入，只能入乡随俗。在以往与美国电影各环节公司交流合作的过程中，以及在与公司内部美籍工作人员的配合中，我们逐渐发现中美电影存在的一些产业文化差异，其中一些美国电影产业的经验和完善的项目执行结构是我们认为值得借鉴和学习的。另外，近年美国影院观影人数逐年减少，美国业内人士对提早开辟新的营销、发行渠道都抱着非常积极的态度。他们对新媒体的高度关注和开发利用也是值得我们研究的。

（一）美国电影产业独特的工业化、商业化、系统化、科学化

电影既是精神产品，有其艺术属性；也是物质产品，通过传播渠道，进入市场流通，有其商品属性。电影是艺术与技术的产物，技术为内容服务，内容为价值观服务，三者的有机结合推动了电影产业的发展。与技术相比，内容是电影产业的核心，技术表现为工具和形式；与价值观相比，内容反过来又表现为工具和形式，价值观才是电影产业的灵魂，所有技术手段、所有内容形式，都服务于价值观，其目的都是为了传递和传播价值观。

电影本身是不可量产、带有严重意识形态的定制产品，美国把此生产过程的工序切割得特别细致，而且每个环节都由专业人员控制和操作，每个人只专注自己工作范围内的事情，互不干涉。即便是制景工，也都是经电影学院、专业学校培训过制作流程和片场制度的。这是美国最典型的电影工业化。这种类似流水线制作模式的好处在于：一、每个环节的工作人员只需做好一项工作，所以

会很专注,也会对其负责的工作研究得很透彻,这样生产出来的作品质量非常好。二、细致分工会使工作链条清晰,若生产过程有任何差错,可以很快追查到失误环节和负责人,加快对失误处理的反应速度,提高生产效率。三、因为所有环节的工作人员都有专业背景,懂得片场制度,会严格遵守片场安全操作守则,避免事故发生。而且,各环节专业人员大多归属相关工会,保证工作人员良好的工作环境(不超过 12 小时的工作时数、片场伙食和补充体力的零食等),提高制作人员的工作积极性和工作效率。

另外,美国有 31 个州政府对电影拍摄给予减税政策的工业支持来吸引企业投资。其中,纽约州的政策是减税 35%。除此之外,政府各阶层机构每年都有非常多种辅助金来扶持独立电影人的中小成本的多元化、自由有创意的电影制作。

工业化的程序是为了快速创造电影产品带来的最大商业利益。美国电影的商业化可以明显地体现在电影类型操作和特许品牌授权 (franchising) 及其所带来的票房收益。2011 年上映的 626 部影片中,剧情片(Drama)有 202 部,票房达到 10.15 亿美元,却只占全美市场份额的 11.95%;动作、冒险片(Action/Adventure)是票房创收最高的电影类型,75 部共计 38.85 亿美元,占 45.6%的市场份额;其次是喜剧类型(Comedy),93 部,票房 14.98 亿美元,占市场 17.54% 。类似于时尚界,这些数据向制片人显示的是当年当季电影市场的流行趋势。除主流剧情片外,每季会出现票房飙高的某种类型片,制片人会根据科学的市场调研进行数据分析,再根据流行趋势为市场订制类型片。

为即时迎合市场,并符合工业化效率需求,美国制片人会将平时收集来的高质量剧本按照类型归类放置。一旦某一类型片在市场上表现突出，他们将此类型片的剧本找出来稍作调整就可以马上进入筹备拍摄阶段。前段时间，国内因《杜拉拉升职记》的大获成功而兴起都市爱情剧的风潮；也因《孤岛惊魂》以 500 万成本创造近亿票房的奇迹而引发一系列惊悚恐怖片的兴起。但后来跟上的制作都未能达到预期效果，这是因为国内大多数制作人或制作公司只看到某类型片成功的表面，而没有用数据来分析成功的因素。

科学化的市场数据分析是美国电影公司很重视的项目。这不只单单是一个数据统计过程，而是对市场长期、持续的监看，并且用消费心理学和人类行为学去进行分析。当某一类型片的市场表现超出标准期望值的时候，各电影公司会根据他们的经验做多方面的理性分析，是否这部片有流行趋势元素和发展空间，还是单纯的偶然现象。他们分析的方面包括：演员效应因素、剧作来源（原创、文学改编、游戏改编等）、拍摄手法（真人、动画、纪实等）、创作类型（当代、历史、儿童等）、还有 MPAA 分级（PG、PG17、R、NC－17 等）。所以即便是同一种类型电影，也会因为以上因素而影响影片在市场上的表现。

在美国电影公司看来，每部电影的成功都不是撞大运得来的。《孤岛惊魂》、《失恋 33 天》的票房奇迹在国内会引起类型片潮流，但若按美国做法，不应盲目跟风，而需要先分析成功原因，再针对其成功元素量身打造同类异型产品。

市场调查（Marketing Research）是重要的产品生产环节。美国电影公司愿意花大价钱买数据，请顾问团队（如 Baseline Intelligence，最具规模的电影行业数据及产业分析公司之一）长期跟踪了解观影人群的行为模式,并且对数据浮动很敏感,数字变化代表消费者的消费习惯产生变化,那电影产品的制作方向和销售方向都应该即时做出市场反应,并进行策略调整。

很多电影还会在放映前广发免费试映票,来参加的人有很大的随机性,通常都是逛街的时候收到的传单票。电影公司会借此机会观察观影者的观后反应,如若反应不如预期,他们会根据回馈在影片正式上映前再做最后的结构调整或改变宣传策略。华纳的国际销售总监休·克罗尔(Sue Kroll)说她们的片子很多时候都要准备20多个不同版本的预告片(Trailer),以备在放到市面上的版本讨论度不高的时候可以被及时替换掉。

再回到美国电影商业化的问题,其中最明显的商业化运作是特许品牌授权,这是种具有合同关系的品牌运用。最成功的案例是J.K.罗琳的哈利·波特,一个有完整故事关系的人物品牌销售。用品牌知名度创造最大效益,拍摄系列电影、电影动画、电影游戏、电影主题公园项目等。电影人物/故事品牌在市场上跟电影明星/导演是一样的,都是有行业内认定的市场价码。而且,电影公司会在制作的时候有意将一个故事人物打造成品牌,最典型的是超级英雄和冒险类电影人物,拍第一集的时候虽然最后整个电影的故事是完整的,但会在结尾处给人物的未来留悬念,以方便后续的系列制作。这样的话,如果第一集票房不佳,也算是个有始有终的故事,如果票房很理想,接下来再拍系列也不会在故事连接上显得过于牵强,而且观众也会因为好奇想知道人物的未来发展而继续关注该品牌电影。2011年上映的《加勒比海盗3》其实就是和下集套拍主要内容而完成的,之后《加勒比海盗4》再补充拍摄和增加应时特技和元素就可以上映了，这样既满足了故事的延续性，同时也节省了时间和成本。

现在国内比较欠缺这种带有长期计划性的电影。虽然例如《疯狂的石头》成功之后，依照类似的想法而拍了《疯狂的赛车》，但只是承接拍摄风格，故事上跟前一部的人物没有实质连接，这就不能构成故事及人物的品牌链，只是导演的系列作品而已。

由此来看，美国电影行业的另外一个特点就是系统化。根本上，美国所有电影人都会认为故事为王（Story is King），不管市场有多繁荣，如果片子本身故事很单薄是不会卖得好的。做好这一点，接下来就是美国电影行业如何用完善的系统结构来使电影在市场上获得最大限度的利润。美国68%的人每年至少看一场电影，当中11%的观影人每个月都至少看一场电影，每年上映电影超过600部，美国通过MPAA对影片分级可以分流观众，让影片在其对应的观众群里得到最大程度的关注，这是它的系统优势之一。分级制度可以有效提高成人观众群的比例，倒不是说用暴力、性爱等内容去吸引成年观众，只是这样会使题材上更广泛更多元，市场内容丰富了之后观众群才会增长。

其次，美国电影的播映时间有系统的安排，各媒体平台间互不干扰，如此才可能实现最大收益。周末是大家去影院比较集中的时间，所以在美国，每周五是新片上映的日子，所有的新片都在同一天上映。从科学上看，这种固定式的放映时间是给观影人群设定好了生物钟，每每快到周末了，大家都会条件发射地去查周五上映什么片子，新片单一目了然，不会因为放映时间不定而错过某部新片的放映。从市场看，新片放映的首周末票房是至关重要的，像国内现在不固定的放映时段，一旦某些影片因宣传不到位而使部分观众错过首映，没有引起口碑而导致票房失败，影院又会因为票房不佳而迫使影片下档，有些片子可能还没撑到周末观影人潮就已经销声匿迹。美国所有的DVD发行是在星期二，新档电视剧的播出是在星期四，全都避开周五新片在院线的上映。

再来就是既系统又商业化的市场营销。通常来讲，每部片子上的营销费用可以达到整部片子制作和发行费用总和的34%—37%，据统计，自2003年，美国六大电影公司的每部片子平均营销费用是3950万美元。而迪士尼用2亿美元制作的《爱丽丝梦游记》，营销费用就高达7500万美元。80%的营销费用用在电视、网络上，最近因为营销公司都在抢占网络曝光率，所以拨出近1/3的费用来与各种网络公司合作宣传。

这也是接下来要具体报告的，美国在院线效益逐年下降的关头，如何运用新媒体优势来启动和发展网络平台，为电影产业带来新的生机。

（二）新媒体影响下电影业的对策和新举措

Blockbuster电影租赁连锁实体店面的全面倒闭、柯达的破产危机，都喻示着电影产业数字化、科技化的速度飞快，影片的播放平台也逐渐趋向云端。目前美国各大电影公司以及新兴实力雄厚的中小电影公司都在产业转型阶段积极探讨观影人群的去向，以及新媒体观影平台的搭建和发展。为此，今年的美国电影市场峰会(Film Market Summit)专门针对这个问题请来行业最具经验的电影营销和发行从业人员、影院拥有者、新媒体视频平台创建者来共同讨论产业发展策略。整体听下来，虽然美国电影业界人士对新型发行营销模式也还处于摸索阶段，但共识是，新媒体视频平台是在影院观影人数逐年下降的趋势下能够力挽狂澜的有效途径。由于新媒体的观影体验不是公众活动，所以很难进行消费者行为监测，也不利于市场数据分析，所以当务之急是如何用科学的方法准确地找到观影人群的流向，以制定整个行业的发展模式。

美国电影行业对市场监控的行动力是很强的，一旦发现有不稳定发展的情况，便立刻进行市场调研和数据分析。Stradella Road 公司在 2010 年通过 AOL、Facebook、Fandango、Movie-Tickets. com、Nielsen NRG、谷歌、微软、雅虎等平台大规模启动了一项“2010 观影人群”的市场调查。当中对 1547 人进行深度访问，对 2305 人进行量性问卷调查。结果显示，运用网络进行电影营销将是大势所趋，而数字科技产品也逐渐成为主流观影工具。

1. 52%的观影人在家里会使用数字视频录像机（DVR），而这当中 71%的观众会利用 DVR 来避掉广告以维持观看电视电影的连续性。

2. 美国几乎所有的观影人群都是网络使用者，而大多数为重度网络使用者，甚至 40 岁以上的观影人群对网络的使用率也达到 90%。这些人平均每周上网时间为 19. 8 小时，多过看电视的时数（14. 3 小时）。所以美国各大电影公司的营销人员也在关注如何重新分配营销经费，把以往大量花在电视上的预告片预算分出 1/3 来做网络宣传。

3. 网络使用者中，96%的人是上网搜索信息，95%是收发电子邮件,75%进行网络社交活动(如,Facebook,微博),72%是观看网络视频,54%是写网络日记(Blog)。其中,在网上观看视频的人,有69%是看网络用户自己上传的影片,66%是观看电影预告片,57%是观看新闻片段,55%是观看电影片段。

由此可知,电影网络营销的力度是应该加强的。因为网络的信息传递途径很多,通过视频、社交页面、电子邮件转发等,其传播速度和覆盖率是非常高的。人们在家里看电视的时候,同时上网或使用智能电话、平板电脑(iPhone、iPad)的人数也达到80%,这当中,有40%的人在进行网络社交活动。

4. 虽然目前电视和影院仍然是观影人群获得新片资讯的最快途径,但是通过网络得知新片资讯的观影人群已达到44%,远远多过从平面媒体或路边广告牌得知消息的人数。其中,74%的观影人认为电影预告片是促使他们决定是否看一部电影的最主要因素。

所有观影人群中,45%—62%的人喜欢在网上观看电影介绍、影评和幕后拍摄花絮。只有21%—43%的人是在电视上看到相关信息。

5. 新一代观影人群对权威影评人的信任度已经远不如对网友推荐的信任度。41%的观影人喜欢找网友的影评来辅助判断是否去看一部电影,而只有29%的人会参考专业影评人意见。

各大新媒体公司在开拓网络观影市场上也都有新举措,主要大类分为三种商业模式:

1. 按月订阅,无限量观看,如:耐特弗利克斯(Netflix)。

原本经营以月租订阅方式进行网络租赁DVD和订阅用户享受小部分在线免费影片观看的耐特弗利克斯,在彻底击垮实体店面 Blockbuster 之后，开始调整经营和收费模式。

由于在线影片观看的形式在用户中的反响非常好，于是耐特弗利克斯迅速扩大了在线观看影片库，并通过 Xbox 和 PS3 等媒体器上网链接电视，使得用户可以在电视上直接收看网络电影。因此今年年中，耐特弗利克斯把网络 DVD 租赁和在线影片观看两种观看模式分开收费，大力经营在线影片。虽然到第三季，耐特弗利克斯流失了 80 万用户，但其首席内容官特德（Ted Sarandos）称 2012 年依然会把购买电影网络版权的预算从 2011 年的 8 亿美元上调到 20 亿。单是跟 CW 电视台签订的非独家节目放映权就近 10 亿美元，而跟狮门签订《广告狂人》共七季的独家播放权价值近 1 亿美元，几乎是一集一百万美元的成本。如此大的投入说明耐特弗利克斯两千三百万用户的数量还会因为视频内容的丰富而继续攀增。所以，特德说，未来，各个视频平台打的是内容战。

2. 按单片收费，如：亚马逊、谷歌 Youtube。

亚马逊，美国综合网上购物商城，在线销售图书、电脑、家用电器、服饰箱包、美容化妆等产品。2008 年 9 月该网站创建了一个新的部门——Amazon Instant Video（亚马逊即时视频），为用户提供两种在线观看权的购买方式：一是以很便宜的价钱，约 3.99 美元购买 24 小时的观看权，原因是很多人看电影只是一次性的娱乐行为；二是以 3—4 倍的价钱购买所有权，用户可以把影片放到个人账户资料库，随时在亚马逊上观看。

谷歌旗下的 Youtube 本身就是视频网站，如土豆、优酷，起初就是为视频业余爱好者提供平台上传个人拍摄的创意短片或家庭录像。后来因为成为主流视频网，很多影视专业人员把自己的作品上传到 Youtube 做宣传。近来，谷歌在 Youtube 开通影视频道，与 Amazon 的经营模式异曲同工，都是做视频点播形式（VOD，Video On Demand）的单片购买在线观看。

3. 发售单片拷贝，免传导，可在多种媒体器上播放，如：UltraViolet，Vudu。

UltraViolet 是近期美国各大电影公司及影音公司都联合推崇的发销模式。只要购买带有 UV 图样标志的影片，即可存储在 UltraViolet 个人账户资料库。一个账户可以有六个人同时使用，分别在各自的智能手机、电脑、平板电脑以在线、无线下载或直接播放 DVD 的形式同时间在不同地点观看。这样，对用户来说，可以更便捷、更充分地使用一部电影的观影权，而且不必局限在家里或有网络的地方观看。

Vudu 是沃尔玛集团旗下跟 UltraViolet 性质相同的平台。

这就又回到 Netflix 首席内容官特德所强调的，未来，打的是内容战，掌握片源是决胜关键。

（三）思考与启示

以上观察到的产业差异不尽全面，而提及的差异也有可能因为两国国情、民情和体制不同而不能在短期内有所改善。不过我们可以参考美国电影产业的标准和操作模式来经营其职能下的业务。例如：

1. 合拍项目：我们可以请行业内有经验的市场调研公司根据我们要达到的目标，做科学而全面的市场调查，并进行数据分析，之后，根据数据及调研结果来为我们的目标市场量身定做适合的片子。即便目标市场是北美市场，但只要是用电影语言讲述人类故事，也一定会被国内市场接受。找好市场定位之后，找对应的本子、适合的导演和主创人员等。打破以往由其他制片人拿本子找我们做投资方来参与制作的合作方式，而由我方做主导。

创建剧本资料库，把优秀但未合时宜拍摄的剧本按照类型分类收藏。一旦有需要某类型片时，不必大费周章在市面寻找，只需从库中取出，按即时要求修改即可。

2.华语电影在美发行：要使华语片能在美国长期稳定地发行，我们要抓住放映的主控权。

单做发行的弊端：(1)影院本身对华语片的宣传力度不大——华语片海报贴放在不醒目的位置、正片前不会播放华语预告片、排不到好的放映厅和档期。(2)影片太单一，很难培养观影人群。(3)片源接不上的时候会打断已建立起来的观影习惯。

发放结合的优势：1.利用自家影院资源大力宣传影片。2.利于控制和调配档期和放映厅。

合作机会：(1)在当地购买影院，请大院线加盟管理。(2)注资大院线某些适合放映华语电影的影院点，由中方与其共同排设华语片档期。(3)全线收购小院线，制定符合华语电影放映的商业模式。

网络发行：将国内近5至10年的制作精良的片子打包卖给Netflix、Amazon等网络视频点播平台，并进一步与有意向合作的网站合作开设华语片频道。

校园放映：定期与各大院校合作，把手上的片子以最低价租给学校做放映。一是做企业品牌和形象，二是培养观影人群。

营销宣传：华语片进入美国市场也要入乡随俗，不能按照国内的宣传大打明星牌。原因一是，能被美国观众认识的华语明星并不多，明星效益大到能让美国观众进影院去看的更是寥寥无几，美国观众最重视的还是故事。所以，进美国市场的片子，首先要按照美国人的观影习惯重新剪辑预告片，设计北美版海报。其次，省下"看电影抽机票"、"印传单打折促销"等费用，大量在网络、电视及影院里买时段放预告片。二是，美国观众有很多被影片类型控制的潜意识消费习惯，例如，演员是有类型定位的，海报的背景颜色也是代表电影类型的。类型越清晰，影片的市场定位越明确，宣传起来才能更有针对性。第三，办影评人内部放映会，请各网络、平面影评人来观看给意见，并在放映前抓紧做最后的影片调整。他们发布的影评，不论好坏都是影片的曝光率。

3. 培养、吸收有创造力的人才：这是我们一直在说却总觉得没有效果的事。根本原因在于作为有规模有名望的电影大公司，还是有高高在上的种种防线。我们可以做的是"Make Ourselves Available"（把我们自己放到人才面前），让他们可以有途径接触到我们。最简单的，网站简历投放专栏里的联系方式要准确，并有专人即时查收回复。

其次，找准一个有潜力的学生/独立制片工会或社团，长期赞助（哪怕只是以我们的品牌挂名赞助）或协办他们的活动，让他们有机会接触到电影公司，并对电影公司渐渐产生信任感和归属感。电影公司也会因参加各种他们的活动而了解到一些创造力出众的人才，留以后用。

再来，就是每年在影视高校毕业生筹备作品当中挑选好本子，提供赞助拍摄。

对于国内新媒体的运用，其实我们也应该开始着手研究。虽然国内的影院建设还有相当大的空间，我们的观影人数也会在未来几年沿着势头持续上升。但因为现在毕竟是科技当先的时代，新媒体市场并不是影院衰退后的替代产业，而是加大电影市场的第二战场，谁先认识到新媒体的重要位置和如何率先抢占有利资源（丰富的片源和强大的用户），谁就会笑到最后。毕竟在每年我国超过500部的影片中，也只有100部左右能够进入院线，大量的院线资源其实只有少数人能够用到，这对经验尚浅但很有创造力的新生电影人的发展很不利。开拓新媒体市场不仅可以促进对影片的再次消费，还可以给年轻电影人提供发展空间。

4.科学集约地做强制作基地，增强聚集区效应：美国电影产业历经百年发展后形成了独特的两大电影区域，创意策划和融资的“纽约区”和制片制作工业化的“洛杉矶区”。除去必要的外景地取景，几乎所有制作都是在洛杉矶的大好莱坞地区完成的，所有相关的人员成长成名也都是在这里。这种聚集效应带来了充分的人才成长环境和优良的竞争环境；同时也使得影片的制作生产可以更加集约、高效，利于技术公关和人才的协调，从而提升效率、节约成本、借鉴得失。这是美国从电影工业发展过程市场化形成的区域业态。我国在电影制作基地建设上遍地开花，既缺乏市场化也没有统筹，大多建设成很受局限的外景地；其实电影制作基地是个微利产业，主要是为了满足制作的需要、促进影片生产的工具，它的设置必须要符合影片生产的需求。其次是要有专业人员的聚集，经过长期制片产业的培养，形成聚集区效应。美国电影工作的发展为我们做了很好的示范，避免了很多不必要的浪费，形成良性的循环。

六、从大都会歌剧院看美国演艺产业

北京演艺集团有限责任公司副总经理　王颖

此次赴美考察文化产业，对我来说受益匪浅，不但进一步开阔了视野，解放了思想，而且通过与西方文化产业最直观、最近距离的接触，让我看到了我国文化产业的不足和差距。对一名文化工作者而言，这些可谓一笔宝贵的财富。他山之石，可以攻玉，作为文化产业的中坚力量，我们应当从更高点着眼，借鉴西方文化产业的成功经验和做法，积极贯彻落实党的十七届六中全会精神，为建设社会主义文化强国，推动社会主义文化大发展大繁荣贡献自己的绵薄之力。

（一）纽约市文化产业概况

纽约是文化艺术产业化、市场化运作最充分、最成功的地区之一。纽约的文化产业受人瞩目的原因，除了有很多世界著名的文化设施，如百老汇、林肯艺术表演中心、美国大都会博物馆、美国自然历史博物馆等等外，还有1200家非营利文化艺术机构。具体分布见图一：

图一:组约市文化设施分布基本情况图

类别	画廊	非营利剧团	舞蹈团	博物馆	百老汇剧院	乐团	表演艺术中心	动物园	植物园	海洋馆
数目	500	375	330	150	38	96	24	5	4	1

1. 集群效应——百老汇戏剧产业园。

纽约是世界大都市,也是世界现代文化之都。作为现代文化之都,一定缺少不了一个具有纽约烙印的品牌,这就是百老汇文化。从某种意义上说,享誉世界的百老汇就是美国演艺文化的代名词。

百老汇被称为目前世界剧院表演艺术最集中也最成功的范例,百老汇戏剧产业园区的主体是剧场。近十年来,百老汇共计上演 400 多个新剧目,其中有多部剧作都取得了市场的高度认同,获得了可观的经济效应(见图二)。不少作品,都选择百老汇作为自己的试金石。

图二:百老汇近十年演出季票房收入

演出季节	票房收入（百万）	出席人数（百万）	新剧目数
2010—2011	1100	12.00	40
2009—2010	1020	11.89	39
2008—2009	943	12.15	43
2007—2008	938	12.27	36
2006—2007	939	12.31	35
2005—2006	862	12.00	39
2004—2005	769	11.53	39
2003—2004	771	11.61	39

续表

2002—2003	721	11.42	36
2001—2002	643	10.95	37
2000—2001	666	11.89	28
1999—2000	603	11.38	37

百老汇剧场不是孤立的存在，除了自身39个剧场形成集群外，还有整个纽约市200多个外百老汇剧场和外外百老汇剧场以及其他演艺场所作为基础，相互衬托，相互影响，相互激励。百老汇的很多剧目，都是从外百老汇和外外百老汇剧场上挖掘初步成功的小戏加以改造提升得来的。仅仅在中城地区，外百老汇的剧场就有83家之多，它们与百老汇剧场交织在一起，使剧场分布的集中度特别高。连同时代广场周围的饭店餐饮和媒体娱乐公司、电影院、网吧、展览馆、图书馆等各种生活或文化设施，造就了一种丰富、多元、明确而又随意的晚间文化。

当今百老汇产业园区的主要产品是音乐剧和话剧，再加上少量的综艺歌舞节目。园区的经济收益主要来自四个方面：一是百老汇演出季的票房收入；二是百老汇巡回演出项目的票房收入；三是百老汇配套服务系统的收入；四是对周边地区和城市旅游业的拉动。

百老汇之所以能在近百年长盛不衰，除了科技进步带来宣传方式和手段的更新、促销能力的增长、舞美制作的更加漂亮精美等因素外，最重要的是在市场机制条件下的节目创新能力，而节目创新的动力就是观念的更新。百老汇戏剧产业界注意密切跟踪观众的反映和票房的销售情况，上演的节目必须要符合观众的需要。

而观众的需要是随着时间的变化而变化，随着社会的变化而变化的。每年，百老汇有30多个新剧目问世。除新剧目外，每年还有数量不等的老剧目在继续上演。根据有关部门对百老汇剧目的成本计算，每个剧目的制作成本平均是200万美元，即每年的剧目总成本约6000万美元。百老汇本部的观众人数每年为900万到1100万之间，票房收入每年为4—6亿美元。而巡回演出的观众人数每年为1400万到1800万之间，票房收入均为7亿美元以上。百老汇平均票价为62美元，但是票价的攀升仍然赶不上成本增长，因此只有提高上座率和增加演出场次，才能获得理想收益。百老汇的很多好剧目往往上演几百场、几千场。

经过百余年的发展，目前，百老汇的剧院节目生产和演出已经形成了一个特殊有效的运作机制。这种机制主要表现在三个方面：

一是外百老汇走向百老汇。很多成功的百老汇剧目往往产生于外百老汇，外百老汇为百老汇剧目提供了旺盛的源泉。

二是从非营利剧院到商业剧院。在百老汇，非营利剧院与商业剧院并存，非营利剧院成为百老汇大剧院的彩排和预演场地。与此同时，这些非营利剧院也需要商业艺术团体的介入，以增加其运作经费，改造其剧院条件。一些好剧目经过非营利剧院的锤炼，最后推向百老汇仍然大获成功。最成功的例子当推《歌舞线上》，它便是由非营利剧院纽约莎士比亚剧院推向百老汇的剧目，创造了演出6137场的纪录，其票房总收入达2.8亿美元。

三是剧院与剧目之间保持了明显的映射关系。某一剧院专以经营某剧而闻名，这种运作方法其实是由于音乐剧本身舞台、灯光等制作的复杂性，这些固定的道具布景除了巡回演出之外，一般是不会搬到别的剧院使用的，不过，由此也形成了非常独特的百老汇音乐剧运行模式。

2. 艺术与市场并举——独树一帜的大都会歌剧院。

位于 65 街的林肯中心，是世界艺术文化中心，也是百老汇的核心，林肯中心大大小小总共有 12 个剧场，其中每个剧场虽然各有各的定位，但基本都是古典高雅的非营利性演出。林肯中心最主要的剧场“大都会歌剧院”，早年在 39 街时只演欧洲正歌剧，现今仍只上演欧洲正歌剧或大歌剧。尽管隶属于“非营利性”机构，可以享受减免税的待遇，还能申请到联邦或地方的各种财政补贴，但大都会歌剧院每年来自政府的资助却不到 1%。

大都会歌剧院选择传统的经典作品作为艺术创新对象，以一种结合现代技术的创新形式将它们呈现出来，在吸引年轻观众的同时留住老观众。在宣传推广方面，歌剧院试着将最好的座位以稍低价位出售，并组织艺术创作群体制作 90 分钟家庭剧目，吸引以家庭为单位的观众观看。歌剧院充分利用当地传媒，与工会加强联系，在工人群体中扩大剧院的影响力。时代广场的大屏幕上不再是让人眼花缭乱的商业广告，而是整晚地播放着大都会歌剧院现场演出的剧目。知名度转化为票房收入。此外，大都会歌剧院还推出了一种运营模式：通过高清数字信号传输，在北美及欧洲的数百家电影院中实况转播歌剧，所获利润双方对半分成。它不仅将“去电影院看歌剧”打造成为一项新潮流的时髦活动，还成为了西方歌剧业界研究和瞩目的焦点。大都会歌剧院通过完备的票房分账协议，有效弥补了相关收支差额。目前，大都会歌剧院已有

11 部歌剧电影进入了 46 个国家和地区的 1500 个电影院。

这一系列运营机制的创新，也是拥有 400 年历史的歌剧界利用新媒体向市场拓展的一个典范，大都会歌剧院能取得成功的关键便是将艺术进行包装营销。像大都会歌剧院这样兼顾文化与赢利的演出机构，很值得正在从单一的政府财政拨款向市场转型的中国演出机构借鉴和学习。

（二）从大都会歌剧院运营看六支团队的重要性

在此次交流学习过程中，大都会歌剧院让我感触颇深，不仅仅是因为它富丽堂皇的建筑、美轮美奂的外观、辉煌悠久的历史以及星光璀璨的演出。给我留下更深印象的是大都会歌剧院先进的运营机制、荟萃高科技的剧目以及全新的赢利模式。下面，让我们站在更高层面上思考，研究一下大都会歌剧院成功的奥秘，以及对我国文化产业的启示：

具有上百年历史的纽约林肯艺术中心大都会歌剧院，无论在影响力还是从观众数量上，都是全球最大的歌剧院之一。根据统计，大都会歌剧院每年制作 26 部歌剧，而在 3 亿的运营成本中，1 亿美金来源于票房，政府的资助不到 1%。那么，大都会歌剧院是依靠何种策略在戏剧产业的激烈竞争中立于不败之地的呢？在我看来，主要原因有以下六个方面。

一是拥有一支提供丰富资源支持的内容团队。大都会歌剧院把新的更具戏剧吸引力的新剧形容为带来生命活力的“支柱”，每年大都会歌剧院都邀请全世界最顶尖的歌剧导演为大都会歌剧院独家制作最新剧目,至少要推出 10 部。在新的歌剧产品中重新强调歌剧所具有的戏剧风格,选择那些保留了传统的古老作品作为艺术创新的主要对象,以一种结合现代技术的创新形式呈现出来,同时也通过艺术家的构思将古典元素恰到好处地融入于当代原创作品之中。正是这种关注到各个群体的细致考虑,使得大都会歌剧院总能成为世界歌剧的焦点。

二是拥有一支强大的媒体团队,重视媒体的巨大力量。如今,大都会歌剧院已经成了电影院放映作品的主要提供方。从电影院高清直播获得的利润,以电影院和歌剧院每方分得一半的方式来分配,其中歌剧院所得的利润也会相应地分给导演和演员。多年的实践经验已使大都会歌剧院有了一套惯用的以电影院票房为依据的分配标准,有效地弥补了歌剧演出票务收入不足以支付演出成本的差额。2011 年,又将有 11 部歌剧在 46 个国家和地区的 1500 个电影院上演。大都会歌剧院在媒体上极高的曝光率更使其在选择表演团队上具有了更大的主动权,有更多的优秀歌剧表演艺术家主动表示希望在大都会的舞台上施展自己的才华。这样的良性循环必然会带来大都会歌剧院艺术水准上的精益求精和不断提升。同时,大都会歌剧院还有与其他媒体进行合作的计划,例如,与媒体合作卖 DVD 产品,在 Rhopsody 和 RealNetworks 两大网站上提供受欢迎的剧目。除了美国,英国、加拿大和日本等国外电视台,包括在法国的一些航线上,都会播放他们的剧目。

三是拥有一支有丰富投融资经验的金融团队。为了协助歌剧院的营运,大都会歌剧院还设立了专门的经营协会,为大都会歌剧院提供财务支持。至今，这个对外的表演艺术组织仍是世界各地艺术行政经营的榜样。同时，大都会歌剧院还借助美国完善的金融体系，利用发行债券、优先级债务贷款、股权融资和夹层融资等方式募集了大量资金。

四是拥有一支高效率的营销团队。大都会歌剧院专门成立了一个全新的人才济济的部门，负责广告、公关事务和网站，并采取了一系列崭新的营销手段：如开幕演出在纽约时代广场户外直播，歌剧道具与服装出现在第五大街的顶级品牌橱窗展柜中，铺上红地毯并邀请名人参加的开幕夜，免费向大众开放的公开彩排，艺术画廊以及遍布纽约市的演出海报和刀旗，等等。大都会歌剧院还建立起完善和庞大的票务销售系统。销售渠道覆盖售票处、电话和网络；业务类型包括售票窗口、电话售票、网络售票、季节售票、预约售票、直邮销售等各种方式；乃至和旅游绑定相关联的专门的销售团队。

五是拥有一支能够将各方专家、艺术家统筹协调起来的统筹管理团队。在 9·11 事件后本世纪初的几年，受到市场的影响，大都会歌剧院上座率、赞助人捐赠、市场竞争、演出季订购都节节败退。为了扭转乾坤，新任管理团队从三方面对症下药。一是提高产品品质；二是在主要市场做推广与营销；三是去寻找全新赢利点和开发听众。经过一系列新政后，大都会这一庞大的艺术机构已经步出阴霾走向良性循环。无论是上座率、票房还是募捐都在上涨，并且依靠媒体制造出一个个惊人的效应，成为了全球炙手可热的演出场所。由此不难看出，起到决定性作用的正是新任管理团队强大的统筹能力。

六是拥有一支能保障艺术市场的技术团队。大都会歌剧院非常注重加大对科技的投入，广泛应用网络传输、数字化、通讯卫星、数字电视等高新技术。在剧院推广的过程中，大都会歌剧院首先尝试了“高清数字现场直播策略”——在北美及欧洲的数百家电影院中实况转播歌剧，使大众即使在歌剧院之外也能通过其他电子平台接触到最高雅的艺术。这一创新带来的反响是史无前例的。如今，这项以高科技数字传输技术为载体的歌剧营销战略，以同步性、高水准、低成本等绝对优势，成功覆盖北美和欧洲的各大影院。目前，在电影院中欣赏歌剧的人数已经超过了在歌剧院内的现场听众，而且不少影院歌剧观众有可能会成为歌剧院未来的购票者。同样重要的是，高清转播也是公众关系的一个重要筹码和媒体推广亮点。新媒体的推广方式在表演艺术上的创新也为大都会歌剧院的运营带来了新的活力，并用事实证明剧院经营不仅仅是售票和拉赞助。

由此可见，一个优秀的艺术团队取得成功的关键，需要六支队伍协力运作：一是内容团队，提供丰富的资源支持；二是拥有评论家的媒体团队；三是拥有丰富投融资经验的金融团队；四是一支高效率的营销团队；五是能够将各方专家、艺术家统筹协调起来的统筹管理团队；六是能够支撑保障艺术市场的技术团队。

（三）美国演艺业产业化模式对我国文化产业的启迪

1. 演艺产业要走政府化和市场化双重运作的模式。

在演艺产业中，需要“看得见的手”和“看不见的手”两者的有机结合。“看得见的手”是政府，而“看不见的手”则是市场。目前，美国演艺产业获取资本的主要方式为基金会和企业投资，产品创作、演出由市场规律和观众喜好“埋单”。政府投资比例明显较少，商业资本则发挥更大作用。对美国非营利性演艺产业，则主要由政府支持，通过政策和税收调节等手段，政府设立各种资金和补助，鼓励演艺产业发展的多样性和实现对新人的培养。政府政策在资金导向、市场规范制定等方面起到良好作用。可以说，政府合理调控和市场化运作结合才是演艺资本运营科学、有效、合理的根本之路。

以纽约为例，政府对文化团体的资金支持只占文化团体总收入的一小部分，且呈逐年下降趋势；对纽约所有文化团体来说，自营收入是其最主要的收入来源，占到总收入的一半还多。而政府财政拨款是收入的最小来源，总体只占 14%。另外，纽约文化团体还有一个重要收入来源是私人捐助，占到总收入的近 1/3。政府根据文化团体的不同规模、不同类别和所处不同区域有区别地提供资金支持。纽约政府的财政资助主要向规模较小、市场化运作中较难获利的团体以及经济、文化相对不发达地区的文化机构倾斜。这样，最大程度地保证了最需获得资金的单位得到资金，同时提高了资金的利用效率。通过图三中纽约市文化局预算表可知，政府资助在非营利性文化机构资金来源中所占的比重。

图三:2011 年纽约市文化局预算

类别	资助非营利文化组织			总计
	业务发展资金	对文化机构资助	校园文化活动资金	
金额（万元）	2890	11000	580	14900

由此可见，2011 年纽约市政府对非营利文化组织的资助仅有 1.49 亿美元，而仅仅百老汇产业园区 2011 年的票房收入就达到了 11 亿美元。

目前，在我国文化体制改革中，政府经费的投入是必需的，但是院团自身的突破才是最重要的。如何在市场经济条件下，建立正确的演艺艺术投入和分配机制，而不是简单的"扶上马，送一程"，是深化剧院改革未来的重点。

2. 演艺产业应重视强化"集群效应"。

在剧院经营上，美国运营模式发展较早，条件也更加成熟，因此在剧院产业链各个环节的市场化都做得更加精致。在演出策划、预算投资、项目执行的各个环节中都非常重视与社会文化、居民生活的互动，不仅仅是高雅艺术的殿堂、多元文化的展示地，更是社区文化生活和艺术教育的重要场所。以百老汇为例，剧场密集分布造成了一种独特的群聚效应。密集的分布创造出相互烘托、相互宣传、相互刺激的气氛，扩大观众的整体数量。在形成良好品牌效应的同时，有效地带动区域经济的发展并借助区域经济的发展促进艺术中心的良好运营。根据统计数据显示，百老汇戏剧产业的集群化经营已经成为纽约重要的经济构成。每年百老汇剧院仅门票收入就达 5 亿美元，总体收入超过 50 亿美元，观众人数达到 1227 万人次，观光人数达 2500 万人次。百老汇的繁荣，还带动了旅游业、旅馆业、餐饮业、出租车业等相关一系列行业的经济增长，同时提供了 44000 个全职的工作岗位。这样的良性循环也值得我们借鉴。

对我国演艺产业来讲，演出场地一直是令经营者们头疼的问题。从剧场资源的多少，场租费的高低，到档期的长短、时间合适与否都切实影响着戏剧作品能否成功占领市场的命运。发展文艺演出院线，推动主要城市演出场所连锁经营，强化剧场在演出市场中的功能，有效转变剧场单纯出租场地的定位，规模集群化的剧场经营策略等，都是行之有效的未来选择。此外，还可积极推进电影院线、数字电影院线的跨地区整合以及数字影院的建设和改造，以大型国有文化企业为中心，借助政策支持、独有资源及品牌优势、信誉保障，与海外及国内相关企业保持良性互动的竞争合作关系，建立各种形式的战略联盟和产业集群。可喜的是，目前，我国连锁＋品牌的商业运作模式渐露端倪，中国剧院院线联盟的运作，上海戏剧大道的兴建等集群运作都是成功的示范。

3.应当正视艺术对人类历史的重要作用。

人类的叙事方式有三种：历史的、科技的、艺术的。艺术的魅力在于内容，内容的魅力在于思想，思想的魅力在于批判性。文化产业发展，既要推进体制创新，又要坚持内容为王。如果没有内容，就难以打造出符合群众需要、适应市场需求的文化精品。

以大都会歌剧院为代表的百老汇戏剧之所以能历经百年沉浮经久不衰，其生命力就在于其适销对路，满足当代人的艺术、审美和娱乐的需要。在其近一个世纪的发展历程里，不同时期的百老汇戏剧有着各不相同的创作主题和表现形式。即使是在同一时期，不同的百老汇戏剧在内容与风格上也十分多样化，与当时的社会结构、文化思潮暗相呼应，绝不拘泥于一种模式或套路。也正是这种不断创新和变化的创作思路与艺术形式让百老汇戏剧的生命力变得长久而坚实。《俄克拉荷马》、《波吉与贝丝》、《西贡小姐》、

《猫》这些经典作品之所以长盛不衰，正是依托不同时代美国精神的支撑与延续。在这里，艺术被赋予了生命，并形成了有深厚底蕴的文化。

百老汇的成功史尽管有其独特的历史成因(如1929年经济危机造就了歌剧的黄金时代，“二战”后美国经济的大繁荣，9·11事件让美国人重新在音乐剧中寻找精神寄托等等)而不可复制，但对于我国演艺产业的启示在于，只有认真研究并尊重演艺生产的规律，只有妥善解决好演艺生产者的艺术生产和演艺产品的产品构成之间同一性的问题，才能实现均衡化、系统化的生产经营，才能保证演艺生产的稳定持续发展。在这个意义上，真正认识并尊重演艺生产的规律才可能更有效地提高演艺生产力。

4.可以通过营销手段实现艺术与市场有机的结合。

美国建立起了以市场为导向的产业运作模式。在市场竞争机制下，依靠商业运作，让最好的文化产品流行于市场，为社会认知和接受，继而影响民众。这在机制上就形成了所有艺术院团和艺术家都普遍高度重视市场的状态。

美国演艺产业的成功之道告诉我们，艺术规律和市场规律可以高度吻合。面向市场并不意味着作品会走向低俗，服务大众也并不意味着艺术水准下降。艺术不能离开市场而独自开拓空间，在文化产业中，艺术要作为一种产业的形式存在，就要靠市场为之打开大门。事实上，大都会歌剧院的演出市场都见证了经济效益与社会效益的双丰收。

中国潜在的文化消费市场和蕴藏的商机都是巨大的，只有将舞台艺术进行产业化运作，才能谋求最大的市场效益，也只有扩大了市场占有率,才能更好地体现社会效益。我国的国有文艺院团改革,核心是要面向市场,转企改制。建立合格的市场主体是应对我国国有文艺演出院团体制落后、机制僵化顽疾的重要途径。没有市场就没有流通,没有流通就没有消费,没有消费必然使创作孤立和封闭起来。普通商品流通促进了生产者和消费者之间效用的最大化,而艺术作品流通同样可以使艺术创作者和消费者达到精神效用的最大化。目前,中国的演艺业中,不少剧团、剧院只是前赴后继地排练上演新的剧目,缺少整体的品牌塑造和市场营销,投入和产出不成正比。要成就"东方百老汇"和"世界演艺强国",中国的演艺产业还要继续走市场化、产业化之路。

5.注重多元化发展,延伸开发演艺产业链。

美国演艺产业十分注重产业链的延伸和开发,并通过延展产品的销售增加演艺运营的附加值。以大都会歌剧院的产业运营为例,除以剧场演出为核心外,还延伸出有线电视、音像制品、小商品、广告、餐饮等相关产业,极大地增加了演出运营的附加值。而放眼整个美国演艺业,已经从创作、制作、演出和销售建立起了"捆绑式"一条龙的产业链,更多的演艺企业利用专业领域优势整合自身的资源,包括前期投资、票务、经营、促销和广告,打造巨额投入的大型作品。同时也开始利用自身在现场演出领域的优势,开拓其他的经营范围,例如:将现场演出作品转化为电视节目或电影;或是将现场演出的经验延伸到现场娱乐业包括演唱会以及大型体育赛事等等的相关领域。

对刚刚起步的我国演艺产业而言,学习美国的有效经验,围绕产业链和价值链进行多元化发展和规模化扩张也是必要的。这样一方面可以分散风险，并形成多个利润增长点，另一方面又可以整合资源，壮大规模，提升市场竞争力。对一个演艺企业而言，一业态为主、多元化发展，不仅可以分散风险，而且多元化的产业结构和产品结构，还有可能因为产业的聚合而产生“聚变”效应，使企业释放出更大的能量，进而增强其市场竞争力；同时，也有可能带来产业的内部“裂变”效应，进而使企业的发展呈现几何级的增长，更快更好地发展壮大文化产业。

6.演艺产业需要鼓励多种资本进入。

鼓励多种资本投资演艺产业，挖掘民营资本投资潜力，在中国演艺业走向市场化和产业化过程中，多渠道资本的注入有助于将现阶段政府主导投资转为投资主体多元化。我们应当鼓励民间和私人资本大量健康地进入演艺行业，借鉴大都会歌剧院“非营利组织”成功的运作经验，在税率等方面对演出市场给予倾斜性的政策支持，这些也是未来我们需要探讨的问题。

近些年，我国演艺产业在市场化运作背景下，其主要的资金来源正在向国有商业银行贷款和广告收入转变。但是体制性的行业准入、政策性歧视、市场开拓不力等一些因素依旧存在，我国演艺产业的改革力度尚需深入。在产业化道路上，中国演艺产业还需向国外看齐，有选择地借鉴、汲取其运作经验。中国演艺企业应在学习西方运作方式的同时，结合中国国情与特色，挖掘自己独特的演艺资本运营方式。扶植专业的演艺运作机构，学会专业资本运作。

7.艺术作品的震撼力来自剧本，剧本则来源于艺术家的思想。

艺术家的思想来源于现实生活，如果没有现实生活的支撑，就不能称之为思想。有社会责任心的艺术家应当要直面生活，让艺术成为一面镜子，从中照见生活的面目。艺术作品的畅销与否，与艺术作品本身对现实反映的能力有关。以大都会歌剧院为代表的百老汇戏剧创作的原动力，便是将美国社会的现实反映到艺术上，这也成为每个年代都有大量观众趋之若鹜从而有效地从经济上支撑其发展的社会心理基础。目前，我国主旋律题材的艺术作品数量众多，但是完全以讴歌为主题的作品占据了大多数，因此尽管其在内容的思想性和表达的艺术性上毫不逊色，但是由于距离普通老百姓现实生活比较远，很难引起共鸣，也就无法吸引观众的目光。

8. 文化产业要做好中国文化本源的传承和坚持。

美国文化产业在一次次的经济危机中愈挫愈勇，以百老汇为代表的演艺业往往成为萧条时期的经济增长点。更为重要的是，百老汇歌剧也成为普通美国人精神与梦想的“救助站”与“孵化器”。对我国而言，我们拥有丰富多彩的文化资源，是我们艺术表演作品创作与生产的不竭源泉。如何在汲取西方优秀文化艺术的基础上，保持中国传统文化的独立性，这也是我国文化工作者需要思考的一个问题。

美国演艺业的成功让我们看到，商业化的艺术作品同样可以承担宣扬“美国梦”的重任。刚刚开始文化体制改革的中国，面对国外成熟的剧院运作模式，对其借鉴不可能朝夕完成，也不可能照搬抄袭。本文只希望能够给成长中的中国演艺产业化之路带来一些思考，让中国文化体制改革的春天早日到来。

七、软实力有哪些硬道理

天津日报传媒集团秘书长　邓效锋

这次赴美，从西到东，走访了20余家文化机构，进行了10多个文化专题讨论，引发了我对美国文化产业的进一步思考：

美国，文化产业的超级大国，文化软实力的“硬”道理究竟是什么？

（一）文化产业不能没有故事

在美期间，我们回了趟“家”——中国驻纽约总领事馆。在与文化参赞王燕生先生座谈时，他说，中华文化在美被称之为族裔文化，与主流文化有区别，像马赛克一样，与其他文化拼在一起很漂亮，但触及不到，也无法进入美主流文化。国内很多剧团，在国内演得不错，来了就感觉不行。他提出一个问题，究竟哪些题材的东西适合在美国演？

这是一个触及文化产业核心的问题。它一直困扰我们，一直没有解决，至今也未引起足够的重视并摆在重要的、战略的高度来看待。毫无疑问，文化产业是内容产业，文化产业肯定要有文化，但文化不等于产业。什么样的东西适合、能演，意味着什么样的东西能成就产业、支撑产业、繁荣产业。对此，美国人早就有答案，而且一直在研究、在坚持。

1. 讲故事。

英文中“STORY”可以是故事、小说，也有传闻、素材、题材的意思。在与美国电影制作机构、媒体、博物馆等业内人士沟通时，“STORY”总是被提及。似乎没有“STORY”，一切便无从谈起。迪士尼最为典型。迪士尼公司负责传讯的副总裁贝克曼说，整个公司的业务核心就是讲故事，并让大家熟悉故事、熟悉人物。他在向我们展示的一部宣传片中解释了他的观点，并透露了这一核心业务的若干准则。故事一定很美好，它应是一个笑容、一个记忆，能感知、能引人入胜、能成为探险经历、能成为终生记忆。笑容、朋友、梦想时刻，迪士尼——就是梦想和我们在一起。迪士尼负责品牌的副总裁凯恩讲到了“故事”的三个原则：一是融于社区，有很强的包容性，各个年龄段的人都能欣赏；二是提倡乐观，有个美好的结局；三是注重道德品质的培养，让所有家长能放心。迪士尼的创始人华特·迪士尼就是讲故事的高手，整个公司就靠故事起家。1928 年，他把自己的“难兄难弟”米老鼠推上银幕时，就为故事定下了温柔可亲、富有正义感、总能化险为夷的性格基调。让人折服的是，这一基调“唱”了 80 多年，一直没“跑调”。

这些看似简单平常，但讲到极致的故事，就是这家位居世界前十位的著名企业赖以生存的灵魂。

美国是私有制国家，绝大多数传媒机构归私人所有。传媒为维护“故事”的自由、客观、公正，不惜与国家机器对簿公堂。在与美新闻博物馆董事会主席欧沃拜交流时，他提到上世纪 60 年代著名的“五角大楼秘密文件”事件。当时《纽约时报》、《华盛顿邮报》等自主披露了这一秘密文件，被上诉到最高法院。最后，最高法院由大法官通过表决来裁定，6∶3，媒体胜诉。当时，很多人为这一判决激动得泪流满面。这一事件凸显了美国式民主的运作机制，客观上为传媒“故事”的真实性做了证明，捍卫了媒体在公众中的形象。

美国不是电影生产大国，但却占据全球电影票房的85％以上，居垄断地位，是名副其实的电影产业大国。美国电影制作单位对“故事”的选择是极为挑剔的。有个很有意思的现象，美国电影绝少原创，大多根据小说、杂志、电视、话剧、音乐剧、舞台剧，甚至是游戏改编，如《玩具总动员》、《爱丽丝梦游仙境》、《蝙蝠侠》、《哈利·波特》等大获成功的电影都是如此。这是因为电影市场风险巨大，美国人就机警地通过其他渠道投石问路，撒网捕捉有含金量的“故事”。一旦发现市场反应好的“故事”，马上拿来，牢牢抓住，为我所用。

百老汇也如法炮制。《歌剧魅影》改编自小说，首演在英国，但从1988年1月开始，在美国百老汇上演至今。我们特意前去欣赏，故事、音乐依然令人唏嘘、感动，观众掌声依然经久不息。当晚观众上座率80％以上。一个好故事的魅力真是长盛不衰。百老汇为纽约的经济贡献每年超过100亿美金。

而福布斯的“故事”就是晒富。继全球400富豪榜之后，又有富人榜、区域榜、女性榜、10亿以上富人榜等等，可谓一“榜”鲜吃遍天。

上述“故事”有三个共性：易于被大众接受、市场需要、持续不断。精选的“故事”犹如精选的种子，决定了产业能否长大、长得多大。

2. 打品牌。

迪士尼公司市值超过64亿美金，已经是全球最著名的品牌之一。但作为品牌管理的副总裁凯恩每天还在为如何打造这一金字招牌绞尽脑汁。他介绍，内容品牌不同于其他消费品牌，它代表着一种确保的内容质量，要不断有新的体验。这是一种真心的特殊体验。迪士尼向大众推出一个恒久的品牌形象，就是要在所有产品中贯彻“故事”所表现的品牌承诺。这不仅仅是一个口号，而是确保体验中得到，那绝不是乏味的、毫无品味的、误导人的……他说，难度非常大，在影视作品中表现我们的承诺相对容易，而在其他方面也要体现这种承诺就非常困难。但这就是我们要做的，我们希望上海迪士尼能成为新的范例。

从令人生厌的老鼠，到一个人见人爱的米奇，迪士尼的品牌是神奇的、空前的，它是世界文化产业的经典。

美国全国广播公司(NBC)的科幻频道非常年轻，1992年创立。为了打造品牌，2009年NBC为它重新定位，生造了一个词“SYFY”。科幻频道的艾伦解释说，原来的SCIFI(科幻)是固有单词，不能注册商标，现在可以了。我们着力打造“SYFY”这个品牌，仅仅用了两年时间，就成为NBC旗下第三赢利的频道，在世界70多个国家落地，并在电影、游戏、衍生品等平台运作，成为我们的代名词。“如果没有两年前的改变，绝对没有现在的结果。”艾伦对于品牌的力量深信不疑。

NBC位处纽约第五大道洛克菲勒中心的通用电气公司大楼

内，底层黄金店铺就是 NBC 品牌专卖，几乎所有涉及 NBC 节目、主持人形象的相关产品都有出售，每天人头攒动，生意兴隆，NBC 真是名利双收。在我们研修的所在地哥伦比亚大学校区内，也有个书店兼礼品专卖，产品门类齐全，品种繁多。让人大开眼界的是，在服装类产品中，印有哥伦比亚大学标识的服装本身即是耐克、阿迪达斯这样的品牌。这种名校加名品的联姻，让两个品牌相得益彰，各得其所。

美国人对品牌的敏感是超乎寻常的，甚至有些神经质。一旦某个“故事”在市场上获得成功，不仅马上拿来，而且还会穷追猛打，直至吃干榨尽。如果是电影，那就可能出现系列，2D 变 3D，再翻拍；如果是音乐剧，就可能一直演下去，10 年、20 年；如果是杂志，就一年一年办下去……这就是强烈的品牌意识。

在我们接触的所有美国文化机构里，品牌几乎是他们最醒目、最引以为自豪的财富。在美国文化产业兴起、发展、壮大的过程中，最乐于创新的美国人似乎在这一点上极为念旧，品牌绝不轻易更改，而是悉心加以保护，历久弥新，至今还发挥着巨大的威力，成为支撑美国文化产业的栋梁。

3. 再创新。

美国文化机构有着非常优良的创新传统，在其早期的发展中，既是主要技术的创新者，也是科技进步的受益者。迪士尼创作了世界第一部有声动画片、第一部同期录音动画片、第一部彩色动画片、第一部有交响乐伴奏的动画片等等。从米老鼠到第一个冠名产品，再到主题公园，始终在创新。拥有《今日美国报》的甘尼特集团，历史超过百年，任何报业历史记录都绕不开甘尼特。在访问

《今日美国报》时，这家创造现代报业神话的纸媒，仍心有不甘，正在为自己插上新媒体的翅膀，准备再次起飞。帕蒂专门负责把内容打包，发送到网络媒体上；麦瑞用社交媒体与读者互动；杰西卡负责移动媒体，将信息发给不同的读者。三位年轻的女编辑分兵把口，把《今日美国报》的内容及时发到几乎所有新媒体上。“我们跟着读者走，让读者在哪儿都能看到我们的内容。”麦瑞说得非常自信。《今日美国报》已完成对所有记者的培训，实现了全媒体要求的转型，每个记者都全副武装，能写、能拍、能摄，一个全新的媒体业态呼之欲出。

老牌《福布斯》杂志成为美国媒体中唯一一家给所有采编人员开博客的媒体。通过搜索引擎，吸引大量流量。不仅如此，他们还外聘了 850 个博客主，并计划很快增加到 1000 个。《福布斯》资深记者考彼斯坦言，还不知道哪家媒体的网上收入能超过纸版，但这种改变是必要的。

《时代》杂志则在 2012 年年初，把旗下 21 种杂志全部放到网上去。该刊国际部副总裁韦迪介绍，读者完全有权力选择用纸质还是网络来看我们的杂志。当问到网上收益如何时，他说，这不便透露，但收入多到愿意把剩下的杂志都放进去。之前，《时代》、《体育画报》、《财富》、《人物》等都在网上做了尝试，用户迅速达到 2500 万，而在一年前这一切为零。

林肯中心大都会歌剧院 2006 年发起高清直播项目，现在每周六下午向全球直播。在 53 个国家的影院中，都能欣赏到歌剧院的歌剧表演，每次观众可达 200 万人。这种创新，直接跳出 4000 个座位的局限，把规模无限扩大，真是一举多得，令人叫绝。该项目目前正与北京、上海洽谈合作事宜。

SYFY 频道的创新更是极富创意。他们把电影引入游戏终端，目标是在不同的路径接触观众，并开创出不同的产品，满足更多观众的需求。电影中的 DEFIANCE，既是电视节目也是游戏，相互影响，同步推进。为此，艾伦愁白了头，"这简直太难办到了"，他说，"电影和游戏要对接得没有纰漏，音效合成还要完整统一"。创新真的很神奇，它能让好的"故事"脱胎换骨，焕然一新。

有了内容的强大，再借助品牌的威力，产业才能走起来，走出去，才能走向未来。

（二）文化产业不能没有营销

王燕生参赞谈到国内最近在纽约举办了一场钢琴演出，支出 18 万美元，票全部售出，结果差 8000 美元赢利。除了在《纽约时报》以优惠价 5.2 万美元做了个广告外，没有其他推广手段，赞助为零。"这还不算最差的，绝大多数赔得更厉害，经费是个大问题"。

在美国各个门类的文化机构里，经费也都是个大问题。乔治·华盛顿大学博物馆系教授莫瑞斯介绍，美国有超过 17000 个博物馆，很不幸，资金都不足。怎么办？靠市场、靠营销。而美国博物馆绝大多数都是免费开放，营销难度可想而知。博物馆尚且如此，媒体、电影、剧院的营销更不在话下。

1. 市场化。

美国国家美术馆有个圈子，25 年前建立，每人出资少则 20 美元，多则不限。在 2007 年美国经济危机最严重的时候，这个圈子成了“救生圈”,出资 600 万美元帮助美术馆渡过难关。美术馆负责外事的科瑞介绍说,每个人都希望自己的生活和这些传世作品结合起来。我们就与感兴趣的人联系,建立伙伴关系,目的是让大家都知道,大家的力量加在一起比一个人的力量大。我们给这些会员的回报分为不同的层次,如礼品部商品打折、赠送展品资料等等。

几乎每个美国的博物馆、歌剧院都有自己的会员组织。在林肯中心大都会歌剧院,会员享有订票的优先权,可定期参加专属活动,如近距离观看排练、参观剧院内部设施等等,目前会员已超过 40 万人。不仅如此,大都会歌剧院作为非营利机构,其推销票房的手法,不仅完全市场化,而且相当专业娴熟。营销总监卡玛斯介绍说,他们每年有 26 部歌剧上演,每年 2 月开始至 5 月,对会员开放售票。一个位子的连票、中间单选几场或几天连场等,各种方式都有设计。9 月下旬至来年 4 月演出季前 6 周,会在地铁、报纸、公车、电视上推广。演出季第一天晚上在时代广场 LED 屏转播。每年 3 亿的运营费用,票房占一半,加上其他赞助、开发收益,还略有盈余。目前演出计划已排到 2015 年。在访问中有两个细节引起我的关注:一是大都会竟然卖站票,而且还是固定站位;二是每个座位背后都有一个磨得发亮的小铜牌,上面刻着神秘的名字。卡玛斯解释说,站票有 200 席,票价最便宜,25 美金左右;座椅背后的名字是每一个赞助者,至于捐了多少钱,他摇了摇头说,不知道,只知道那是永久保留的。

肯尼迪艺术中心作为国家艺术中心,有个特别的免费演出——“千年舞台”,每天晚上吸引 1000 多名观众前来。在观众必经之处，有个别具特色的礼品店，该店销售额每年高达 300 万美金。我在参观时，就忍不住花了 8 美金买了个精美的指挥棒。肯尼迪艺术中心全年演出大约 2000 场，总经费 1.8 亿美金，票房加其他收益也是略有盈余。该中心还有一个特别之处，就是有一支 500 人组成的志愿者队伍。志愿者大都在 40 岁以上，参观时给我们做讲解的老先生莫里斯已经 84 岁了，他每周来中心服务 4 小时。这 500 人组成了肯尼迪艺术中心一支庞大的、面向社会的义务推销大军。

营销无处不在，市场化的种种手段，让文化机构充分释放潜能，连非营利机构也赢利了。

2.产业化。

一只米老鼠，还能长多久、长多大，现在谁也不敢断言。在过去的 80 多年时间里，它已经成了魔幻的化身，无处不在。迪士尼公司几乎涵盖了文化产业的全部，主要业务分属四大部门：传媒部、主题公园部、影视娱乐部和消费品部。传媒部运营着 ABC 电视网和 10 个自有电视台、ESPN 电台和迪士尼电视网，以及 46 个自有电台。其中 ABC 是美国四大电视台之一。主题公园部拥有并运营着佛罗里达州的迪士尼世界度假区、加州的迪士尼乐园度假区、度假俱乐部、海上巡游线以及 ESPN 地带等设施，管理巴黎和香港以及 2014 年将在上海开业的迪士尼乐园，授权东京迪士尼度假区的运营，并设计和开发新的主题乐园概念、卖点以及相关产业。影视娱乐部专门负责制作和购买实景、动画电影、音像节目、唱片和舞台剧，华特·迪士尼旗下的电影发行品牌有：华特·迪士尼影片、试金石影片、好莱坞影片、米拉麦克斯影片、皮克斯动画工作室和次元影业。消费品部负责向生产商、零售商、展览商和出版商发放迪士尼角色，以及视觉和文字资产的授权，并出版书籍、杂志、电脑软件以及视频游戏产品。该部门通过直营和特许零售店以及网站来营销其产品。毫无疑问，迪士尼已经是一个非常非常庞大的产业集群了，然而它最近又增加了第五大业务板块——互动媒体部。该部门负责网络、移动通讯和社会媒体内容。这是新媒体环境下，迪士尼继续扩张的表现。迪士尼负责传讯的副总裁贝克曼介绍，我们要让观众随时随地以他们喜爱的方式欣赏迪士尼的内容。迪士尼在产业化方面坚持与时俱进，依然毫不含糊。

NBC与迪士尼公司有着相似的产业模式，也有一个主题公园——环球电影主题公园，虽然形象不如米老鼠温柔可亲，但在全球跑得比米老鼠快，已进入6个国家。目前正准备进入中国。

甘尼特集团总部在弗吉尼亚州的一座小城罗斯林，一个高12层和一个高9层的双塔楼，比起我们国内的传媒大厦，真是太低调了。就是这家甘尼特集团，却拥有近90份日报、200多家周报、7家电视台和16家广播电台，产业遍及全美，规模令人瞠目。该集团旗下《今日美国报》的编辑麦瑞告诉我们，甘尼特集团有个统一的中心编辑平台，我们可以从中选择内容。真是很难想象，这是怎样的中心编辑平台，编辑如果不是超人，怎么才能驾驭这浩如烟海的信息呢？

3.国际化。

美国是一个移民国家，几乎世界上任何一个国家的人都可以在这里找到同乡，找到对应的社区。我们参观国家自然博物馆时，有个“我们都是美国人”的展览，该展览的主题就是“美国人不分种族，只分先后”。美国人的基因就是国际化。在市场运作的环境下，文化机构分别走出自己不同的国际化路线。

媒体，包括电影纷纷走出去。

迪士尼的ESPN频道已在世界100多个地方落地。迪士尼动画片《白雪公主和七个小矮人》1938年就在上海发行了。迪士尼的动画片一般都用40多国语言配音。《今日美国报》、《洛杉矶时报》、《纽约时报》等在中国都派驻记者，都有发行。美国国家文艺基金会今年带着三部纪录片到中国巡映，推销自己。“我们是谁，对我们来讲，什么是重要的，与世界人民分享一些在商业上看不到的故事。”

《福布斯》六年前创办了亚洲版，现在已细分成中文版、韩文版、印度版、印尼版等，在19个国家出版当地版。时代周刊集团的《财富》、《高尔夫》、《体育画报》等都有中文版，时代华纳旗下的HBO已覆盖全世界。

NBC旗下的财经频道CNBC在美国拥有1亿用户，在全球拥有4亿用户。每天在美国、英国、新加坡制作，直播16个小时。现已在英国、新加坡落地，在韩国、日本、巴基斯坦、土耳其等用当地语言播出，在印度有两个频道，一是英语，一是当地语。CNN就更不用说了，早已成为世界通用频道。

剧院、博物馆，则采取请进来的策略。

百老汇加外百老汇加外外百老汇，有100多个剧场，形成了一个庞大的剧院群。上一个演出季从2010年6月至2011年5月，百老汇有10.8亿美金的票房，1200万张票；外百老汇的票房是2亿美金；外外百老汇没有详细的数据，但有350个制作公司，每年生产 2000 多个节目。百老汇的影响力是惊人的。统计表明，80%—90%的观众是游客，超过一半的观众来自世界各地。

博物馆也是世界的。纽约大都会博物馆常设埃及馆、中国馆等国家主题馆。国家美术馆是世界上藏品最丰富的美术馆之一，这座艺术品宝库收藏着欧洲中世纪到现代、美国殖民时代到现在的艺术品大约有 4 万多件。美国弗瑞尔美术馆和赛克勒博物馆合称美国国立亚洲艺术博物馆，以丰富的青铜器收藏闻名，中国书画也很丰富，有 1200 余幅，中国人来美大都要来此“探亲”。

新闻博物馆建馆时间不长，但展示了新闻业 500 多年的发展历程。我们参观时，柏林墙断壁、列宁像残骸赫然在目，让人极为震撼。来自世界各地的游客，在这里看到他们自己的历史，以及自己熟悉的历史，怎不令人兴致盎然！

如果说市场是只“无形的手”，那么营销就能让这只手发挥更大的魔力。

（三）文化产业不能没有政策

行前，中国社会科学院美国研究所专家潘小松先生在介绍美国情况时说，要想了解美国，就要通读圣经。300 多年前，102 名英国清教徒登上一艘名叫“五月花”号的帆船，来到现在的美国。在船上，一群成年男性移民一起签署了一份《五月花号公约》。公约写道：我们在上帝面前立誓签约，自愿结为民众自治团体，遵守和服从为此目的制定的对全体人民最合适、最方便的法律。从此，“自治”成为美国之后无数公约的基调，被称为美国精神的先驱。

考察美国文化产业，你就不难发现这一“自治”的基调是多么的深远。国家有补贴，法律有条文，但只是辅助，只是规则，美国文化产业的立足点是靠自己、靠社会。

1. 定规则。

在美国，文化机构和组织被一分为二——营利性和非营利性。作为文化机构可以选择营利性，也可以选择非营利性来注册。选择非营利性机构，政府会给予扶持并且有免税政策。但是，美国对非营利性机构的限制也很严格。第一，作为非营利性机构必须要有公益性的具体体现，并要接受至少三年的税务检查；第二，非营利性机构可以经营，可以赢利，但不能分红，其利润不能转为个人收入，更不能投入其他领域赚钱，必须继续用于发展公益事业。营利性机构则靠市场法则自主发展，政府对于营利性机构几乎没有什么扶持。公益事业则完全自愿参与。在美国，媒体、电影制作机构、主题乐园、百老汇等都是营利性机构，博物馆、图书馆、肯尼迪艺术中心、林肯中心、外百老汇都是非营利性机构。

这一规则的效应极其明显。非营利性机构专注公益事业，使得美国公共文化事业空前繁荣。据统计，美国非营利性机构每年直接或间接拉动的经济效益接近 400 亿美金，提供了 130 万个就业机会。营利性机构依靠自由竞争，优胜劣汰，成就文化产业的巨无霸。在美国企业 400 强中，有 70 多家文化类机构，文化产业产值在美国 GDP 中超过 20%。

2. 给政策。

美国政府直接出资支持文化产业的方式是非常巧妙的。在国家层面，有以国家艺术基金会为代表的机构，在各州、市也都有不同层次的支持文化产业的机构。每年国会拨款 1.5 亿美金，这笔钱数至少最近 5 年没有改变过。法律规定，其中 40%—50%的钱要下拨到各州、各地。各级组织都有资金资助的指南，由机构或个人申请，专家委员会决定。这笔钱对非营利性机构的运营可以说是杯水车薪，但是非营利性机构却非常看重。哥伦比亚大学教授杰克逊说，如果有了国家艺术基金会的资助，就证明了这个项目的身份，有利于吸引社会各界的资助。在这里，国家用有限的资金扮演引导基金的角色，是为了撬动来自社会组织和个人更多的资金。事实上，国家资助仅占所有非营利性机构资金的很少一部分，而社会资助每年可达 3000 亿美金以上。

另一项政策是税收。早在上世纪初，联邦法律就规定，赞助非营利事业的捐赠人可以享受纳税方面的减免。之后又规定支持非营利事业的组织可以享受纳税方面的减免。这项政策导向作用非常明显，它让大多数美国人和企业都乐于赞助非营利文化机构，而且企业往往并不把这笔支出作为捐款，而是作为如商业广告营销一样的商业投资。既做善事又留美名，何乐不为。这就是非营利会员组织产生大量资金的土壤，这项政策让美国非营利机构真正得到资金的支持。

在电影方面，美国政府有些“宽大处理”。大约 30 多个州政府制定了针对电影制作的减税政策，其中，纽约州力度最大，减税 35%左右。此外，政府各级组织也有多种辅助资金来支持独立制作人的创作，但都是导向性的。据美国国家艺术基金会介绍，支持电影的资金，最少的 1 万美金，最大一笔也只是 20 万美金。

另外，美国税收还有非常人性化的一面，如果营利性机构投资失败,也可得到一些税务减免,如百老汇。据哥伦比亚大学教授杰克逊介绍,这是政府给商业剧场唯一的好处。

3.靠自治。

美国文化机构内部,分门别类划分得特别清晰,并有相应的工会。如百老汇有除了副导演、舞蹈助理外的15个工会,外百老汇有3—5个工会。据说,广播影视业工会更多,有200多个。每隔三年,剧院、电影、电视等制作方会与工会谈判,规定最低工资、保险、品质、知识产权等事宜。这么多行业工会形成了非常有效的自治体系,行业行为不断得到磋商、修正,专业化程度更是无以复加。

在与资深经纪人史蒂丽讨论时,我问:与艺人签订合同,是否需要付定金?她说:NO。我问:如果艺人的钱已付,客户的款收不进来怎么办?她说:这种情况一般不会发生,即使出现,有行业工会去解决。我问:那佣金还会给经纪人吗?她说:当然。我问:如果跟艺人签订协议,又没有带来业务怎么办?她说:有一个“90天条款”,超过90天没有业务,协议自动解除。我问:有没有处罚?她说:NO。一问一答间,我感到几乎所有的问题都有预设答案和标准,这个行业已成熟到连毛细血管都透明的程度。

事实表明,美国的文化产业政策体系完备、设计科学、行之有效。国家、社会、企业的定位非常清晰,在一个环保的“文化生态”环境中,各司其职,共谋发展,奠定了美国文化产业超级大国的地位。

在美国期间,我们还专门组织学习了刚刚发表的党的十七届六中全会通过的《中共中央关于深化文化体制改革 推动社会主义文化大发展大繁荣若干重大问题的决定》,其中的一段话始终在我脑海中萦绕:“学习借鉴一切有利于加强我国社会主义文化建设的有益经验、一切有利于丰富我国人民文化生活的积极成果、一切有利于发展我国文化事业和文化产业的经营管理理念和机制。”

八、《福布斯》的启示及其经验借鉴

山西出版传媒集团党委书记、董事长　齐峰

此次赴美考察，学习了解了美国文化产业的运行机制和管理方式及新媒体的发展等内容，扩大了视野，开拓了思路，特别是 11 月 2 日，听取约翰·科皮斯(John Koppish)先生对《福布斯》(*Forbes*)历史现状及经营之道的介绍后，感触颇深，同时也引发了我对国内期刊出版业的一些思考。兹将这些想法加以归纳，并以调查报告的形式呈奉，以期达到启发业者、把握走势的目的。

作为财经杂志成功的典范，《福布斯》获得了巨大的商业成功。它鲜明的办刊风格在全球范围内具有广泛的影响力。在我国期刊出版寻求新发展之际，探讨《福布斯》杂志成功的办刊之道，有着极为重要的借鉴意义。

(一)《福布斯》杂志的前世今生

《福布斯》是美国历史最悠久的财经杂志。它主要报道美国和其他国家的经济与商业问题的评论和动态新闻，坚持提倡企业家精神与创新意识，是美国商业杂志中唯一连续 13 年保持增长的刊物。在美国主要的三家商业杂志(《福布斯》、《财富》、《商业周刊》)

中,《福布斯》的发行量和广告收入位居首位,期发行约 92.5 万册。《福布斯》网站的浏览量也非常大,2011 年 9 月的月点击量为 2500 万次。

1.《福布斯》杂志的创办。

《福布斯》由伯蒂·福布斯创刊于 1917 年。伯蒂·福布斯生于苏格兰,于 1904 年移民美国。24 岁时,怀着"巨大的梦想和野心",只身远渡重洋抵达纽约。创刊前他是一位商业记者。为了拿到独家猛料,他想方设法跟商业界的名人打交道。皇天不负有心人,经过七八年打拼,因其掌握了最新资讯,遂成为美国顶尖的财经记者。其先后供职于《商业杂志》、赫斯特报业集团、《纽约美国人》,为财经专栏撰稿。这为他日后创办《福布斯》提供了一笔巨大的无形财富。

1917 年,37 岁的伯蒂·福布斯自己做起了老板。当年 9 月 15 日,美国第一本真正意义上的商业新闻杂志《福布斯》正式创刊,杂志将"关注实践与实践者"作为自己的口号。他说:"商业的目的是要创造幸福,而不仅仅是财富的堆积。"伯蒂·福布斯根据自己的写作经验,确立了《福布斯》"以人为本"的报道风格,这与《经济学人》以评论见长颇为不同。《福布斯》杂志代表着资本,公司拥有的飞机即以杂志的座右铭"资本工具"而命名。其读者也都是企业家、商人,以及那些相信自由市场的投资者。第 2 期《福布斯》采访了当时世界最富有的人、标准石油公司大亨洛克菲勒,对其极尽嘲讽之能事,因为标准石油公司控制着美国石油市场 90%以上的流通,使得美国各类市场都潜藏着危机。后来美国政府为了惩治垄断,拿标准石油公司"开刀"。标准石油公司的解体,显现了《福布斯》杂志深远的洞察力。

2.标新立异、出奇制胜——编制《福布斯》排行榜。

《福布斯》杂志最为世人称道者便是“《福布斯》全美富豪400强”排行榜项目的评选。20世纪80年代,为抗衡“《财富》世界500强”等名噪一时的榜单,《福布斯》总裁马尔康姆不失时机地推出了“《福布斯》富豪榜”,并将这个排名定名为“《福布斯》400富豪”。《福布斯》富豪榜的第一次排名,花了近一年的调研时间。研究人员翻箱倒柜搜集证券交易委员会的交易资料、新闻片段乃至法院档案中有关遗嘱、委托甚至离婚协议,还有行政部门的相关记录,从中寻找着各种数据。1982年8月26日,《福布斯》向媒体提前公布长达50页的富豪排名。杂志刚在纽约市各报摊亮相,几个小时就被疯抢一空。

《福布斯》还在每年的三月编制“全球富豪排行榜”,2011年排出了1210人。另外,杂志还为亚洲12个主要国家编制富豪榜。中国富豪榜每年9月推出,2011年共有146位亿万富翁入榜,人数仅次于美国。

3.新时期遇到的挑战与生存之道。

然而,随着电子时代的到来,与其他任何平面媒体一样,《福布斯》正遭遇到网络媒体的全面冲击,一直有传言说,这本老牌商业杂志近几年处于亏损状态,其业内广告大户盛况也不复往昔。2000年以前,福布斯以惊人的速度高速成长,那年杂志有6083页广告,之后即遇到了挑战。2003年的广告页码只有这个数字的一半,2010年更是降至1845页,与鼎盛时期相比,广告收入大约减少了2亿—3亿美元。上世纪90年代,每一期杂志都有200—300

页，现在多数只有116页，广告页占60%，40%为内容页。随着杂志的收缩，内容报道的页面也越来越少了。在这样的现实背景下，为了能够继续生存，《福布斯》杂志采取了一系列的措施：

(1)降低成本。

经济危机给美国所有平面媒体都带来了挑战，报纸和大多数杂志的广告页都在逐步减少。广告客户都把广告转向了网络。美国报纸、杂志中的一些已生存了百余年的老品牌，如《纽约时报》、《华尔街日报》，如今也失去了巨额的广告收入支撑。面对种种困难，它们采取的措施首先是降低成本，编辑部规模比2000年时减少了30%。《商业周刊》2001年年初拥有300名编辑和作家，此后每年裁员，直至2009年卖给《彭博市场月刊》，只有20个人被留在《彭博》杂志从事编辑工作。《福布斯》在经济衰退的第二年，即2009年，也进行了三次裁员，公司的游艇也在那时停止了使用。

(2)回笼资金。

福布斯公司在2010年把位于纽约第五大道的地标建筑卖给了纽约大学，然后再回租。2006年，又把公司40%的资产卖给了合伙人，加州一家私人投资公司。公司还卖掉了一些艺术收藏品及其他资产，如科罗拉多州的一处大型农场。

(3)开办分版。

降低成本非长久之计。出版物必须找到新的生财之道。《福布斯》已做了很多尝试：2003年，福布斯中国分支机构创办中文版，接着韩国分支机构创办了韩文版；2005年《福布斯》亚洲版开办；2009年开设印度分公司，2010年开设印度尼西亚分公司，分别在当地出版英文版。在全世界，《福布斯》共有19个外文版杂志。

《福布斯》每年召集来自中国及亚洲其他国家的CEO,举办大型会议,组织出版《福布斯》专刊的亚洲版,其中大约一半是中国企业。这是一年中最大的一期专刊,因此广告客户们都希望自己的广告能出现在这一期。“亚洲50强企业”便是在这期专刊中发布。

(4)创办网站、开设博客。

《福布斯》网站尚未收取任何费用。即使广告费非常低,巨大的浏览量也能产生相当数量的收入。2010年公司重新设计了网站,并开始招募博客作者,他们愿意写作自己选择的话题,且几乎是免费提供文章。这些人包括大学教授、想出名的生意人、想要继续写作的退休记者。目前,网站拥有850名博客作者,并有希望在2011年年底增至1000名。公司每位员工也都有自己的博客。

这一举措带来了惊人的出版业务量,其每周发布成百上千篇报道。一年前,网站每月仅有1600万—1700万次访问量;而2011年9月的访问量已达2500万次。

(5)优化搜索。

博客作者们在《福布斯》的页面下创作,每位员工同样如此,他们都有自己的主页,有自己的个人简介及图片等。网站支持艺术创造,作者可利用不同的工具编辑自己的报道、图片、评论。报道页面顶端是显示点击量的实时计数。这些工具大多数是为了搜索最优化,意在当用户使用谷歌搜索引擎搜索关键词时,只需小小动作,其内容就能跳到前端。公司许多出版业务就是借助谷歌和雅虎的搜索引擎实现的。竞争中,《福布斯》努力使其报道内容进入雅虎新闻、美国在线及其他大型在线新闻网的主页,只有大约

25%的出版业务是与直接登录福布斯网站的人达成的。

(6)社交媒体在线交流。

越来越多的出版业务是通过社交媒体实现的,人们在Facebook、Twitter等社交网上推荐《福布斯》报道的故事,《福布斯》的员工们也把他们的报道贴到上述网站。这是《福布斯》目前主推的经营方式:成为社交媒体在线交流的一部分。人们更加愿意阅读朋友或熟人推荐的内容,因此其目标就设定在人们进行推荐的合适地带。这也使得读者更愿意对这些报道内容发表评论。评论越多,出版业务也越多。

(7)制定激励政策。

以前,一名记者所要探究的是新闻报道,并撰写成文,只此两项工作。现在的博客作者们则有七项工作要做:采访、写作、编辑(编辑文字、图片)、宣传推广、给可能感兴趣的人发送新闻稿的电子邮件、市场销售、在Facebook及其他网站推广新闻报道。根据激励政策,一些博客作者已开始从博客中获得报酬。这项政策需要计算作者拥有的读者数、收到的评论数,以及他们线上回应读者并使交谈持续的数量。发回的评论越多,出版业务和广告成交量也随之增多。

(二)《福布斯》杂志的办刊特色

《福布斯》杂志属私人家族媒体公司,其高端读者定位也通过家族掌门人的血脉相连而继承下来。在福布斯内部有一个研究所、调查机构或者智囊团,包括福布斯本人在内的作者都是企业界、政治圈的名流。其精英化的内容特质还有很多方面的表现,如市场影响力、前瞻性和反传统性。总体上,《福布斯》的办刊特色可归纳为四个方面。

1. 办刊理念。

无论是从内容还是延伸产品(排行榜和论坛)来看,《福布斯》杂志都围绕一个大的策划主题——财富。追求财富是人类的天性,关注财富就会吸引读者,这是《福布斯》成功的重要因素。《福布斯》自己的广告词为“哪里有成功,哪里就有福布斯”,直接表达出《福布斯》办刊人围绕“财富”策划刊物内容的理念。

2. 注重“人”的办刊风格。

《福布斯》推崇精英群体的影响力,介绍企业、企业家的成功之道。史蒂夫·福布斯就曾说过:“我们的文章充满了统计数字,但它们总是聚焦于人。”在杂志的“封面故事”栏目中,很多文章以人物的经济活动为主,“公司、人物、观点”和“创业者”栏目也包含了人物专访、创业经验等方面的文章。

3. 主打排行榜。

做排行榜与美国经济发展水平和文化习惯相关。美国经济位居全球老大,工业企业是国民经济的支柱产业,经营企业的成功人士、富豪自然也就成为焦点人物;且变化莫测的美国经济蕴涵着不少风险,变化本身就吸引着人们每年期待新的榜单。现在,《福布斯》已衍生出“全球富豪排行榜”、“全球名人榜”、“全球最有影响力的女性排行榜”、“中国内地富豪排行榜”、“中国大陆最佳商业城市排行榜”等。从某种程度上说,排行榜已经成为《福布斯》的代名词。

4. 办刊风格。

自创刊伊始，伯蒂·福布斯就非常注重杂志的风格。他反对以当时盛行的堆砌枯燥商业数字的方法编刊，坚持关注掌控企业的重要人物。他要求记者在写批评报道时，应小心求证、击中要害，生动刻画出报道对象的外表和个性特征，再加上一两个其生活中的故事，通过细节描写，让读者一眼就能看清真相。在创刊号上，他亲自写下了一篇严厉批评一个家族企业的文章，名为《败家子掌权：乔治·古德，美国财经企业的悲剧》，文中充满了“目光短浅”、“败家子”等尖锐的文字。报道面世后，这家企业一蹶不振。这一开端奠定了《福布斯》“挑衅性”报道的风格。大量刊登具有攻击性的报道，成为《福布斯》不同于其他财经杂志的最大特色。

（三）《福布斯》经验对中国杂志发展的借鉴意义

作为美国期刊业商业运作成功的典范，《福布斯》杂志因在世界上取得了巨大的社会效益与经济效益而举世瞩目。探究它成功的秘诀、学习与借鉴其中的宝贵经验，对于正在发展中的中国期刊业具有极为宝贵的参考价值。

1. 中国期刊发展现状及其不足。

我国是个期刊数量大国，到 2010 年年底，我国期刊数量已经达到近万种。但是由于体制和自身管理等一系列问题，我国期刊业目前的状况还很不乐观。期刊定位模糊，无法参与市场竞争；经营规模小，数量多，过于分散，且总体分布不均衡，形成无序竞争；

期刊发行量低、经济收入有限、运作方式落后、依赖性强、创新意识不够，因而造成我国期刊整体实力不强，竞争力和抗风险能力较差。总体上，我国期刊业的发展仍处在初级阶段，与发达国家比较起来还有相当大的差距。如何提高我国期刊业的自身竞争力，缩短与国际著名期刊之间的差距，已经成为我国期刊出版走向世界、融入世界经济浪潮的当务之急。

2.《福布斯》办刊之道的经验借鉴。

“他山之石，可以攻玉。”虽然中、美的社会制度不同，期刊的定位和性质也存在较大差异，但《福布斯》杂志成功的办刊之道对于中国期刊的发展仍有着重要的启示。《福布斯》的成功经验固然有许多，但其在读者定位、办刊风格、内容定位、品牌延伸上所下的工夫，无疑是其中的关键。

(1)锁定特定受众，注重和读者保持密切关系。

读者定位是办刊的基础，是赢得读者、占领市场的关键。《福布斯》推崇精英群体的影响力，以介绍企业、企业家的成功之道吸引读者，同时，以“挑衅性”报道的风格而标新立异。一旦准确定位，不惜数十年甚至上百年发展自己固定的读者群，最终形成品牌。此外，《福布斯》杂志尤其重视服务意识，以增进读者对其品牌的认同感，注重和读者的互动，经常送“礼”给读者，以增强读者的忠诚度。用自己对于读者的重视和开放来增加社会对其的信任。期刊的立足之本就是有稳定的读者群，然而长期以来，我国很多期刊与读者的交流偏少，甚至采取单向、封闭式的办刊原则。若想提高质量，在市场竞争中找到自己的“地位”，我国期刊业必须努力提高读者意识，加强与读者的互动交流，真正实现由传播者本位向读者本位的转变。

(2)善于策划活动,制造品牌产品。

《福布斯》的排行榜活动轰动全球,已连续举办数十年,并成为美国新闻业界的一个传统。除此之外,《福布斯》还通过自己的网站征集排行榜信息,组织财富论坛。通过各种活动策划提升杂志的知名度与影响力,将《福布斯》精神与品牌融入世界的每个角落。期刊要出精品、创品牌系列,这是国际文化市场发展的必然趋势。在我国,很多期刊却抱着“酒香不怕巷子深”的思想,不重视品牌策划的重要性,这种想法是片面的。如今期刊市场品种数量繁多,竞争激烈。想要打造精品品牌,掌握市场主动权,除了要从根本上提高刊物的水平外,还必须树立品牌经营意识,通过各种市场营销活动来增强期刊的品牌知名度,从而最终提高期刊的市场占有率。

(3)内容为王,不断革新。

自创办以来,《福布斯》这家老牌的商业杂志一直强调内容为王,重视报道质量,选题大胆而富有张力,这些优秀特质一直保持至今,也是《福布斯》能够在竞争激烈的财经报道领域始终占有一席之地的重要原因。“内容为王”是期刊发展中一条无法改变的定律。内容作为期刊发展的最核心因素,最大限度地表现了期刊的特色。只有具备一定的创新意识和独到之处,才能在竞争激烈的期刊市场中立足。我国期刊业在内容上主要存在两方面的问题:一方面,对于一些老牌期刊来说,内容风格多年来呈现一种稳定的模式;另一方面,期刊出版出现了一种同质化的简单复制现象。我国期刊业应清醒认识到,随着社会经济文化的不断发展,读者的阅读口味也在不断地发生变化,一本期刊若想保持长盛不衰,就必须在保持刊物个性和风格的同时，做到内容的求新求变。

(4)善于品牌延伸，进行多样化经营。

一般而言，杂志可出售三次：第一层次是卖刊物，第二层次是卖读者，第三层次是进行相关产品和服务的经营。在这三个层次中，最后一个层次的潜力最大，能够获取更多的市场回报。

《福布斯》很好地把握了这三个层次的经营。首先打造一个品牌，然后将品牌延伸，进行多样化经营。它之所以能够在美国高端人群中获得92万册的发行量，一个成功的秘诀就在于其善于品牌延伸，跨媒体、跨国界进行价值链延伸。它的战略就是，通过《福布斯》杂志的品牌延伸，把其品牌推广到整个世界。自20世纪90年代以来，现代传媒的竞争已进入品牌经营时代。一个成功的期刊品牌要获得更大的发展，必须通过不断延伸期刊品牌经营来实现。期刊品牌的延伸经营是期刊品牌在发展壮大的过程中不可缺少的一部分，它是一个成功杂志品牌不断发展的推动力，是期刊产业化的必由之路。只有根据期刊自身发展情况有效延伸期刊品牌，才能更进一步提升期刊的品牌知名度，真正实现经济效益和社会效益的双赢。

《福布斯》排行榜，带给世界一个全新理念，这种借助品牌的概念式经营，较之在主业之外进行的诸如图书、影视、网络、手机、户外媒体、地产、服务、娱乐的多元经营，具有更高的层次。这一点，对国内出版业正在开展的多元经营具有借鉴作用。目前，我国各出版集团开展的多元化经营，主要还集中于物流、房地产、酒店饮食、广告、培训、数码等领域，各类教育研发、培训、策划及商务领域的拓展正在进行，但尚未出现如《福布斯》排行榜这样的软拓展。

《福布斯》目前所获得的成功，也是国内期刊界寻找的机遇；所遇到的困惑，也是国内期刊界面临的挑战。《福布斯》对我国出版业，尤其是期刊出版的启示多多，值得很好地去研究。

九、加快推进报刊业数字化进程 深化非时政类报刊市场化改革

吉林日报社社委委员　冯彦

此次赴美，通过考察、座谈、参观、课上培训、课后研讨等方式，全方位地、比较深入地了解了美国文化产业的各种业态的过去与现状，以及未来发展的趋势与走向。本人作为研修班报刊组学员，着重对“如何繁荣发展、做大做强中国报刊业，尤其是深化非时政类报刊市场化改革”的问题，进行了考察与思考。

（一）今日美国报刊业：“数字化”已成定势，“全媒体”喷薄而出

在美期间，研修班先后考察、参观了与报刊出版业有关的洛杉矶时报社、美国全国新闻俱乐部、美国新闻博物馆、华盛顿邮报社、今日美国报社、《时代》出版集团等媒体、机构；学习研讨了与报刊业息息相关的《IP电视、移动电视、流动媒体及其他媒体：商业机会和管理》、《电子商务：当前图景及方向》、《福布斯的故事》、《危机与沟通》等课程，通过参观、考察、访问、上课、研讨与思考，我对美国的报刊业有了较为全面、深刻的了解和认知。互联网、数字化正

深刻地改变着整个世界，改变着每个人的工作方式和生活方式，它对传统媒体尤其是平面纸媒的改变是颠覆性的。“数字化”已成定势，“全媒体”喷薄而出。这是在美国学习考察期间，我对美国报刊业最深切的感受。

1. 纸媒“数字化”已成定势。

大约在十几年前，美国的报刊社建立了他们的第一批网站。时至今日，美国的一些老牌纸质报刊媒体公司都已开始大力投资数字出版业务。因为美国报刊业普遍认识到传统的报刊业每况愈下：发行量日益下降、广告收入大幅度缩减，从业人员只能一减再减……相反，纸媒之外的互联网数字媒体，却变化迅速、异军突起、前景诱人。如今，纸媒“数字化”已成定势。

(1)纸媒与数字互用平台。

在对美国几家顶级的报刊传媒公司如《纽约时报》、《华盛顿邮报》、《洛杉矶时报》、《今日美国报》、《福布斯》、《时代》传媒集团杂志社等报刊社进行考察时了解到，他们的出版组织模式尽管不尽相同，但绝大多数都拥有独立的数字出版部门，同时数字出版与纸质业务的关系非常密切。非常普遍的情况是：报刊社重组传统的编辑流程，即由一位负责管理纸质媒体的高级编辑同时负责网站业务，目的是使他们的出版内容完全不需要考虑以何种平台发布——内容创建后，既可以用于纸质媒体出版，也可以用于网络出版，同时也是其他一些终端平台如电视、移动终端等媒体发布的内容。这样做的效果是：以新闻报道为重点的报业开始先于纸质版出版“在线内容”，并且随时更新，新闻发布的时间不再以纸质出版日期为依据。同时还可以考虑为其他媒体提供内容，实现新闻的

“制播分离”。

(2)利用多种数字平台建立编读互动,掌握内容的供需关系。

报刊从业人员早已意识到读者需要的不仅是“重温”或“网读”纸质版,因此,他们开始创建专门通过网站发布的内容。其优势是:在网络上,编辑可以很容易对重点文章增加一些补充性说明,但是纸质的报纸或者杂志限于篇幅无法做到这一点。比如:在网上发布一篇关于最近某项政策实施的文章,很自然的做法就是发布该项政策的官员讲话的文字。与纸媒相比,网络媒体的优势不仅体现在成本低、容量大、速度快、覆盖面广、受众广泛,更体现在它与读者间的互动性强:编辑可以充分利用网络的特点设计互动场景,产生编读互动,这是纸质媒体无法实现的;编辑可以通过博客、视频动画等多媒体内容以及能够让出版者和受众之间建立对话的一些方式,如论坛、博客、网站广播、评论来开展互动,掌握编读之间的供需关系。《洛杉矶时报》甚至将其社论放在网上,允许受众对社论内容进行实时点评加工。

总之,从美国报刊业的发展现状来看,报刊数字化是大势所趋,未来已没有选择,放弃和逃避数字化只会被淘汰出局。

2.跨界“全媒体”喷薄而出。

(1)单纯纸媒日薄西山,数字报刊方兴未艾。

目前全美一共有1400多家报社,只做传统纸媒,不做网络版数字化报纸的出版社已经不存在了。不仅如此,情况日趋朝着相反的方向发展,越来越多的报社开始放弃纸媒,只做数字版,比如《西雅图邮讯报》。几乎所有报纸都在走下坡路,向网络化数字化发展、向电子版要效益,构建“全媒体”,立体化传媒体,在创新中求生存、求发展，打破媒体间的界限，已是报社的必由之路。正如美国著名传媒专家约瑟夫·加拉尼奥所说："无论在美国还是全世界，传媒都在迅速地发生着根本性的变化。纸质媒体逐渐退出的同时，网络媒体日益发展。"

美国报业的"生死存亡"只有一个标准：市场化标准。企业在这个标准下，优胜劣汰。据不完全统计，近三年来，全美已有100余家报社宣布破产、倒闭，这还不包括完全放弃纸质媒体，只做数字媒体的报社。

十多年前，一群媒体观察家即担心美国总有一天会变成一个大城市只有一份纸质报纸的情况。现在看来，当时被视为"危言耸听"的预言，今天已经太过乐观了：今天的美国已经出现了一些大城市即将没有纸质报纸的情况。如西雅图、旧金山、底特律、克利夫兰和丹佛等。在网络大兴、买报看报者越来越少、报纸广告锐减的情况下，一城一报或无报的预言，已无悬疑。

几乎每周都能看到、听到报馆关闭的消息。其中不乏近150年历史的《西雅图邮讯报》、密歇根的《安娜堡新闻》，以及举世闻名的大型时事画报《生活》和《展望》。2009年，美国知名网站Real Deal Politis预测随时可能倒闭的美国十大报纸，包括《纽约每日新闻》、《洛杉矶时报》、《圣彼得堡先锋报》、《芝加哥太阳时报》、《底特律新闻报》、《旧金山纪事报》、《迈阿密信使报》、《费城每日新闻》、《西雅图邮讯报》。其中《洛杉矶新闻》已停刊，其他9家也随时可能倒闭。《洛杉矶时报》、《芝加哥论坛报》和《费城问讯报》所属的报业集团已宣布破产保护。

由于网站的崛起从根本上改变了媒体生态，美国报业日薄西山的景况已经不可避免。美国报业界人士及新媒体许多代表人物都预言:未来10到15年,美国绝大多数甚至全部的纯粹意义上的报纸都将退出历史舞台。

(2)跨越媒体界限,实行"全媒体"经营。

许多专家提出不同看法试图挽救美国报业,为报纸找出路,《时代周刊》甚至将其当成封面故事报道。有人声请政府提拨报纸纾困金,有人呼吁政府为中学生出钱订报,有人建议报社可以接受捐款,有人出点子有偿阅读电子报用以养纸报……所有的观点都是说起来容易,要将"抢救报业"落到实处,几无可能。特别是让美国政府拿出纳税人的血汗钱来救济报业,可谓天方夜谭。

平面媒体一天天走下坡路,经济不行虽是原因,但被网络取而代之是不可逆转的必然。"等靠要"从来都不是办法,创新发展才是王道。事实上,美国报刊也绝不是坐以待毙。近年来纷纷停刊的报纸,已非传统意义上的"关闭",而是在网络上另起炉灶,以电子报的方式出现。如《西雅图邮讯报》和《安娜堡新闻》都是以电子报形式赓续生命。赫斯特集团所有的《信息邮报》连年亏损,改成电子报以后,编辑部从200人减到20人。适应时代特征,转变经营方式,节约成本,这是美国报刊创新发展的必由之路。反之如果不适应数字化时代的趋势,不从根本上改变经营方式和策略,而是固守传统,单纯减员增效,仍然难逃厄运。过去十几年,《信息邮报》一直和对手《西雅图时报》联营以省钱,时报负责印刷、派送、广告和推销,《信息邮报》则负责提供新闻,但《信息邮报》仍难逃关闭的厄运。

总之,在创新中求生存、求发展,积极探索经营创收模式,是美国报刊的发展趋势。一方面，纸质传媒纷纷裁员、重组、合并、资源共享、积极探索发展电子报纸，并对在线内容进行收费，减少报纸投递次数以降低成本；另一方面，构建"全媒体"经营框架，打破报纸、电台、电视台传统媒体间的壁垒界限，打破传统媒体与新媒体间的界限，形成大融合、立体化、制播分离等多种经营管理模式。面对新时代、新技术、新市场，美国报刊普遍采取的是积极发展的态度。

（二）做大做强中国报刊业
加快推进报刊业数字化进程
深化非时政类报刊市场化改革

党的十七届六中全会对深化文化体制改革作出了战略部署。那么中国报刊业如何在"深化文化体制改革、推动社会主义文化大发展大繁荣"的进程中发挥其应有的重要作用呢？结合美国之行的观察与思考，结合中国报刊业发展的现状与实际，综述如下：

1. 做大做强中国报刊业，务必加快推进报刊数字化进程。

报刊数字化的优势、必要性及必然性不仅在美国已得到充分的印证，中国的报刊传媒业也必须充分认识到报刊数字化的重要性和紧迫性，更加自觉、更加主动地推进我国报刊数字化的进程。主要措施包括：

一是改变现有报刊投资结构，缩减纸质媒体的投入，扩大数字出版业的投资力度；扩大网络从业人员的数量、培训，加大数字化设备硬件的投入。

二是改变传统“内容产出”的做法，改变将报纸和杂志的内容原封不动地搬上网络的“先纸报、后网络”的做法，将新闻先于报纸在线上网，且随时更新，使纸质媒体成为新闻发布的一个重要的不可替代的环节，报纸从业人员同时可以以报社人员的名义为其他媒体提供内容，扩大报社、从业人员及新闻稿件的影响力，奠定报业的不可替代性。网络不应该仅仅是“重温”纸质版，更应该创建专门通过网络发布的内容。“内容为王”，并不是坐在高高的王座，等待臣民的朝拜，不是“以不变应万变”，不是“敌军围困万千重，我自岿然不动”，而是要适应新时代的发展趋势，根据新技术的要求，根据不同的平台，提供相应的内容，采取不同的形式，创新模式，发展内容。只有这样，“内容为王”才能保持自己的王座。

当今世界，报刊业正在因为“互联网”而迅速地发生着根本性的变化，中国报刊业在数字化的进程中，应缩短过程迎头赶上，而不应该“止步不前或步人后尘”，否则终将会被市场淘汰出局；相反，谁主动数字化，谁就抢占了先机。谁根据数字化平台调整内容和形式，谁就能发展。《三联生活周刊》、《中国新闻周刊》、《新周刊》等已经做出了成功的尝试。

三是在报刊数字化进程中，应充分认识到，媒体融合是必然趋势，中国传媒业的发展最终将是多媒体的融合，而不是相互替代，更不是自相残杀。杭州日报报业集团社长、董事长李建国在提出媒体融合的发展理念时认为：“报纸要突围必须有所创新，创新的关键就是顺应信息技术的发展，来推进传统媒体与新媒体、新的传播渠道的融合，在数字技术、网络技术的驱动下把图文、音频、视频信息数字化，在不同的媒体之间互换和互联，在保持不同媒体个性化传播的同时打破媒体产业的边界，实现多媒体一体化的传播。媒体融合有着鲜明的数字技术、网络技术、移动技术的特点，就是说，媒体融合是新技术推动下传媒产业的升级和重组。媒体融合，构建多元媒体格局是媒体融合的基础，传统媒体如果没有形成多元媒体的格局，媒体融合照样会发生，但自己却是被融合者。要主动参与融合，要成为融合者，重视多元媒体格局的建立，首先要改变观念。以前，很多人认为'内容为王'，但现在不是这样了，光死抱着'内容为王'的观念是不行的，现在是渠道为王、终端为王。因为内容供应商很多，而渠道是稀缺的。”

李建国的观点对于传统“内容为王”的媒体来说，不能不说是一个警钟。我们知道大禹治水的故事。大禹之所以能够治水，就是能够根据山川河谷，因势利导，才能让积水畅流，百川归海。同样，我们的“内容”，也要根据渠道和终端的发展趋势，因势利导，才能制作为大众喜闻乐见的内容。李建国以矫枉过正的方式，对内容传播方式进行改革，取得了较好的效果。杭州日报报业集团于2009年全面启动一报一网工程，“1＋6”多元媒体格局也初步建成，形成以传统报刊为主，兼具广播、电视、互联网、数字出版、移动媒体、户外媒体的多元媒体格局。目前杭报集团报纸全面推行全媒体编辑，即编辑部既负责报纸某些版面和栏目，又负责相应的网站频道内容；一线记者会将第一时间采集的录音、图文发回编辑部，由后台根据不同媒体的要求进行信息处理。浙报集团认识到，虽然前几年集团多元化发展很快，但平面媒体数量很多，结构单一、新媒体少、出版业务空缺，鉴于这样的思考，浙报集团进军出版业，全面发展新媒体，努力打造融报纸、期刊、广播、电视、互联网及其他新媒体手段为一体的全媒体系列,全媒体就是浙报集团设定的新的战略核心。据了解,2008 年以及金融危机冲击下的 2009 年,浙报集团的营业总收入均达到 25 亿元左右,每年实现利润 4 亿元。面对新的媒体形式并结合自身的实际,浙报集团如今又设定了新的发展目标,即争取用 6 年时间实现集团资产规模超百亿,销售收入超百亿,实现从传统报业集团向现代传媒集团的战略转型。在这一方面,浙报集团抢占了先机。

四是通过媒体间的合作,实现传统媒体转型升级。这种合作往往是跨媒体的,有报业跨到互联网的,有互联网跨到报业的;有图书跨到新闻的,也有新闻跨到出版的。内蒙古日报传媒集团与中国电力报社合作创办了国内首份立足互联网的新闻周报《网络导报》;《参考消息》、《南方周末》、《财经》杂志、《北京晚报》等众多主流传统媒体进驻开心网,也取得了良好的效果,是我们可以试行的发展模式。

中国传媒业在新的媒体时代面临两大趋势:一是大变局,传媒业两极分化,强者更强、弱者更弱。特别是在金融危机这场大洗牌的加速器影响下,两极分化更加明显。二是大开放、大整合。在这种外部环境下,传媒集团必须创新发展,转型升级才能做大做强。

2.繁荣发展中国报刊业,务必深化非时政类报刊的市场化改革。

非时政类报刊体制机制改革与创新,中央早在《关于深化文化体制改革的若干意见》、《文化产业振兴规划》等文件中提出了明确要求。党的十七届六中全会通过的《中共中央关于深化文化体制改革 推动社会主义文化大发展大繁荣若干重大问题的决定》中明确提出:要进一步深化文化体制改革,加快构建有利于文化繁荣发展的体制机制,必须深化国有文化单位改革,以建立现代企业制度为重点,加快推进经营性文化单位改革,培育合格市场主体……推进非时政类报刊社、新闻网站转企改制……加快公司股份制改造,完善法人治理机构,形成符合现代企业制度要求、体现文化企业特点的资产组织形式和经营管理模式。创新融资体制,支持国有文化企业面向资本市场融资,支持其吸引社会资本进行股份制改造……坚持主管主办制度,落实谁主管谁负责和属地管理原则,严格执行文化资本、文化企业、文化产品市场准入和退出政策,综合运用法律、行政、经济、科技等手段提高管理效能……《决定》所确定的大政方针,是非常正确的。考察美国报刊业的发展状况,我们深深感觉到,市场是创新发展的动力。美国报刊业在数字化时代积极寻求发展,就是因为他们认识到,固步自封必将倒闭;创新发展才有生机。所有的报刊,都在市场中优胜劣汰。因此,中国的报刊业要创新发展,深化市场化和企业化进程,是发展的必由之路。

那么,要繁荣发展中国报刊业、深化非时政类报刊市场化进程、建立现代企业制度,当前和今后相当长一段时间内还有哪些问题必须解决呢?我个人认为,除了所说的加快报刊数字化进程外,目前,制约报刊业繁荣发展的问题主要还体现在以下几个方面:一是体制改革不彻底,报企只生不死;二是条块分割严重,资源形不成合力,难以繁荣发展。因此,必须改变这种现状。

(1)建立现代企业制度,明确报企的市场化属性,建立科学完整的退出机制,解决报社“只生不死”问题带来的种种弊端。

当前,我国非时政类报刊的市场结构、资源配置极其不合理,发展的现状参差不齐，存在的问题令人担忧。目前，绝大多数非时政类报刊社几乎都是处于社会影响力不大、保守经营、亏损甚至严重亏损、经济效益年年下滑的状态。出现这种状态的原因是多方面的，其中市场化程度不高、没有建立科学的市场“退出机制”，报企“只生不死”是最主要原因之一。

长期以来，我国报刊只要取得了出版报刊号，就被视为“千秋万代，永生不死”，除了因违规违纪被勒令停刊，绝不会像美国的报刊那样，按照市场经济规律来决定其“生死存亡”，即使债台高筑、难以为继，也要苟延残喘，绝不会主动停刊，结果是留下了一个又一个“经济窟窿”。在这些报刊社领导的头脑中始终有一个“小九九”：即使转企改制了，“窟窿”虽然不能明确是国家的，但也绝不是个人的，因为报刊社始终是国企，说不定哪天活不下去了国家又接过去了，即使不接，作为“领导人”自己始终是国家的人，搞好搞不好，自己的既得利益不会受到任何损失，没有任何风险。因此，报刊领导们都认定“小车不倒只管推，盈亏于我如浮云”。不以市场决生死，只以刊号定存亡的这种“只生不死”的报刊制度不解决，报刊领导就能稳坐钓鱼台，上级就难免任人唯亲，报刊就没有积极创新发展的动力，要想做强做大非时政类报刊业，繁荣发展非时政类报刊是难以想象的。

因此，要想改变这种现状，就必须建立非时政类报刊的“退出机制”，建立科学管理的考评体系，用两个标准来决其“生死存亡”，实现“优胜劣汰”。两个标准，一是政治标准，二是经济标准。长期以来，我们的政治标准坚持得比较好，因此关于坚持政治标准，保证报刊正确的导向，在此不再赘述。关于经济标准，也就是市场标准，个人的建议是，将现有的非时政类报刊社评定划分为“甲、乙、丙”三级企业，国家及各省应当成立相应的考评机构。按照文化产业的属性，依据报企经营规模、盈亏模式、发展潜力、市场结构等诸多要素评定其等级，建议以三年为一个考核期，并建立与此相配套的用人标准及管理标准，构建科学管理的“准入强出、优胜劣汰”的市场机制，从而实现对报刊社资源进行优化配置，让人、财、物等市场资源向有实力、有效益、发展前景好的报刊社流动。逐渐改变报刊现有资源状态，提高报刊社的经济效益和劳动生产率。要真正建立起现代企业制度，用现代企业管理标准管理非时政类报刊社。

(2)打破报刊社条块分割、各自为政、资源浪费的局面，做大做强一批报刊社，繁荣发展中国报刊业。

长期以来，我国报刊社的活动是按照国家的行政系统组织进行的，即所谓“归口管理”。各个主管部门的组织范围和管辖权限把报刊社分割成相互封闭的庞杂的条条块块，任何两个报刊之间的经济联系都必须得到他们各个主管上级的批准才能进行。任何跨地区、跨部门、跨组织系统的行为，都是对主管单位管辖权的侵犯。由此形成了行业分割、部门分割、媒介分割、地区分割、资源分割、市场分割的“吃不饱、饿不死”的局面，这种局面不打破，要做大做强一批报刊社可谓难上加难。因此，必须按照党的十七届六中全会的要求，按照现代企业制度的要求，加快报刊社资源整合的步伐。

十、美国“新经济”成长的引擎

吉林东北亚出版传媒集团副总经理　孙亚飞

20世纪90年代以来，美国经济出现了持续性的高速度增长。在信息技术部门的带领下，美国经济逐年增长，失业率逐年降低。美国《商业周刊》曾刊发文章，认为这种经济现象的主要动力是信息技术革命和经济全球化浪潮。21世纪以来，这种高增长率、高就业率、高规模、高扩张的非线性特征的经济现象更为明显，人们将这种经济现象定义为——新经济。

新经济源于美国，如今已经席卷全球。十多年前，我在美国芝加哥学习MBA，那时信息技术的发展刚刚起步，还没有形成成熟的经济模式，尽管老师上课中经常引用亚马逊、EBUY等案例向我们描述未来的经济模式，但面对初见端倪的信息技术，我们当时仍是懵懵懂懂。十多年后的今天，我有机会再一次去美国参观学习，目睹美国十多年间的经济转型和变化，见证着当时老师在课堂中描述的未来经济蓝图一个个变成现实，这引发我进一步思考“新经济”率先在美国出现背后的制度因素。这次去美国学习考察，使我更加深刻地认识到美国“新经济”成长绝非偶然，这其中至少存在四个相互关联的因素：科技创新、制度创新、观念创新和教育基础。

(一)科技创新是动力

20 世纪 70 年代末以来,随着世界政治军事冷战的结束,美国迅速扩大了科技因素在国民经济发展中的比重。克林顿上台后,推行重建美国计划,将政府开支的重点从消费性支出转向投资性支出,并把科技进步作为其"经济机会战略"的第一重点。1993 年,克林顿提出了《全国信息基础设施计划》,这就是引起全世界关注的美国"信息高速公路计划"。该计划的目标是在 20 年内完成全国的信息基础设施建设,最终使政府、企业、学校以及大部分家庭通过互联网联系起来,实现信息资源共享。1997 年,在美国互联网初具规模的情况下,美国政府又成立了由戈尔负责的电子商务工作组,促进全美电子商务的开展,以信息产业为龙头的技术革新和改造热潮风起云涌。在这个信息化的浪潮中,不仅涌现出了一大批信息产业的巨人,而且这些企业还覆盖了国民经济的各个领域,高新技术改造传统产业的过程也在这一时期完成,特别是农业和制造业在这一改造过程中伴随着朝阳产业的发展又成为有活力的产业。

进入 21 世纪以来,美国愈发重视高新技术,在研发方面的投入更是逐年上升。2002 年,美国政府和企业在研发方面的支出总额为 980 亿美元;2004 年达到 2910 亿美元;2010 年增长到 3958 亿美元,约占全球研发支出总额的 1/3;2011 年与 2010 年相比呈温和增长趋势。

前美联储主席格林斯潘曾讲到,新经济的"一切主要应归功于过去几十年美国技术创新的超常增长以及20世纪90年代出现的对高技术设备的投资热潮”。由此可见，科技创新是经济发展的前提。有人曾对美、日两国的经济发展做过比较，分析得出两国在技术创新模式上存在明显的差异。硅谷是美国加利福尼亚面临太平洋的一块平坦谷地，20世纪初技术创新开创了历史先河，20世纪末成为世界信息技术和高新技术产业的中心，引领着世界高科技的新潮流；而筑波作为日本政府第一个尝试建立的科学城，虽然在20世纪80年代就已出名，却从未像硅谷那样有声有色，直至今天仍难以呈现勃勃生机。硅谷和筑波的不同命运，最根本的原因就在于二者对创新有着不同的理解。硅谷是一切以市场为主导，鼓励创新，采用的是一种“科学—技术—生产”的发展模式，重视基础科学、高新科技的研究与开发，然后运用到实际生产过程中。美国完全靠不断的科技创新激发人们的创新热情，从而形成自己发展的生机和活力。相对而言，日本人更注重规则，在某种程度上削弱了创新在科技发展中的作用，筑波一切由政府主导，一切按计划办事，注重购买、引进技术，再加以改造，采用典型的“生产—技术—科学”的发展模式，把基础科学和高新科技的创新研究放在从属位置，由此导致筑波的经济发展后劲不足。两相比较，足以看出科技创新在经济发展中的重要作用。

据统计，“二战”后西方国家的重大技术革新项目中有60%是美国研制成功的，75%的技术革新项目首先在美国得到应用。在计算机、光纤通信、生物工程、新材料等19项新技术中，美国达到世界一流水平的有16种。美国企业创新能力强，这直接促进企业的发展壮大。在世界最大的200家跨国公司中，英、法、德、日4个国家的总和仅达美国的 2/3。“日本奇迹”是自第二次世界大战以后到 20 世纪 80 年代中后期日本创造的经济神话。而到了 80 年代末，特别是 90 年代中期以来，美国创造了“新经济奇迹”。2002 年的统计数字表明，在国际 17 个高新技术领域中，目前日本领先的只有 1 个，美国则占据了 11 个，如信息与通讯技术、航空航天技术、生物技术等。10 年后的今天我们没有见到最新数据，但是美国新经济的蓬勃发展有目共睹。国内外学者在对照日美经济发展时指出，决定两国综合实力差距变迁的主要因素是技术创新能力的强弱转换，认为“90 年代以来的日美高科技竞争，是美国模式的凯旋与日本模式的终结”。可见，积极有效的科技创新政策是催生美国新经济的主要因素之一，同时更是美国“新经济”成长的内在动力。

（二）制度创新是关键

美国是善于为实现其目的制定规则的国家，“新经济”的快速发展还得益于其成功的宏观经济政策。我们都知道，亚当·斯密的《国富论》是美国市场经济的蓝本。在 20 世纪 20—30 年代，美国经济迅速发展，许多美国大企业都是在这一时期完成了资本积累的过程。为了防止由于兼并可能导致的市场垄断和寡头抑制自由竞争，美国政府曾经通过制定《反托拉斯法》等法律来限制过度的企业兼并行为。

20 世纪 70 年代，欧亚发达国家和新兴工业国家（地区）在经济上崛起，使美国产业界感到了巨大的竞争压力。80 年代初，在全球性的经济结构和产业结构都在发生急剧变化的时候，为适应国内外经济形势的变化、促进美国经济增长、提高企业竞争能力，美国政府迅速调整了经济政策，逐步放松了对企业的管制，修改了反托拉斯的限制政策，促进了企业在经济全球化下的重组。微软和英特尔公司的合并就是在这个时期完成的，微软在二十几年内成为世界软件业的巨头，的确受益于美国这一时期的宏观经济政策。

20 世纪 80 年代，日本的崛起让美国注意到知识的力量，美国开始以知识产权的维护向全世界"亮剑"。为此，美国总统卡特将知识产权战略提升到国家战略的层面，采取特殊的政策提高国家竞争力，振奋企业精神。美国利用长期积累的科技成果，巩固和加强知识产权优势，保持美国在全球经济中的霸主地位。美国正在全球建立美国式的经济模式——一个由美国知识经济主导的全球自由经济模式，美国人的知识正在加速转变成财富。今天，知识资本已成为美国新经济的基础，为了长久保持自己的竞争优势，知识产权战略已经成为美国最为重要的长期发展战略之一。

30 年来，美国实施知识产权战略主要着重于三个方面：一是根据国家利益和美国企业的竞争需要，对专利法、版权法、商标法等传统知识产权立法不断地加以修改与完善，扩大保护范围，加强保护力度。近年来，随着生物、信息及网络技术的发展，一些新兴技术形式不断纳入知识产权的保护范围。二是美国加强调整知识产权利益关系，在鼓励转化创新方面强化立法，自 1980 年以来的《拜杜法案》、《联邦技术转移法》、《技术转让商业化法》、《美国发明家保护法令》，使美国大学、国家实验室在申请专利和加速产、学、研结合及创办高新技术企业方面发挥更大的主动性。三是在国际贸易中以有利于美国的新的国际贸易规则，对竞争对手予以打压，同时积极推动 WTO 的知识产权协议(TRIPS)的达成。推动创新的最主要动力是创新者可以从占有一项独特的资源、产品或服务中获得潜在的经济利益，创新者通常因为率先向市场推出产品和服务而获利。总的看来，美国对知识产权的保护比日本和欧盟更加全面。

知识产权战略作为一项国家战略，美国政府和企业都始终贯彻实施。如专利战略上升到国家层面，政府的主要职能就是指导实施，甚至直接出面行使法律赋予政府的权力，运用知识产权和贸易规则保护本国企业的利益，并利用知识产权推行美国业已建立的经济模式，影响到美国经济的方方面面，甚至连国外的投资都受美国知识产权政策的影响。任何国际资本经过美国专业投资人的运作，就会按照美国的经济模式进行或被美国的经济模式过滤。新的外来资本会越来越集中，越来越美国化，“马太效应”逐渐显现，美国在全球强力推行 WTO 的目的也在于此。

此外，美国以“自由与公平贸易”为旗号扩大对外出口的战略，以及联邦储备委员会适宜的货币政策，这都为美国经济的快速发展提供了条件。到美国后我们深刻感受到网络经济正在扩大美国在全球经济中的影响力，美国品牌和美式服务正在形成包围之势。制造业成为品牌经济的牺牲品和廉价加工厂的态势也初露端倪。由知识产权铸就的品牌效应确实在影响着我们的生活。

(三)观念创新是前提

一个民族要想走在时代前列，就不能没有理论思维，不能停止观念创新。因为任何一项创新首先是观念创新、文化再造。只有在观念上树立起创新学习、开放兼容的理念，创新才更有活力和生命力。经济结构的变化涉及商业领域的所有环节及社会环境的方方面面，除了经济因素外，社会文化因素也在很大程度上影响着新经济的发展速度，因此观念创新对于改变人们的传统思想和习惯起着更加重要的作用；而制度创新的作用则在于为技术创新和技术应用培养激励机制和环境，为新经济发展构筑合理的秩序框架提供必要的法律规范。

美国政府历来倡导观念创新，重视制度保障。克林顿在任时曾经说过，保持美国科技优势是美国全社会的任务和职责。《美国总统经济报告》认为，由竞争引起的对技术的需求增加、兴旺的金融市场、公共和私人研究与开发投资上升以及对创新提供法律保护，这些因素中任何一个单独的因素都不可能造就美国20世纪末的技术繁荣，“新经济”技术革命是上述因素汇集到一起的产物。事实上，美国历届政府所制定、采取的一系列旨在推动技术创新的法令、政策和措施，都对美国经济持续增长和新经济的形成起到了重要的推动和保障作用。以风险资本为例，大批高新技术的中小企业之所以能够诞生和崛起，是与美国独特的以创业板市场为主要退出机制的风险融资制度分不开的。在日、德、法等国，企业以银行为主要融资手段，缺乏风险资本退出机制，风险投资也就无从谈起，而风险投资的匮乏恰好是这些国家的新经济发展滞后于美国的一个重要原因。

美国政府高度重视技术创新，推行积极有效的技术创新政策，这形成了美国独特的技术创新优势，为保持美国综合国力的世界领先地位立下了汗马功劳，在保持美国强劲的自主技术创新能力方面功不可没。这次在美国考察新媒体的发展状况，对此感受颇深。20 世纪末，在美国的汽车工业、传统的制造业、农业等许多传统产业经过近百年的发展变化已经沦落为“夕阳产业”的时候，美国企业在政策鼓励下，纷纷创新发展观念，态度坚决，行动迅速，宁愿牺牲短期的利润，投巨资从事研发，他们以高新技术为先导，决意改变传统产业面貌，这为传统产业注入了新的活力，迎来了产业发展新的“朝阳”，使美国的经济呈现出更加高效、更富竞争力的新形态。正是美国政府从国家层面对新技术的高度重视和倡导，才使美国传统产业迅速地迈向现代高新技术产业。

美国是互联网的诞生地。从 20 世纪末开始，美国长期在信息技术上居于领先地位。全世界每 13 台服务器中，有 10 台在美国，其中有 2 台用于军事用途，1 台由美国国家航空航天局使用。在应用方面，美国的互联网发展一直走在世界前列，不但网络基础雄厚、技术发达，而且新型社交网站的风靡和网络视频的风起云涌，又快速推动着美国进入到 Web2.0 时代，使得美国因特网更具特色。第二代因特网正在研发中，据估计速度是第一代因特网的 100 倍。

据悉，尽管 3G 服务在较长时间内仍是主流，但是，部分移动运营商已开始加快对 4G 网络的部署。美国将在 2012 年整体跨入 4G 时代，抢占移动互联网发展主动权。美国运营商 Verizon 已于 2010 年开始提供 4G 技术，而 AT&T 也在 2011 年开始提供。这两大运营商均选择 LTE 作为 4G 移动网络标准，4G 将在更大程度上提高信息化水平。

尽管美国2008年以来出现了次贷危机，但观念创新的经济模式仍是美国科技发展的推手。20多年来，美国高新技术以其特有的活力再造着传统产业，由此引发了产业结构和就业结构的变化。

（四）教育政策是基础

美国一直不变的教育政策和人才战略也为美国“新经济”的出现提供了可能。20世纪60年代以来，建立优质教育一直是贯穿美国教育改革始终的一条重要指导思想。90年代以来，这一指导思想仍然表现得十分明确和突出，美国政府试图在保留其原有自由、灵活、开放的教育体系的情况下，在培养和发展学生创造力方面的长处的同时，增加对基础教育的强化。美国政府对教育改革的干预能力也是90年代以来指导美国政府教育改革的一条基本思路。为了使政府推行的各项教育改革真正落到实处，切实提高中小学教育质量，美国政府努力采取各种措施，强化政府对教育质量的管理和监控能力，以弥补其地方分权的教育管理体制的不足。近30年来，美国政府用于教育改革的投资增幅尤为显著。1980年，美国政府财政和由联邦立法产生的财政预算和非联邦财政支出，共计393亿美元，以后逐年递增。1985年投入478亿美元，1990年增加到628亿美元，1995年增加到958亿美元，2002年猛增到1479亿美元，2010年的投入接近GDP的6%。

美国历届政府努力通过正式立法的办法，将各项重要的教育改革计划交由国会批准，使其获得联邦法律的有效地位，从而在法律上保障教育改革的顺利进行。1991年布什总统签发的教育改革文件《美国2000：教育战略》所确定的六项"国家教育目标"中，使每个成年人都学会阅读和书写等就是其中之一。克林顿执政期间推行的教育改革"二十一世纪社区学习中心计划"，更是明确地指出学习是终身的过程，并将建立全民教育和终身教育体系作为美国教育改革的重要目标之一。小布什政府颁布的《不让一个孩子落后》法案中，与家庭和社区的配合也是一条重要的改革思路。法案中还专门列出了关于"二十一世纪安全与无毒品社区"和"二十一世纪社区学习中心"的条款，并计划自2002至2007年共拨款112.5亿美元用于社区学习中心的建立。2007年5月，美国发布了《2007—2012年战略规划》，提出了三大教育战略目标，其中包括在初等教育中继续强调提高学生学业成就，提高所有学生的阅读能力和数学能力，到2014年达到年级合格水平；高等教育要保证机会均等，费用合理，学校要为学生成绩负责，并单独提出了一个强调高中教育的新战略目标：增加高中学生选修高水平课程比率，提高所有学生数学和科学熟练程度，提高学生当前急需外语的熟练程度。此规划把提高所有高中学生学业成绩作为一个战略目标，提出高中学生通过学习高水平课程，进一步提高数学和科学能力，这凸显了美国教育通过提高教学水平，以应对全球化竞争这一教育改革的特点。美国政府坚持以全民教育和终身教育作为其教育改革的指导思想，缘于对未来竞争的认识。要想维持美国超级大国的地位，仅靠少数科技精英是远远不够的，普遍提高劳动者素质，这已是美国社会发展的迫切需要。

移民政策也是美国制定的重要国家发展战略。美国是世界上引进人才最多的国家。美国每年留出29万个移民名额专门用于引进国外高级人才,依靠移民政策引进国外人才,为美国创造的财富从 1949—1969 年间就有 630 亿元。自“二战”以来,美国引进专门人才超过 50 万,美国取得的科技成果中有 80%是由外籍科学家完成的。目前,美国计算机产业领域半数以上的博士是外国人,在硅谷的外籍高级工程师和科技人员占到 1/3 以上。外籍科技人才既为美国节省了大量的教育经费又带来了发展的原动力。

目前,面对日益严重的资源环境制约,世界经济正沿着经济文化融合发展的方向阔步前进。美国“新经济”的快速成长,已经为我们勾勒出新的发展路径:经济与科技的结合、经济与文化的交融、经济与制度的保障。党的十七届六中全会通过的《中共中央关于深化文化体制改革　推动社会主义文化大发展大繁荣若干重大问题的决定》指出:“当今世界正处在大发展大变革大调整时期,世界多极化、经济全球化深入发展,科学技术日新月异,各种思想文化交流交融交锋更加频繁,文化在综合国力竞争中的地位和作用更加凸显。”提高自主创新能力,建设创新型国家,这是国家发展战略的核心,是提高国家综合国力的关键。今天要从国家安全的角度高度,从战略层面高度关注新技术的发展。要坚持走中国特色自主创新道路,加快国家创新体系建设,支持基础研究、前沿技术研究、加大对自主创新投入,着力突破制约经济社会发展的关键技术。

美国为全世界提供了一条“新经济”发展的轨迹,具有重要的借鉴和警示意义。作为发展中国家,我们有机会学习和利用发达国家已有的经验和技术,这种“后发优势”,可以大大减少发展过程的风险成本,少走弯路,实现跳跃式的发展。通过这次学习考察,我们深刻感受到，我国应从国家财政、税收各个方面建立起扶持创新发展的国家制度保障体系；要把增强自主创新能力贯彻到现代化建设的方方面面，认真落实国家中长期科学和技术发展规划纲要；要充分利用新媒体技术，扩大中国在世界的影响力。

参考文献：

1. 李会明：《美日两种经济发展模式对中国的启示》，《中国市场经济报》，1999 年 10 月 5 日。
2. 王建生：《新经济：为什么是美国》，《经济参考报》，2001 年 5 月 31 日。
3. 李就文主编：《21 世纪的美国经济发展战略》，中国城市出版社，2002 年。
4. 杨起全、吕力之：《美国知识产权战略研究及对中国的启示》《中国科技论坛》，2004 年第 2 期。
5. The Senate and House of Representatives of the United States of America in Congress assembled, "No Child Left Behind Act of 2001", *Public Law*, Washington, D. C.: Jan. 8, 2002, pp. 107 - 110.
6. "Answering the Challenge of a Changing World: Strengthening Education for the 21st Century", 2006 年 1 月公布，4 月修订。

十一、广电传媒文化产业的机遇与挑战

——美国文化产业考察的启示

江苏无锡广电集团党委书记、总裁、台长　严克勤

此次赴美，正值党的十七届六中全会刚刚闭幕。就在飞越太平洋的航班上，我认真研读了全会通过的《中共中央关于深化文化体制改革　推动社会主义文化大发展大繁荣若干重大问题的决定》。恰好当天的《参考消息》也用整版篇幅介绍了美国文化产业发展的特点和做法。我深深感到，我们党以高度的文化自觉，准确认识到文化发展在当今国际竞争中的重要地位和作用，遂将文化的改革发展上升到综合国力竞争、增强国家文化软实力和中华文化国际影响力的战略层面。将此认识与在美国的所见所闻对比参照，生发出不少感触与思考。

在美期间，培训班考察了诸多美国主流文化机构，包括迪士尼公司、洛杉矶时报社、今日美国报社、华盛顿邮报社、《时代》杂志集团、NBC等传媒机构总部，美国国家艺术基金会、肯尼迪艺术中心、帕雷中心等文化艺术研究发展机构，以及多家知名博物馆，可以说几乎涵盖了美国新闻传媒和文化产业的主要机构。如果说考察给我以直观的感受，那么在哥伦比亚大学的学习则给了我与美

国文化的研究者、从业者深入探讨交流的机会。在思想的碰撞中，我进一步了解了美国传媒业、博物馆业、演艺业以及新兴文化产业发展的轨迹。

美国著名经济学家彼得·德鲁克说："今天，真正占主导地位的资源以及具有决定意义的生产要素，既不是资本，也不是土地和劳动，而是文化。"在美期间，我无时无刻不在感受着美国对文化的重视。事实上，美国文化产业已经成为国家的战略性支柱产业，其标志并不仅是文化产业在国民经济中所占比重仅次于军事工业，成为第一大出口创汇产业，更在于美国已将文化的品牌融入国家品牌，成为美国国家意志最有效的载体，在全世界范围内无孔不入地渗透其影响力，在较大程度上左右着世界文化产业的走向。

在全球一体化趋势日益明显、金融危机影响进一步扩散的形势下，美国的文化产业也不可避免地面临着调整与转型的现实问题。而正因为其作为战略性支柱产业的重要地位，从政府、学术机构，文化产业机构的执掌者、从业者，到科技部门、金融机构等，都在思考和应对。美国文化产业的理念、形态、运作方式的转换蜕变，为我们提供了诸多的参照和借鉴，让我们更充分地认识到中国文化产业发展面临的挑战与机遇。

（一）对美国文化产业的总体印象

文化产业在美国也称作"娱乐产业"，根据产业门类的不同，可分为娱乐与电子传媒（电影、电视剧、光盘、有线电视和广播）、新闻出版（报纸、杂志、书籍和其他印刷品）及旅游三大块。据美国艺术基金会统计，2009 年美国文化产业总共创造 2784 亿美元产值，约占国民生产总值的 10%，同时提供了 1700 多万个就业岗位。在从 1987 年开始的 22 年间，表演艺术、体育和博物馆创造的产值几乎翻了一番。目前，美国拥有全球 56% 的广播和有线电视收入、85% 的收费电视收入、55% 的电影票房收入。

在培训班的考察和学习中，各种生动的事例、交流让我对美国文化产业的感受超出了资料和数据。总体上有以下四个方面的印象。

1. 美国文化产业是承载和体现国家主流价值观的主要载体。

著名学者塞缪尔·亨廷顿在《文明的冲突》中预言，冷战后的世界，冲突的根源来自文化的差异，“文化的冲突与联系，在国与国之间的关系上，不是一个简单角色而是一个重要角色”。美国前助理国务卿约瑟夫·奈提出著名的“软实力”理论，认为当今世界无形的权力资源即价值观的力量越来越重要。这些理论为美国政府制定对外文化战略乃至全球战略提供了理论根据，即以强大的军事和经济实力为后盾，通过文化输出和渗透，不断加强美国文化在全球文化中的影响力。文化产业作为国家软实力的重要来源之一，自然成为美国政府制定和实施文化战略的重要内容。即使在“9·11”后“反恐”成为美国国家安全的首要目标，但文化输出仍然居于美国全球战略的核心地位。值得注意的是，当前美国在国际事务中进一步提出了“巧实力”的概念，以新媒体为代表的文化手段正是“巧实力”建构的重要来源。如在近期被称为“阿拉伯之春”的系列事件处理中，新媒体的作用毋庸置疑，美国国务卿希拉里·克林顿承认美国“一直在设法影响其方向”，“按照我们的价值观和我们的利益来发挥领导作用”。

从表面上看，美国发展文化产业实行的是“无为而治”的文化政策，但美国的文化发展战略已经渗透于其政治、外交、军事、经济和贸易政策之中，特别是以文化产品和文化贸易为载体，输出美国民主、主流价值观和消费文化，始终是美国“软实力”建构的主旨。在持续的对外文化输出中，美国核心价值观的强势已经形成。例如即使是对文化保护十分重视的欧洲，其电影市场的85％已被好莱坞产品占据。在美国内部，文化产业也承担着保障国家文化安全、维护主流价值观念的使命。传媒等文化机构虽然有批判的内容，但其核心理念均是美国的主流价值、信仰和观念。文化与政府间虽然不是直接的联系，但也形成了良好的互动机制，这一点在媒体尤其明显。

2.金融危机和新媒体对美国文化产业产生了巨大的冲击。

此次金融危机率先在美国爆发，美国文化产业所受的影响，较其他国家和地区更为深刻。最直接的影响是文化企业的生产与制作。以好莱坞为主要依托的电影产业可以视为美国文化产业的晴雨表。金融危机导致了以往承担电影制作资金30％—50％的投资银行减少甚至不再投资电影业，投资的减弱很快折射到产业具体运作环节，2008年全美电影产量减少40％，20世纪福克斯一年只生产四部片子，派拉蒙、梦工厂、环球等电影公司纷纷推迟其大片上映时间，甚至搁置已有的拍摄计划。金融危机的扩散，对文化消费方式和文化消费市场产生了尤为明显的冲击，个人和家庭的部分精神文化消费被取消。本次培训班组织大家到百老汇看了一场《歌剧魅影》，我自己去看了一场《妈妈咪呀》，场内依旧人气很旺，但业内人士称，平均70美元的票价已经让许多固定消费者抱怨，著名的百老汇正面临着挑战。金融危机的深化，还使以赞助与拨款为主要支撑手段的公共文化机构面临困境。雷曼兄弟公司破产前一年为博物馆和歌剧院等捐款近4000万美元，纽约现代美术馆、大都会博物馆等私人赞助也都在减少。金融危机对传媒业的影响更为直接。广告收入锐减令传统报业纷纷大规模裁员。网络媒体快速发展形成的夹击更让报业举步维艰，诸多曾经辉煌的报刊停刊、倒闭，《华尔街日报》、《纽约时报》等虽在勉力维持，却已将重点转向网络版，大多数报纸已经停止发行印刷版而专注网络版。《洛杉矶时报》的现金流四年前为2亿美元，如今仅有8000万；十年前有1000多员工，如今仅剩下一半。电视机构由于受众和广告的分流导致收入下降，也正面临着一个痛苦的过程。

新媒体，特别是社交媒体的迅猛增长，打破了美国传媒的传统格局，正使美国传媒业发生着颠覆性的变化。数据显示，2010年美国全年所有传统媒体的受众数量均为负增长，只有在线媒体受众数量以17.1%速度正增长。2011年5月的一项调查表明，47%的美国人获取新闻最重要的来源是手机或平板电脑。近几年中，三大电视网每晚新闻节目收看人群比例下降了一半。在这种形势下，传统媒体向现代媒体转化的步伐也在加快。《华盛顿邮报》通过社交网站和社区论坛创造与读者更宽泛的对话机会。要求每位员工通过使用Twitter和Facebook等社交媒体连接受众，并把内容推向更高级别。电视也在大规模利用网络社群开展互动，如主播在Twitter上推广栏目。NBC最受欢迎的广播栏目由著名主持人在每周一晚十点，线上线下同时互动，并提前12小时在

Twitter 上公布，吸引了众多年轻人参与。在当前环境下，美国广播电视媒体做的最主要的工作就是通过网络互动了解受众需要；通过内容定制等锁定受众群体，进行推广和互动。对电影产业来说，3D 技术的出现和应用，改变了电影的商业模式，增加了赢利渠道，3D 电影年收入已超过 1 亿美元。

3. 市场规律的“无形之手”与政策调控的“有形之手”共同发挥作用，推动美国文化产业的健康有序发展。

美国文化产业严格按市场规律办事，不仅按照文化艺术的规律生产，更按照一般商品生产的模式生产，全面的市场竞争和调节机制特征尤其明显。依托美国社会市场经济的整体体制，美国文化产业始终走市场化的道路，其追求的目标还是利润最大化和资本增值。这一模式最为显著的特点是充分保有竞争性。以电影业为例，全美有 3321 个影院、39333 块银幕，受众选择很多，竞争十分激烈。美国政府还通过立法规定广播影视节目播出的内容配额，保证制播分离，实现节目制作社会化。美国通信法规定，有线电视运营商传输关联公司的节目份额不能超过 40%，这一规定催生了辛迪加的出现，打破了电视网对制播市场的垄断。目前美国有超过 100 家电视节目辛迪加，美国电视节目的 50%来自辛迪加组织，2010 年美国电视辛迪加所代表的节目内容广告收益达 42 亿美元。在充分竞争的基础上，市场机制还促进了产业要素的聚集，形成了分工明晰、产业链完善的文化产业体系。如我们考察迪士尼时，对方介绍其产业包括影像和音乐、ABC 的电视全球播映、迪士尼连锁店、全球迪士尼乐园、豪华游轮，迪士尼网站和社会媒体、苹果手机应用软件等。加州与纽约两地集中了全美 60%以上的影视机构总部或制作室，围绕这些核心企业形成了庞大的影视文化产业群。2009 年美国有 9.5 万家从事影视制作与经营的企业，为美国公共收入贡献了 155 亿美元。

在完全市场运行的前提下，政府通过法律和经济政策杠杆，不遗余力地扶持文化产业的扩张。包括：(1)鼓励国际文化资本流入。美国是当今文化资本流入最多的国家。(2)制定促进文化产业集聚发展的优惠政策。如纽约州规定制片商影视作品的 75%在州内完成，就可享受 30%以上的免税优惠。目前全美 32 个州都制定了针对影视制作的优惠政策。(3)完善文化产品的版权保护。美国是世界上第一个针对文化产品立法的国家。20 世纪 70 年代以来，先后通过了《版权法》、《半导体芯片保护法》、《跨世纪数字版权法》、《电子盗版禁止法》等一系列版权保护法规，在全球形成了保护范围最广、相关规定最为详尽的法律系统。还建立起一套版权保护的商业运作模式，如辛迪加组织成立后，节目版权属节目制作商所有，辛迪加负责销售等事宜，销售利润均与制作商分成。

4.政府与民间形成良好的互动，联手推动文化产业的发展。

美国文化产业投资主体多元，构成政府、外来投资和融资体制结合的机制。一方面国家直接向所有符合政策导向的团体提供扶持，另一方面吸收非文化部门和外来投资，一些大财团就直接向许多有实力的文化产业巨头如美国广播公司、哥伦比亚广播公司等进行投资。据统计，联邦政府每年对各种较重要的公共文化组织的预算高达 20 亿美元。美国两大主要国家级文化机构——国家艺术基金会和公共广播公司都由美国国会直接拨款，负责支持艺术和非商业广播电视的发展。同时要求各州拨出相应的地方财政经费与联邦政府的文化发展资金相配套。美国政府还从联邦税法的角度为非营利性文化团体和机构提供便利,免征所得税。目前全美每年向文化捐款约计131亿美元,纽约大都会博物馆、新闻博物馆等大型博物馆每年接受的减税赞助达1200多万美元。美国政府对戏剧的资助主要针对非营利性机构,如果商业机构演出亏损可以得到政府给予的免税资助。戏剧的主要捐赠者是福特基金会,公司捐赠多少在政府征税时等额减免。

与此同时,美国民间有良好的捐助传统,社会和个人对文化艺术的捐赠十分踊跃。事实上,这种热情除了固有的价值观念等原因之外,也来自于政府的引导和鼓励。对于企业和个人来说,捐赠并不是无偿的付出,而是可以享受免税待遇。美国的遗产税很高,因此众多富豪都将资财或收藏品捐赠给公益的艺术基金会。纽约现代艺术博物馆的建设资金就来源于洛克菲勒家族的捐赠。

(二)美国文化产业发展的启示

作为早期欧洲殖民地和移民国家,美国文化在欧洲文化的基础上,吸收了来自世界其他地区的文化元素,在200余年的发展中逐渐形成独特而极具感染力的自有形态,并伴随全球化的进程传播渗透,美国成为当今世界的头号文化产业强国。美国文化产业取得如今的发展成就,必然蕴涵着符合事物发展的普遍规律。

如今中国文化的发展繁荣面临着前所未有的大好机遇。面对文化发展的"春天",我们更应该确立起文化的自信和自觉,以更加开放的胸襟从世界各国文化发展的先进经验中汲取精华、为我所用。

1. 清晰的核心价值理念塑造是文化产业发展的前提。

美国著名左翼学者詹姆斯·彼得拉斯在《二十世纪末的文化帝国主义》中提出美国实行的是“文化帝国主义”，即借助文化产业来输出意识形态和价值观念，其文化产品的大量倾销已成为最重要的文化渗透手段。美国正是通过文化的广泛传播使其核心价值理念控制了世界多国的文化生活系统，重塑受众群体的价值观念、行为准则等。这种核心价值理念除了人权、法制、平等普世的基本价值认同外，还有追求自由的精神、追求自我价值实现的诉求等，这些共同构成了个性鲜明的美国文化核心价值理念。虽然美国文化产业以赢利为指向，但其中有效融入了美国的价值观和意识形态诉求，时刻承担着传播美式价值观的使命。如迪士尼将其业务的核心定位为讲故事和创新，以包容、乐观和道德品质培养为产品创造的原则。迪士尼的动漫作品注重运用他国的文化元素，如《花木兰》等，它虽然以中国传统故事为蓝本，但追求自我价值的核心理念还是美国式的。

无论是美国文化产业在全球的强势、“二战”后日本文化影响力的快速提升，还是东南亚金融危机后韩国文化产业的迅速崛起都表明，文化核心价值观的普遍认同和有效传播，才是文化产业竞争力提升的主因。在当前国际问题与国家问题、虚拟社会与现实社会界限越来越模糊的大趋势下，没有核心价值理念的传播与融入，文化就会失去其精神价值的支撑，文化产业的价值诉求也将庸俗化、商品化，就会失去吸引力、影响力。胡锦涛总书记在第九次文代会重要讲话中指出，文化是民族的血脉，是人民的精神家园。这个命题的核心就是共同的核心价值体系。核心价值中第一个层面是人权、法制、信念等社会的基本价值，第二个层面是中华民族在五千年文明传承中不断汲取精华而建构起来的和谐、人本等特有的价值观。这二者与马克思主义和时代精神的结合，形成了社会主义核心价值体系。这是中华文化的“魂”，决定着文化的性质和方向。离开了这个“魂”，民族就没有赖以维系的精神纽带，文化产业发展就会迷失方向、走入误区，失去可持续发展的基础。从这个意义上说，近期我国对电视节目过度娱乐化、对广告过度泛滥化的治理规范正是确保社会主义核心价值体系在文化中占据主导地位的有力举措。与此同时，核心价值理念也是中国文化在国际文化产业博弈中占据一席之地的有力依托。不管何种诉求或表达形式，都必须建立在清晰的核心价值理念之上，文化产品和文化服务才能唤起普遍的心理认同。这一方面传媒发挥了很大的作用。此次培训班在纽约组织大家参加了新华社八十周年的庆祝晚宴，我们回国后不久苏州的城市形象片就在纽约时报广场上的新华社“中国屏”上播映，这个宣传片的核心正是其悠久的传统文化。由此联想到央视在纽约开设演播中心、孔子学院在全球迅速发展等，都是以文化价值的认同为先决的条件。

2. 做大做强文化产业必须遵循市场规律，建立开放和有序竞争的文化产业市场体系。

美国的文化政策模式秉承自由主义传统，以强调文化产品生产、销售的高度市场化和政府干预最小化为主旨。由于市场化运作和商业机制的纯熟运用，美国文化的传播、推广、再创造及时有效，使商业组织迅速获得巨大回报，形成了文化创造与产业实力的良性互动。上世纪早期出现的戏剧业在漫长的发展中经历了大萧条、广播电视出现等的冲击，也形成了营利性和非营利性节目两种模式，构建起完善的市场运营体系。据统计，百老汇对纽约市经济贡献超过 50 亿美元，外百老汇对纽约市经济贡献为 5 亿美元，各种商业巡演对美国经济的贡献达 30 亿美元。《歌剧魅影》推出至今总收入已超过 46 亿美元，而且仍在源源不断地创造着价值。再以美国电影业为例，金融危机与数码电影兴起等因素对美国电影生产造成了巨大的冲击，行业内部对此进行了积极的应对。如独立制片人变成合伙制片人，还出现了海外销售公司；进一步拓展了发行的渠道，开始探索在数码院线和有线渠道的电影点播，扩展了在年轻受众中的市场，整个电影市场的产量和收入又开始增长。与演艺、影视等产业一样，美国的演艺经纪业也十分发达。经纪公司有独家经营和股份制等形态。经纪公司通过佣金、电视制作的打包费、电影推销价提成等获得收入。

随着近年来文化体制改革的不断深化，我国公益性文化事业和经营性文化产业的界定日渐科学清晰，现代文化管理体制和市场体系日益完善。2004 年至 2010 年，全国文化产业增加值年平均增长速度超过 23％，2010 年全国文化产业的增加值突破 1.1 万亿元。十七届六中全会提出推动文化产业成为国民经济支柱型产业的目标，只有在遵循文化产业市场规律的前提下，才能实现这一目标。但是反观当前国内文化产业，还存在着一些与文化产业发展规律背离的地方，如沿袭追求 GDP 的模式，过度追求数量、重视生产而忽视市场和消费等，文化产业的地区、行业、所有制之间，还存在体制和资源的障碍，市场难以真正发挥资源配置的主体和效益最优化的作用，文化产业资源割裂、经营分散、效益低下、积累缓慢，由于缺乏真正具有市场主导性的综合性文化产业集团，对文化的综合竞争力提升和“走出去”战略都形成了掣肘。

美国文化产业发展的经验表明，文化产业是以版权为核心的经济形态，其发展的路径是以最小的边际成本创造最大的边际效益。为此，在文化产业的发展推进中，要把建立开放而有序竞争的市场体系作为首要任务，发挥市场配置资源和提升效益的基础性功能。在这种市场体系下，文化产品和要素能够在全国乃至全球范围合理地流动、整合，进一步压缩文化产品生产和销售的成本，提升文化企业的规模。美国好莱坞占世界电影产量不足1/10，却占全世界电影票房的70%。美国出版业也占全球图书销售的30%，迪士尼、康卡斯特(Comcast)、维亚康姆(Viacom)、时代华纳等公司通过并购等市场手段形成的文化企业集团已成为美国文化产业的主力军，由市场化而形成的规模化为文化产业市场效益提供了保证。

鉴于目前我国文化产业资源以部门、地区配置为主的特点，当前最主要的任务是通过深化文化体制改革，打破地区、行业等界限，建构起符合现代文化发展规律的产业链，促进全国统一文化市场形成。借鉴国际上知名的跨国文化产业集团的发展模式，支持有核心竞争力的优势企业开展跨地区、跨行业的横向整合与纵向整合。这其中，文化产业金融资本运作是重要的手段之一，文化企业进入资本市场将为并购重组等运作提供有利的条件。随着凤凰出版传媒集团等的上市，业界预测国内将出现一个文化企业上市的高潮。

3.政府应充分发挥监管扶持等作用，为做强文化产业提供有效保障。

美国政府没有设立文化部门专管文化产业，他们信奉市场规律和市场竞争对文化产业所起到的调控功能。美国政府这种“无为而治”的文化政策，激发了文化产业发展的巨大活力，拓宽了文化生活的空间。政府对文化多元化的扶持政策，也使公共文化和艺术陶冶功能在一定程度上实现了与市场的接轨。

经过多年建设，我国已初步形成了以《著作权法》以及电影、广播电视、出版、演出、互联网等管理条例为主的法律法规体系，文化管理体系较为健全。但在当前文化产业的现实发展中，各级政府虽然都有良好的意愿，却习惯于计划模式下行政指令的方式，在土地政策、税收政策、财政投入并无明确体系的情况下，以行政指令的方式直接涉足文化产品生产、文化企业发展等微观领域，如对影视剧、舞台剧等进行直接资金投入，在文化资源整合中“拉郎配”等。这种管理方式在一定程度上加剧了资源的割裂和低效投入与生产，妨碍了文化产业市场统一体系的形成，以及文化产业规模的跨越发展。在这一点上，美国政府的模式值得借鉴，即鼓励营造公平的竞争环境、制定以间接资源配给为杠杆的扶持政策。

十七届六中全会通过的《决定》中明确了“建立健全党委领导、政府管理、行业自律、社会监督、企事业单位依法运营的文化管理体制和富有活力的文化产品生产经营机制”。应以此为原则，进一步完善法律法规，完善行业准入制度，健全政策保障，鼓励公平竞争，特别是对不同行政层级归属和不同所有制的文化企业给予平等待遇。保证公共财政对文化建设投入，鼓励社会组织、机构、个人捐赠公益性文化事业，引导文化非营利机构提供公共文化产品和服务。在财政、税收、金融、用地等方面加大对文化产业的政策扶持力度。当前，多个地方政府都设立了鼓励文化产业发展的专项资金，在资金的管理和投放上，应按照市场和产业的导向，建立严格的评估投放机制，将资金投向有核心竞争力和良好发展前景的文化企业，防止出现“好处均沾”的现象。

4.科技与文化融合是文化产业跨越发展的重要助推力量，传媒业作为与科技革命最为密切相关的产业形态，应成为文化产业发展的主导力量。

产业的升级扩张总是以技术革命为先导。15世纪印刷术的出现使更多人能够自由阅读《圣经》，打破了教会对《圣经》解释权的垄断，催生了宗教改革。19至20世纪随着电子技术的革命性发展，广播、电视出现，传播开始进入大众时代。20世纪末开始，以互联网为代表的信息技术的出现，其意义不亚于印刷术的发明。以信息技术为核心的新型传播形态和媒体运作形态，极大地改变了社会的交流方式，更改变了文化产业的组织形态和发展形态。据统计，媒体达到5000万用户的时间，广播用了38年，电视为13年，因特网为4年，而Facebook达到1亿用户仅用了9个月，目前其全球总用户数为7亿。2010年，网络以46%的份额超过报纸4%，成为美国人第二大主要新闻来源。在线广告也首次超越了平面媒体广告。

上世纪以来，美国顺应新技术革命的浪潮，在文化产业上取得了巨大的优势。当前，在新一轮技术革命的风起云涌中，美国也通过运用新科技，在传媒的融合中衍生出诸多新型业态，使文化产业的产业链大大延长，从而形成了新的优势。当前，美国各传统媒体正以极大的热情与新媒体交互融合。如美国发行量最大的报纸《今日美国报》将信息打包发往社交媒体、移动媒体，与读者随时交流，其 iPad 客户端数量也位居全美第一。《纽约时报》、《华盛顿邮报》等知名报刊也纷纷将受众对准了人们的口袋（手机）。在日本海啸、“阿拉伯之春”等事件中，他们通过在社交媒体上招募临时记者，将现场的第一手信息发回报社。传统广播影视媒体经历近年来的大规模并购后，在网络等新媒体的运作上更为纯熟，ABC 每年 7.5 亿美元收入中有一半来自网络，NBC 的电视节目、环球影院、主题公园三大块业务中，每一项都有与之对应的在线内容。皮尤中心发布的《美国新闻业发展报告 2011》显示，新闻业越来越依赖独立的网络来售卖广告，越来越依赖谷歌这样的新闻集成网站和 Facebook 这类社交网络获得受众。针对新闻消费正更多走向移动阅读的情况，新闻机构还必须根据苹果这样的设备制造商、谷歌等软件发展商制定的规则来输送内容。

在新技术革命和新媒体发展中，中国事实上处在与美国等发达国家的同一起跑线上。中国互联网信息中心（CNNIC）发布的统计报告显示，截至 2011 年 6 月底，中国网民总数达到 4.85 亿，互联网普及率为 36.2%。过去 3 年中我国新增的互联网用户数多于美国当前的互联网用户总数。手机网民规模为 3.18 亿。过去 10 年，中国互联网经济的年均增速在 60%以上，是 GDP 增速的 5 倍以上。特别是微博等新媒体形态呈现出井喷的态势，据统计新浪微博用户已经超过 2 亿，腾讯微博用户超过 2.33 亿。国内主流新闻机构和互联网企业均已推出微博服务。截至2011年8月,入驻新浪微博的传统媒体已达4688个,其中广播电视机构2886个。新渠道和新体验也令新媒体消费增速迅猛。美国知名市场营销杂志《广告时代》调查报告显示,截至2011年6月底,我国网络视频用户达3.01亿,中国用户平均每周要花4小时来观看网上视频内容,比美国用户所花的时间多一倍。在新媒体覆盖人群上的优势,使中国新型文化产业发展的后劲十足。2011年中国互联网广告业务有望达到439.7亿元,增幅达46%。据麦肯锡调查显示,2011年中国仅在线视频网站广告费用就达60亿元,较上年增长100%,2013年这一数字将达130亿元以上。在科技与文化结合最为自觉、最为紧密的传媒领域,新渠道、新模式极大地改变了传统媒体单纯作为发布平台进行资源置换的方式,展现出多重的价值分布。在文化产业作为国民经济支柱性产业的要求下,我们更应坚定以科技为推动文化产业发展核心动力的理念,以传媒产业为先导,通过传统产业的科技型嫁接、新型科技创意型业态开发等,进一步丰富文化产业内涵,拓展文化产业链,提升文化产业的效益。

(三)把握机遇,推动城市广电传媒文化产业发展繁荣

党的十七届六中全会明确提出推动文化产业成为国民经济支柱性产业的战略目标,要求按照全面协调可持续的要求,推动文化产业跨越式发展,使之成为新的经济增长点、经济结构战略性调整

的重要支点、转变经济发展方式的重要着力点。当前，文化产业发展以单体发展突破为主的形态正在发生嬗变，呈现出区域整体竞争比拼的态势。各地不仅在重新认识文化价值，而且对发展文化产业的态度已从自发转向自觉，将文化产业作为区域经济结构转型提升的重要基点，作为区域综合竞争力建构的重要组成部分，通过区域性整合与龙头企业带动，推动文化产业的跨越发展。地方党委政府作为引导主体，在资源配给、政策倾斜等方面予以大力度的扶持与整合；文化龙头企业作为市场主体，将在区域文化产业发展中起到引领支撑的重要作用。

众所周知，服务业是文化产业的重要组成部分，在城市经济结构调整中起着极为重要的作用，而在城市化进程中，文化的影响力和凝聚力对区域人群心理认同中也具有主导作用。在传媒架构中城市广电传媒处于最为基础的层面，因其资源、市场和运营的现实水平，在所在城市区域经济和文化产业发展中通常扮演重要角色。以无锡广播电视集团为例，经过“十一五”的快速发展，集团在品牌影响、综合实力、媒介体系、产业布局等方面都位居国内城市广电行业的领先地位，也在文化产业发展中居于领军和主导地位。当前，随着十七届六中全会的召开，文化大发展大繁荣决策的明确，文化产业大发展所必需的政策、市场、消费等资源和条件都已具备，作为文化建设重要力量的广电传媒更应承担重责。对无锡广电来说，就是要在“十二五”期间实现自身产业跨越式发展，进而在区域性整体文化产业综合实力竞争中，承担起领军力量的作用。

我们的总体目标是探索具有时代特征、符合文化规律、适应现代传媒发展的道路，努力创建国内一流的现代综合性传媒集团。

宣传主业应构建起多媒体、跨领域、全覆盖的现代传播体系，实现媒体融合、资源集约、品牌鲜明、影响广泛的建设目标；文化产业应构建起创意主导、传媒特色、多元开发的现代市场经营体系，实现资源共享、竞争有力、实力强劲的建设目标。到2015年，集团年营业收入总额力争达20亿元，总资产达50亿元，总投资超50亿元。

我们的发展路径是新闻立台、产业强台、科技与人才兴台。以高度的文化自觉，努力把握政策、市场、人才流动等方面的机遇，把握自身规模、体质、品牌、体系等方面的优势，着力实现文化产业相关业态的转型提升。具体包括以下几方面的措施。

1. 坚持公共属性，坚定新闻立台战略，打造新闻宣传主阵地。

新闻媒体的舆论宣传职能，是城市广电传媒存在与发展的合理性基础。作为城市广电传媒主业的新闻传播，必须坚持以社会主义核心价值体系为主导，摒弃封闭、线性、分割的制播形态，构建策划、采集、编播、反馈一体化的新闻传播体系，提升广电传媒的公信力、影响力和感染力。

一是强化议程设置功能。加强传统媒体与新媒体的议程互动机制，将传统媒体的权威、深度优势与新媒体的即时、互动和用户黏度等优势有效结合，在同一主题上按照先期设置的议程实现充分互动，通过立体化的同步传播，使舆论在多个媒体上实现“共振”效应，有效放大舆论引导功能。二是强化统一平台的建构与运作。依托新闻决策指挥中心的建构和运作，实现传统信源与网络、移动等多个信源的整合，对开放状态下的信息进行筛选，并通过合理调配，决定信息的呈现、去向、回路等，通过多渠道、多介质、多样貌的内容传播，实现信息高效流动。三是强化话语表达的本土性。新闻表达由传统方式向本土话语转变，实现更高层级上的“本土化”、“定制化”。在立足本土的基础上深挖本土，在定位、内容、样态、对象等方面形成与央视、省级媒体新闻的有效互补，努力打造区域政治、社会、文化的新闻主窗口，话语权的主阵地。特别是要借助策划，通过深度链接、多视角呈现、个性解读和评论等手段，凸显新闻价值，突出差异性和唯一性。

2. 增强内容聚合能力，实现从内容供应商向内容整合商的转型提升。

从传统的以PPC（专业机构自制）为主的模式向内容整合为主的模式转变。媒体融合导致的渠道过剩在助推“内容稀缺”的同时，也使内容制作正呈现廉价商品化的趋势。根据经济学理论，对于无差异的商品而言，价格在竞争中将逐渐趋向边际成本，而数字内容的边际成本为0。虽然“三网融合”推进中广电传媒仍在内容供应上占据主导，但视频网站的裂变式发展令广电传媒在内容集成提供上的核心优势正在消减，为此必须对内容价值进行深度挖掘。一是增强内容聚合能力。依托品牌及地域主导优势，进一步拓展内容的传统信源与民间信源，特别注重UGC（用户贡献内容），建立用户上传及反馈的渠道和平台，通过全台网、媒体资源管理系统等进行结构化、类型化和数据挖掘，对来自民间的播客、网络短剧、微电影等内容进行整合，通过UGC内容增强体验感。二是增强适应细分市场的能力。根据媒体自身定位，在满足本土受众市场需求的前提下，进一步开发自身策划及原创内容资源，打造适合于新媒体的各种“微内容”，并充分利用版权，在产品中添加标注和分享等，使用户能更好地搜索和体验。三是增强内容向多终端渗透的能力。当前依托TD技术的音视频内容开发、互联网(移动互联网)APP应用等层出不穷。如近日央视与中国移动合作推出《视频手机报》等。可充分利用自身在内容生产上的专业优势,着力构建内容加工服务平台,根据不同媒体终端要求进行整合与加工,制造适合于其他新型媒体终端的产品。

3.发挥数字化力量,增强新媒体拓展能力。

数字技术的发展,使信息整合呈现出多维的形态,标准化写入的信息可同时在网络、手机、微博等媒体上使用,并进行相应的整合。城市广电传媒在新媒体运用上与其他层级媒体基本属于重合空间,为此必须抓住这一机遇,发挥新媒体在自身内容、产业及相关业务流程的整合再造中的作用。一是利用新媒体对新闻采编播及内容生产流程进行再造。以新媒体平台为主导对多个渠道信息进行汇集整合,并按照相关媒体的播发要求进行多点分发传送,在此基础上依托信息多点到达叠加信息价值。同时消除媒体管控的薄弱环节,对社交媒体、论坛等的舆论、内容进行有效监管。二是着力推动数字新媒体与传统媒体嫁接。通过新媒体在新闻和内容方面捕获事实及更多相关背景、数据,并利用社交媒体创造跨平台的社交网络,与媒体消费者建立起具有互动功能的联系,将媒体专门技术与新闻消费者的意见有机融合。深化与新浪、腾讯、土豆网等的战略合作,加强对微博、视频点播等传播手段的应用,提升节目的受众契合度和市场影响力。三是积极开发网络视听、数字出版、团购、微博等新兴产业链。随着三网融合的推进,新媒体发展的空间进一步被打开。据估算,三网融合在业务层面市场化、常态化后,将形成并带动1.6万亿元的产业市场规模。无锡广电在主频道、主频率播出的主流新闻节目，首先要在网络广播电视实现直播、重播和滚动播出，随后进一步深化与CNTV（中国网络电视台）的合作，以CNTV为主平台强化自身新闻及内容产品向网络推送的力度。四是依托新媒体升级无锡广电用户管理系统。一方面整合新媒体，特别是社交媒体的传播渠道，增强互动体验，提高传统媒体内容等产品推入新媒体的到达率，重新捕获用户；另一方面通过新媒体平台强化对用户的分析、跟踪、服务，并最大限度地接收、整合用户在信息和内容方面的上传。

4.完善市场化机制，打造龙头骨干文化企业。

城市广电传媒播出平台虽属垄断性资源，但城市层面的传媒竞争使城市广电传媒资源置换的难度进一步增大。媒体融合时代，城市广电传媒简单依靠资源售卖获得回报的空间正日益缩减。为此，必须以现代市场机制整合资源及市场，实现经营业态的升级，并进而发挥在区域文化资源整合及区域文化产业发展上的带动引领作用。要达此目标，应从以下五方面入手。

一是做强资源型、基核型产业，即广告与内容产业。广告变广谱的单向输出为多种要求套装组合，与客户充分互动，实现精准投放；以互动、娱乐、内容植入、情感营销等形式，整合传播资源，变效果评估型起点服务为全流程服务；整合SoLoMo概念（即Social，社交；Local，本地；Mobile，移动），通过引入移动互联网、社交媒体等平台及其概念、运作方式，将线上本地发布与线下商务活动有机结合，直接与消费者形成互动，在团购等本地业务中形成新的赢利点。内容生产上依托媒体资源管理系统，对形式内容进行嫁接和创新，增强内容聚合能力，构建内容加工服务平台；强调产业链上游的影视内容策划制作，并通过版权获得等路径进入下游的影视内容展示、分发、销售等。依托无锡（国家）数字电影产业园，发挥专业机构优势，在影视剧生产上取得突破。

二是做强资源型延伸产业，包括基于互联网产业的网站运营。依托无锡最大门户网站太湖明珠网，整合无锡广电媒体内容资源，升级网络电视平台系统，实现向手机、iPad 等各种终端定制发送的能力。拓展手机电视、手机报等业务，针对新媒体终端，通过定制 APP 上线、用户付费下载、订阅等实现新的增长；基于无锡动漫公共技术服务平台的动漫游戏业，在影视动画前期高端技术支持、后期合成渲染支持、互联网及商务数据分析、创意机构总部集聚、高端创意展示、创意人才培训、影视动画版权交易、动漫原创、外包及手机游戏开发等方面形成优势；依托国家级出版创意园区的数字出版业，发挥无锡广视博闻数字出版有限公司地缘、政策、人才、市场等优势，整合无锡广电内容、制作、创意等资源，以数字出版、版权合作开发、新媒体广告、新媒体 APP 应用等为主要业态，打造有较强辐射力的数字出版创意产业新平台；依托无锡数字移动电视的数字终端运营业，发挥数量和技术等优势，丰富移动多媒体终端产品产业链，开发相关产业项目，形成新的增长点。

三是做大整合型延伸产业，即依托无锡广电在行业内较为突出的品牌资源及较为成熟的运作能力，借力或整合演艺及会展资源，实现演艺和会展产业的新拓展。

四是做强以城市综合体为依托的相关产业，根据全市统一规划及集团自身内容、渠道、资本等要素的集成状况，以全市三大重点文化建设工程为核心平台，推进城市综合体建设。(1)由总部区域城市文化综合体打造无锡文化名城展示区、无锡影视文化产业集聚区、无锡文化旅游体验区。(2)由无锡数字动漫创业服务中心打造现代化文化创意产业展示和集聚中心，全国一流的影视文化综合创意园区。(3)由无锡影视文化交流中心打造华东地区一流的现代新型传媒文化会展服务平台。目前，无锡广电已将上述城市综合体相关资源整合打包，并已经国家广电总局原则同意，正在申报国家级影视文化产业基地。

五是做强资本型裂变发展业态。通过筹资目标10亿元的无锡华映文化产业基金这一资本运营平台，形成对全市文化产业发展的助推引领作用。依托无锡广电在传统媒体领域的优势资源，结合华映在新媒体领域的丰富经验和广泛布局，一方面打造集团上市企业，另一方面发挥金融资本作用，加快全市产业转型发展。这项措施主要面向移动互联网等新媒体、电子商务、数字出版、影视音乐、文化旅游以及高科技文化制造业等其他文化产业。通过内容注入与渠道整合，创造企业价值；重点选择处于成长期、扩张期和成熟期未上市阶段的企业优质文化企业，将华映优质资源注入，帮助他们尽快达到上市标准。

5. 提升从业人员整体素质，打造传媒人才高地。

随着全球化趋势的日益明显，文化产业及传媒业竞争已经进入了全新的层面，以资源、产品为依托的竞争形态正在被以核心知识产权和创意为主导的竞争所取代。这其中，人才成为应对竞争、实现组织战略目标和持续发展的首要资源。美国不久前辞世的苹果掌门人史蒂夫·乔布斯以其天才的构想改变了世界沟通与交流方式，改变了媒体的运作形态，更改变了人们对于文化的传统认知。乔布斯的传奇经历，正是对人才决定性作用的完美诠释。1997年，乔布斯离开12年后重掌苹果公司。短短10年苹果公司每股股价已飙升10倍。2010年，苹果公司甚至一度成为全球市值最高的企业。乔布斯在科技与消费文化融合上的超凡感知和另类思考的精神，使苹果的产品与服务独树一帜，深入人心。在人才的使用上，乔布斯相信由顶尖人才组成的团队能够运转巨大的轮盘，因此只拥有人数较少但是创意顶尖的团队就足够了。为此他花费大量精力和时间充当伯乐。乔布斯创立的皮克斯公司(Pixar)，没有"中层、部门、领导"的概念，有的只是各种不同专业领域的人才。创新是公司对员工最基本的评价标准。每个电影都是集合最聪明的漫画家、作家和技术人员的最佳努力而成。

作为资源、规模、产品等维度处于劣势的城市广电传媒企业，人才在竞争和发展中的作用更为关键。必须积极创造条件，开发和培养文化人才，提升人才综合素质与文化产业的掌控运作能力，特别是增强运用新型传播、技术、管理等方面的能力，提升文化企业的创意和营销等能力。

一是确立人才发展战略。与区域文化人才政策和文化人才引进战略等接轨，制定中长期文化人才政策。人才引进培养的重点包括文化产业项目开发经营、资本运作等方面的产业经营管理高端人才，熟悉演艺、影视、动漫、新媒体、数字出版等方面内容的创意人才，熟悉国际文化产业规则、适应区域和国际竞争需要的高级文化产业管理人才等。二是建构教育培养模式。充分利用与国际、国内高等院校和科研机构的合作培养文化产业高层次人才，利用江苏媒体中首个博士后创新工作站，开展人才交流，建立起人才培养的柔性机制。通过委托、定向培养、双向交流等途径开展学习进修，培养营销策划、文化生产和经营管理等方面的人才。三是以现代人力资源管理理念确立文化人才的投入、考核、使用等机制。加大文化产业人力资本的投入，创新人事管理市场化机制。从过去着重抓微观管理、事务管理转变为着重抓宏观管理、政策管理和协调服务的现代人力资源开发管理形态。依托市场化人才流动平台和社会化人力资源服务体系，为文化人才的合理流动搭建平台。构建现代传播平台、技术创新平台、信息服务平台等，为文化人才发展提供平台和事业保障。

十二、从迪士尼商业模式看美国文化产业的发展趋势

山东电视台台长助理　高立民

迪士尼是美国传统文化产业的代表性企业。言其传统，一是成立时间长，二是有别于谷歌、Facebook 等新兴文化企业；言其代表性，则是基于其影响力和企业规模。研究迪士尼的成长过程及商业模式，有助于我们看清文化产业的发展规律和特点，推动我国文化产业的发展和做大做强。

(一)迪士尼公司的发展历史

全球第二大娱乐媒体集团迪士尼公司，从上个世纪成立迄今已有近 90 年的发展历史。这一历程大致可以划分为四个时期：

1. 开创时期(1923—1946 年)。

1923 年 10 月 16 日，华特和罗伊兄弟正式成立迪士尼公司，最初命名为“迪士尼兄弟卡通动画工作室”，很快改为“华特·迪士尼动画工作室”。华特和罗伊各司其职，华特为公司的核心“创造”动力，受到公众的瞩目，而罗伊则负责幕后，掌管公司财务和运营。

迪士尼工作室早期制作的56个爱丽丝短片和《幸运兔奥斯华》都取得了成功，但是迪士尼兄弟发现，《幸运兔奥斯华》的版权竟不归自己所有，而是归环球公司(Universal)。这给迪士尼兄弟一记教训，奥斯华的损失也成了迪士尼传奇的一部分。接着，就是米老鼠的诞生。1928年，迪士尼动画电影上映，可以说，不管对发行商还是电影院，米老鼠都是一举成功。米老鼠之后，《糊涂交响曲》(*Silly Symphonies*)系列短片尝试加入了声音和音乐，又一次取得成功。而且，迪士尼公司最早采用了特艺公司(Technicolor)的色彩技术，制作了彩色卡通片，占领了一定的市场。这一时期，迪士尼公司跟发行商进行了合作，先是一个小工作室哥伦比亚电影公司，接着跟稍微强大的联美公司(United Artists)合作了五年，然后是跟“五强之一”的RKO电影公司(Radio-Keith-Orpheum Pictures)合作了十多年，全力挖掘市场。可以说，没有这些合作伙伴，迪士尼公司难以发展起来。

“二战”期间，从1942到1946年，在美国政府的支持下，迪士尼工作室制作了大量培训和指导性的电影，为农业部、国库、政府、陆军和海军服务。这段时期，迪士尼工作室的发展很大程度上依赖于美国政府。

迪士尼工作室在开创时期就达到了它的黄金时期，之所以成绩突出，是因为它在发行上跟几个主要的电影公司(哥伦比亚、联美、RKO)合作；在产品上，利用技术革新如声音和颜色，制作短小的主题；而利润则来自广告合约(公司在低廉产品中收到了2.5%的特许权使用费，而在高价产品中则能收到5%)。这些原因，使得迪士尼能作为好莱坞的一个小独立制片公司生存下去。

2. 调整时期(1946—1966 年)。

“二战”后,迪士尼开始制作和发行真人主演的电影,目标受众为家庭观众;而迪士尼娱乐王国开始通过电视和主题公园扩张。此时,迪士尼已经不满足于仅仅是一个工作室,而是要通过主题公园和电视节目成为大众文化的创造者。

起初,迪士尼公司制作了一些圣诞节特别节目,1950 年在美国全国广播公司(NBC)播出。1955 年,加州迪士尼乐园成立。为了宣传乐园开张,迪士尼与电视台加强合作。1954 年,周播系列节目“迪士尼”在美国广播公司(ABC)播出,七年之后又以“华特·迪士尼的彩色世界”的名义在 NBC 播出,这一播就是 26 年。到 1966 年,迪士尼公司的市值已经达到 1 亿美元。迪士尼公司已经成功地从一个边缘公司转变为美国大众文化的核心商业公司。

3. 摸索时期(1966—1984 年)。

1966 年华特·迪士尼去世后,公司由他的女婿罗恩·米勒(Ron Miller)接管。他将经营重心放在不动产的投资及删减创意部门上,制作的电影似乎没怎么为公司赢利。到上世纪 80 年代初期,迪士尼所占的电影观众份额已经下滑到了 4%。

上世纪 70 年代,迪士尼在 NBC 的电视节目收视率一直下降,迪士尼的复兴也都越来越受到质疑,直到 1981 年,NBC 终于宣布停播迪士尼节目。而这一时期,佛罗里达和加利福尼亚的主题公园,接待的游客也减少了。罗恩·米勒只是在做公司创始人之前做过的事情,缺少了创新,而华特·迪士尼的侄子罗伊·迪士尼认为公司如果继续如此经营下去,只会变成华特·迪士尼的“纪念馆”,两人理念不合,内部派系之争不断。1984 年,罗恩·米勒终于辞职下台。

4. 第二黄金时期(1984 年至今)。

1984 年,迪士尼新的管理团队建立。迈克尔·艾斯纳(Michael Eisner)被任命为迪士尼首席执行官,他被评价为"比华特·迪士尼更华特"。管理人员还包括了华纳兄弟的前副主席弗兰克·韦尔斯(Frank Wells)。艾斯纳和韦尔斯给迪士尼带来了更丰富的经历。从电影制作发行,到电视台合作,再到主题公园的经营,都有了很大改善。

这段时期,艾斯纳和韦尔斯看到了家庭视频市场的发展潜力,整理了迪士尼动画经典,做成套装发行到家庭视频 DVD 市场。仅在 1986 年,家庭视频净收入就增加了 1 亿美元。

据统计,从 1983 到 1987 年,迪士尼每年收入不止翻倍,利润接近五倍,而且迪士尼股票市值从 20 亿美元增加到 100 亿美元;到 1994 年,市值达 280 亿美元。到 1998 年,公司总利润接近 230 亿美元,资产超过 410 亿美元,净收入 18.5 亿美元(数据来自迪士尼年度报告)。

自公司新团队组建以来,迪士尼帝国比以前扩展得更广泛。除了集中发展有价值的产业和执行之前的政策,迪士尼团队也应用上世纪 90 年代娱乐商业背景之下的新战略。迪士尼的扩张并不仅仅依靠电影,而是借助迪士尼品牌之名发展大量广泛的商业活动。

从上世纪 90 年代至今,迪士尼集团依然延续着公司创新的理念,永不满足于现状地发展,与时俱进,不断结合新兴技术,拓展自己的业务范围,比如有线电视、网络、手机、互动平台等。

(二)迪士尼公司的基本业务构成

当今的华特·迪士尼集团,已是一家多元化的全球娱乐集团,遍布北美、欧洲、亚太和拉美地区,员工已经达到14.9万人,拥有五大产业链:影视娱乐系统、传媒部、消费产品部、主题乐园和互动媒体集团。

1. 影视娱乐系统。

影视娱乐部门制作和收购真人电影和动画节目、DVD内容,录制唱片和现场舞台剧。这些电影主要在影院市场、家庭娱乐和电视市场发行。

华特·迪士尼电影公司,是迪士尼集团的一个子公司,制作和收购以迪士尼品牌的电影制作的真人电影,发行则由该公司和试金石影片公司(Touchstone Pictures)、米拉麦克斯影业公司(Miramax Films)等执行。迪士尼集团也会以华特·迪士尼电影公司和皮克斯动画工作室(Pixar Animation Studios)之名制作和发行动画电影。

迪士尼集团直接通过自己旗下的电影公司在国内发行家庭娱乐产品,而对于国际市场,则依靠自己的公司和国外发行商。同时,在影院放映结束的四到六个月内,公司还会发行DVD或者其他数码格式的产品,同时销售给零售商,比如沃尔玛和百思买公司(BestBuy)等。据2009年10月的统计,华特·迪士尼电影公司、皮克斯、试金石、好莱坞电影公司、米拉麦克斯和帝门影片公司(Dimension Films),在美国国内家庭娱乐市场共制作和收购了约

1900部电影，包括1500部真人电影和400部动画电影，而在国际市场上大约有2900部，包括2400部真人电影和500部动画电影。

迪士尼音乐部门包括迪士尼唱片、好莱坞唱片、歌词街唱片、博伟音乐和迪士尼音乐出版。

2. 传媒部。

传媒部门由以下业务构成：国内广播电视网络、电视节目制作和发行、国内电视台、国际和国内有线电视网络、国内广播网络和电台，出版和数字业务。

迪士尼集团1995年收购了ABC电视网络，2009年10月与233家地方电视台签订隶属关系协议，全美国99%的家庭住户都可以收到ABC的信号。ABC电视网自制节目，或者从第三方获得播出权，同时也授权旗下所属的地方台播出节目或者商业广告。ABC电视网的收益大都来自出售广告时间给广告商。ABC电视网还拥有官方网站ABC.com，可以在线观看ABC电视台的节目。此外，新闻网页能提供全球深度新闻报道。迪士尼集团在ABC工作室、ABC媒体制作公司和ABC家庭制作公司的名义下制作和发行真人和动画电视节目。迪士尼-ABC国内电视和迪士尼-ABC-ESPN(Entertainment and Sports Programming Network)电视国际各自独立在国内、国际发行集团的产品。同时，集团的产品还会以DVD格式由影视娱乐部门和在线分别发行。迪士尼集团拥有十家电视台，其中六家在美国市场上名列前十位。所有这些电视台都隶属于ABC电视网，拥有美国23%的电视用户。

迪士尼集团的有线电视网提供国内电视节目，授权给国内和国际市场，投资国外电视广播节目的制作和发行。有线电视网的两大主要品牌就是 ESPN 和迪士尼频道。除了有线电视网业务，公司还经营这两大品牌的广播网。有线网的收益主要来源于向用户收取有线、卫星和电信服务的费用以及出售广告时间给广告商的所得（主要是 ESPN 和 ABC 家庭频道）。ESPN 是一个多媒体、足球娱乐跨国公司，经营六家国内电视足球网，以及四家高清电视联播服务网。ESPN 与 46 家国际足球网络达成协议，信号能到达全球 197 个国家和地区。迪士尼频道是 24 小时有线网络，目标人群是孩子和家庭，内容为原创系列和电影，包括真人喜剧系列、动画节目和学前教育系列以及迪士尼原创电影。

迪士尼集团的 ABC 电视网、迪士尼频道、ESPN、ABC 家庭频道、ESPN 广播和迪士尼广播网以及其他广播和有线网络在美国甚至全球市场都很有竞争力。

3. 消费产品部。

消费产品部门参与设计、发展、出版、促销及出售大量基于已有的和新的迪士尼人物的衍生产品。迪士尼集团在全球授权经营的产品非常多，主要有：玩具、服装、饰品、鞋类、家庭装饰、健康、美容、食物、文具和电子产品等。人物形象都来自电影、电视等节目，比如米老鼠、维尼熊、公主等。迪士尼世界出版集团在很多国家以多种语言出版儿童图书杂志，业务包括迪士尼全球图书、全球儿童杂志、迪士尼家庭娱乐和迪士尼英语。迪士尼英语目前在上海有五个中心。

迪士尼主题的产品通过迪士尼零售店和北美、英国迪士尼网站销售。零售店大多建在大型商场和其他零售综合大楼中。迪士尼在北美拥有 231 个商店，在欧洲有 109 个商店。

4. 主题乐园和度假区。

迪士尼集团拥有和经营位于佛罗里达州的华特·迪士尼世界度假区、加利福尼亚州的迪士尼乐园度假区，迪士尼度假俱乐部、迪士尼邮轮和迪士尼探险。公司还分别掌握51%和47%的巴黎迪士尼乐园和香港迪士尼度假区的有效所有权。公司还授权东京迪士尼度假区在日本经营。2009年11月，迪士尼落户上海浦东区的项目计划也获得了我国有关部门的批准，2011年4月破土动工，预计2015年完成。

主题公园和度假区的收益主要来自门票费，酒店住宿费，商品、食物、饮料费，出售和租赁度假俱乐部装备的收入，以及邮轮度假套餐费。

5. 互动媒体集团。

迪士尼互动媒体部门通过互动媒体平台，创造和发表迪士尼品牌的娱乐和生活内容，包括制作视频游戏的迪士尼互动工作室，制作网站和在线虚拟世界的迪士尼在线，收益来自赞助商的广告费、订阅服务费和电子商务。另外，这个部门还在日本合作经营迪士尼品牌的手机业务。

（三）迪士尼公司的产业模式及其特点分析

迪士尼公司从一个小工作室成长为世界动漫第一大品牌、全球第二大传媒集团，其业务范围之广、产业链之长，令众多品牌难以企及。综观迪士尼产业模式可见，品牌延伸和创意放大是迪士尼业务扩展的基本出发点。

1.品牌延伸。

品牌能推动市场价值,对文化产业的长期发展起到非常正面的提升作用,指导创意内容的持续开发并保持一贯性;品牌能反映和满足消费者的需求,带动整合性市场营销、提供丰富全面的娱乐体验,更能创造多元价值,全方位有效拓展业务。

"迪士尼"连续数年入选《商业周刊》(*Business Weekly*)评选的全球十大最有价值的品牌。迪士尼品牌之所以有价值,是因为它背后凝聚着文化的积淀,一种可以让顾客终身持守的品牌信仰,即迪士尼能为他们的家庭带来老少咸宜的娱乐。迪士尼将这种品牌承诺持续且全面贯彻于所有相关的创意内容、市场营销和衍生产品等,这利于品牌价值的长期积累,对迪士尼整个产业链的发展和提升产生积极而深远的影响。迪士尼品牌触达消费者生活的许多层面,如电影、电视节目、音乐、游戏、主题乐园、舞台表演和消费商品等。迪士尼正是凭借强大的品牌形象从最初的动画领域延伸到多个产业领域,形成了五大产业链,实现了价值的最大化。

华特·迪士尼一直认为只有借助电视节目的广泛宣传,赢得观众后,才会促销迪士尼公司的电影。利用电视的作用,定期播放关于迪士尼乐园的虚拟节目,既赢得观众的支持,也赢得投资方的信心。

迪士尼每次推出一部新片之前,整个集团上下一致,全力配合,利用所有宣传机器:迪士尼电视频道、所辖 ABC 电视网、迪士尼网站、迪士尼乐园、迪士尼玩具专卖店,并与其战略伙伴电影院、麦当劳和可口可乐公司等有关方面合作,进行整体宣传。

通常情况下,一部电影即使再轰动也只是"一时"。但迪士尼要让它变得更为长久，于是采用了连环套：影院放过后，电视播，接着是录像带、光盘、书籍等出版物，同时将“明星”、“偶像”制成玩具，印在服装上，让它走进孩子和家长的内心深处。迪士尼可以将一部热门电影如《狮子王》变成大为轰动的特许经营系列，衍生出电视剧、图书、玩具、主题公园和百老汇演出……

除了影片的发行网外，迪士尼还拥有商品、书籍、玩具、服装、电视以及录像带等其他商品的全球发行网络，所有这些构成了迪士尼复杂完备的基础设施。在此基础上，经过多年的努力，迪士尼在动画片以及其他产品的制作方面已经赢得了人们的信任，建立起了世界性的声誉。

迪士尼同美国在线-时代华纳一样，已经将其产品推向全球，并已经同法国、日本和拉丁美洲的多家公司签订了产品生产和销售协议。迪士尼的米拉麦克斯公司在欧洲建立了以英国为基地的电影公司。迪士尼对全球电视市场发起了全面的攻势。它是斯堪的纳维亚广播系统（SBS）最大的持股者，SBS 公司是挪威、瑞典、丹麦、芬兰、比利时和荷兰的主要地方商业电视的所有者和运营者。迪士尼在全球拥有无与伦比的娱乐以及新闻品牌优势，其麾下有 590 家遍布全球的迪士尼零售商店。它同成千上万家制造商和零售商有买卖和特许关系。迪士尼正在成为一个“全球消费品的最终制造公司”。

2. 创意放大。

所谓文化产业，本质上就是以创意为核心竞争力的产业。对文化企业经营者来说，如何获得优秀的创意并使之产业化、市场化，是永远的课题。优秀文化企业和优秀文化人才一个很重要的区别是，文化人才可以有很好的创意，但文化企业必须具备将优秀创意产业化、最大化的能力和机制。任何一个好的文化项目、文化产品，都是从一个优秀的创意出发，不断实现，不断延展放大的结果。一个国家，一个民族，优秀创意的多寡与文化氛围、思想环境有关，而将优秀创意实现放大的能力和机制，则取决于一个国家文化企业、文化产业的成熟度和竞争力。迪士尼作为一家跨国经营的文化娱乐集团，其核心竞争力的构建和提升，很大程度上是围绕创意的挖掘提炼扩大来运作的。除了品牌延伸，将优秀创意放大，也是迪士尼业务扩展的基本出发点之一。

迪士尼的成功，是与一系列的优秀创意、模式创新密切相关的。华特·迪士尼制作第一部卡通影片《爱丽丝历险记》时，就突发奇想，要把真人放入卡通影片中，其中的爱丽丝由童星演出。将真人置身于卡通世界最终获得了成功。迪士尼在创造第一个成功的卡通兔子“幸运兔奥斯华”后，又创造了富有生命力的卡通形象“米老鼠”，并且先后拍摄了三部米老鼠影片，引起巨大轰动，米老鼠一夜成名。而华特·迪士尼还采用创新技术，在第三部米老鼠影片《蒸汽船威利》中亲自为米老鼠配音，从此结束了卡通影片无声的历史。到1930年，米老鼠已成为全世界家喻户晓的卡通形象，华特·迪士尼积极拓展米老鼠的商业领域，将产业链延伸到出版界，出版了米老鼠故事书，第一年就售出近十万册；又与“国王漫画”公司签约，出版米老鼠连环漫画；随之又进军电视领域。所以，华特·迪士尼常说：“这一切始于一只老鼠。”

的确，如果没有米老鼠的创意，没有米老鼠的精彩故事，也许不会有迪士尼集团的今天；但是如果仅仅有一个米老鼠的创意和故事而没有华特·迪士尼创造性的实现和放大能力，迪士尼集团也可能就仅仅是一个电影制片公司而已。迪士尼成功的秘密，不仅仅在于其优秀的创意，更在于其将优秀创意实现和放大的机制。

迪士尼公司发展至今，一直秉承创意优先的理念，将优秀创意的价值和影响力实现最大化。在这方面迪士尼公司尤其善于利用新兴科技和媒体。以《玩具总动员》为例，它是迪士尼在全球男孩玩具市场上的重要系列之一，全球零售营收估计已超过 80 亿美元，在中国也突破了 1800 万美元；香港迪士尼乐园里的《反斗奇兵大本营》主题游乐区刚刚在 2010 年 11 月全新开幕。在《玩具总动员 3》电影上映时，迪士尼更以创新手法，发挥各事业体的协作力量，启动了一次整合性的市场营销。比如在美国，迪士尼首创通过 Facebook 来销售电影票，将销售与新兴热门的社交网络结合。当时更借《玩具总动员 3》入围奥斯卡金像奖最佳影片的时机，将市场和各项衍生商品的声势推至最高点。而在中国，电影上映时也通过新媒体广为宣传，包括推出手机游戏、和国内著名电影网站合作、运用微博和影迷零距离接触等。最终《玩具总动员 3》的全球票房超过了 10 亿美元，是影史上打破了这个难得的票房纪录的第七部电影。

迪士尼主题公园和度假村更是品牌延伸和创意放大的完美结合。而目前，迪士尼邮轮已成为最具增长性的一项业务。从 1998 年起，迪士尼开始运营邮轮“迪士尼奇迹号”和“迪士尼魔术号”；2011 年 1 月，又推出了“迪士尼梦想号”。据悉，这是迄今为止在德国建造的最大邮轮，可容纳 4000 名乘客。

(四)迪士尼公司模式对美国文化产业的影响

正如迪士尼公司所期待的,几十年来,迪士尼一直领跑娱乐业;而迪士尼模式对美国文化产业的影响绝对不容小觑,多个大的文化集团都在有意无意地效仿迪士尼的做法。尤其是在围绕品牌延伸和创意放大、做大做长产业链方面,迪士尼的模式已经成为行业的通例。最值得关注的是另外两大文化传媒集团FOX(福克斯)娱乐集团和NBC环球集团。

1. FOX娱乐集团。

和迪士尼一样,FOX是在20世纪初由刚出现的电影开始起家的。1915年,威廉·福克斯成立了福克斯影业集团,成为当时世界上第一家集电影制作、发行、放映于一体的公司。1935年,福克斯影业集团改组成为20世纪福克斯公司,开始了领导美国电影的历程。1985年,公司被新闻集团总裁默多克买下,而默多克看中的是其下属的福克斯电视台。1986年,默多克创办了福克斯广播公司(FOX),福克斯广播网已经成为美国第四电视网。凭借福克斯这一重要的传媒品牌,公司从20世纪80年代到90年代中期不断扩张业务。1996年,默多克创办FOX NEWS(新闻频道),目前已是美国第一大新闻频道;1998年,FOX娱乐集团成立;1999年,默多克购买了自由电视网,更名为FOX体育网。2000年,公司对内部有线电视业务重组,形成了FOX有线电视网。2005年,默多克斥资买断了FOX娱乐集团的全部流通股,完全控制了该集团。

FOX 娱乐集团的产业链也很长，在美国媒体市场的影响力令人咋舌，其麾下包括 20 世纪 FOX 电影、FOX 新闻网、FOX 电视网、FOX 有线电视、直播电视网、FOX 移动娱乐、FOX 互动媒体等机构，媒体触角涉及电影、音乐、网络、有线电视、卫星电视等领域。

除了依靠强大的品牌优势不断延长产业链之外，新闻出身的默多克买下福克斯以后，做了最重要的两项改变：一是把娱乐的元素引入新闻节目。从 20 世纪 90 年代起，美国电视新闻出现娱乐化倾向，而先行者是福克斯新闻频道。虽然众人对 FOX 新闻娱乐化的褒贬不一，但不可否认的是，其收视率一直维持在一个较高水平，超出有线电视新闻网(CNN)同时段栏目许多；二是利用福克斯强大的娱乐资源发展新媒体。随着网络技术的不断革新以及随之而来的机遇，跟迪士尼公司一样，FOX 集团也涉足了移动领域及互动媒体业务，福克斯移动集团提供专用于手机的视频、游戏及其他娱乐内容。福克斯互动传媒(FIM)也是一个独立部门，MySpace 即是它的核心业务。

2. NBC 环球集团。

NBC 环球集团也是世界上领先的媒体和娱乐公司。2004 年，由 NBC 集团和环球集团合并而成。NBC 是美国最早成立的广播公司，其广播电视节目在美国传统的三大广播公司中独树一帜。环球影业是好莱坞八大制片公司之一，除去强大的电影制作能力外，还拥有环球影城等主题公园。这两大公司的合并，在当时就被看做是为了整合产业链，与迪士尼抗衡。所以，尽管在 2011 年 NBC 环球集团被康卡斯特(Comcast)收购(康卡斯特公司拥有

NBC 环球集团 51%的股份，GE 拥有 49%），老板换了，但公司的业务结构却没有变。

NBC 环球集团的业务涉及四个领域：(1)电视，包括 NBC 电视网和 Telemundo 及各自下属的地方电视台，有线电视网如 USA 网络、Bravo、CNBC 和 MSNBC，环球媒体工作室及电视节目发行公司等；(2)电影，包括环球影业公司、焦点电影公司以及环球工作室家庭娱乐；(3)数字媒体，包括多平台媒体公司 DailyCandy、电影票务服务网站 Fandango、Hulu 网站、女性社区网站 iVillage、NBC. com、CNBC. com；(4)环球主题公园和度假区，目前有两个，分别位于好莱坞和奥兰多。由此可以看出，NBC 环球集团的产业链，除去没有消费产品部之外，其余的与迪士尼集团基本相同。业务整合的效益已经显现出来，在同样的老牌公司哥伦比亚广播公司(CBC)日渐式微的情况下，NBC 环球却是一片勃勃生机，表现出强大的发展能力。需要特别指出的是，NBC 环球集团近几年来在数字新媒体方面持续发力，其在传统媒体与新媒体的融合方面已经走在了迪士尼集团前面，正在创造美国传统广播电视媒体向数字化新媒体融合的新模式。

(五)数字化背景下美国文化产业的发展趋势

面对数字化新媒体的发展和冲击，传统文化传媒的产业经营模式正在受到挑战。一个新的时代正在到来。数字化技术的发展，已经并正在改变着美国文化产业的组织形态、传播方式和赢利方式，新的文化产业模式正在形成中。主要表现为以下三个方面。

1. 以品牌延伸和创意放大为核心，拓展和重组企业业务范围、组织结构和管理模式。

这一方面迪士尼公司是做得最为成功的。这是一个文化产业品牌延伸的典型案例，在这样的产业链条下，一个优秀的创意可以从一部电影延伸到电视剧，到主题公园，到消费产品，同时这一切又在数字化平台上实现互动、共享，最大限度实现创意的放大。如前文所述，迪士尼的模式正在被多个美国文化集团所效仿。

从产业的角度看，这种整合的好处显而易见。首先，最大限度地实现品牌的延伸。品牌是文化产业、文化企业价值的集中体现，品牌的延伸就是价值的放大，就是企业实力和竞争力的增强。其次，最大限度地开发创意价值。创意是文化产业竞争力的核心，也是文化产业发展的核心。好的优秀的创意，无论在哪个国家、哪个民族都是稀缺资源，都是不可多得的。优秀创意的缺乏，更多的不是人才的缺乏，而是优秀创意开发利用机制的缺乏。通过产业链的做大做长实现优秀创意价值的放大与多层次开发，是美国各大文化企业的拿手好戏，也是美国文化企业保持竞争力的法宝之一。最后，最大限度地实现资源的整合与有效利用。这种整合和利用不但是企业内部资源的整合与利用，更是消费者注意力资源的整合与利用。

2. 以数字化接收终端（电脑、智能手机、智能电视）的一体化以及传播过程的无缝连接为核心，重新确定受众（读者、听众、观众）战略。

传统的文化产业分为图书、报刊和广播电视，三者各自有各自的传播方式、传播渠道和基本受众。互联网的出现使其发生了改变，人们可以在一个电脑屏上读书、看报、看电视、玩游戏。而随着苹果公司的 iPad 和 iPhone 的出现，这些功能被复制到移动多媒体终端上，并以其便捷性、强大的娱乐功能和时尚元素成为流行新宠。2010 年以来，谷歌和苹果又相继推出了基于云计算的智能电视，把终端的竞争引向电视机。专家预计，就像 iPhone 等智能手机改变了人们使用手机的方式一样，智能电视也将改变人们使用电视机的方式，使其成为另一个多媒体终端。因此，数字出版、新闻网站才应运而生。同时美国传统电视机构也在努力适应这个新的变化，一是推出“无处不在的电视”（TVE，TV Everywhere），实现电视节目与传播终端的无缝连接。HBO 电视网（Home Box Office）、ESPN 等纷纷推出 iPad 应用程序，通过公共互联网或自己的专网向移动屏幕推送内容；康卡斯特和时代华纳等有线电视运营商也提出他们的有线用户（均为收费用户）可以在网上免费观看电视节目。二是对内容的传播方式进行改革，使其更适合于网络互动。比如新闻节目，其记者同时也是网站记者，同一事件基本上都是网站和电视交互播报、同时推进，借以牢牢掌握事件报道的话语权。

3. 赢利方式从过去的以销售型为主，向服务型为主、销售型为辅转变。

广告是传统报刊和广播电视的主要收入来源，其基本模式是通过优质的内容提高发行量和收视率，然后销售广告。现在这种模式受到了挑战，随着数字化多媒体的推进，美国几乎所有的传统媒体机构都建立了自己的网站，开始数字化传播。但这些传统传播机构遇到的问题是：传统媒体的受众在减少，广告收入在下降；

新媒体的受众在大幅增加，甚至远远超过了传统媒体，但其带来的广告收入却少得可怜，大多不足以弥补传统媒体的广告损失。与此同时，一些新兴的媒体机构收入却快速增长。据谷歌 2011 年财政报表显示，相比去年同期，谷歌网站收入前三个季度的增长比率分别为 32%、39%和 39%。表面看起来，谷歌的收入主要来源依然是企业投放的广告费，但实际上谷歌给有推广需求的企业提供的已经主要不是传统意义上的版面和时间，而是搜索服务。而另外一些新闻网站、社交网站，则采取了以内容或服务吸引受众点击浏览，然后提供深度服务，比如在线游戏等来赢利的方式(游戏正在成为最大的文化产业)。从最近的趋势看，无论苹果的 iPad、iPhone，还是谷歌智能电视、云技术，卖点都主要是软件和服务而不是硬件。正如许多专家所说的，互联网是文化产业传统商业模式的破坏者，也是新模式的缔造者。新模式的核心是服务。

目前来看，我国对于美国文化产业的借鉴，主要还是在基于传统分工上的产品层面，而忽略以互联网为核心的数字化技术带来的产业升级、模式转换。要看到，技术不仅仅是工具，其本身也是世界观和方法论，跟上技术进步不仅仅是产品开发和硬件投入的问题，更是产业模式升级和再造的问题。我国文化产业的发展，应该是追赶和创造并重、产品和模式并重，切不可重蹈上个世纪六七十年代日本工业追赶美国工业过程中只注重产品而忽略信息化带来模式转变，而最终被美国工业一个信息化转身抛在后边的覆辙。

十三、美国报刊业发展现状及其启示

湖北日报传媒集团《特别关注》杂志社社长　朱玉祥

美国的报刊业极其发达繁荣，但它又是近年来受金融危机和新技术冲击最严重的一个文化产业。此次赴美考察，我着重对美国报刊业进行考察思考。以下我分几个方面介绍美国报刊业的情况及我的一些思考。

（一）美国报纸的现状和困境

到目前为止，美国拥有2300多家日报、8000多家周报、1.22万种杂志，可以是说一个庞大的产业。不过就目前情况看，报刊业最突出的状况是受金融危机和新技术冲击巨大。

以下以几份有代表性的报纸为例加以介绍。

1.《休斯敦纪事报》(*Houston Chronicle*)。

该报是休斯敦当地发行的日报，是得克萨斯州发行量最大的一份报纸，据2008年的统计数字，它是全美发行量第九大的报纸，有100多年历史。该报在华盛顿特区及得州的奥斯汀设有分部。该报主要分以下几个版面：头版(A)、市、州消息(B)、体育(C)、商业（D）、明星（E）、分类消息（F），在部分日子里，会有“本地”版（Z）提供给休斯敦不同地区的住户。该报有自己的官方网站。国内媒体的篮球消息主要来自该报，关于姚明的报道内容的99%是从该报转来的，这个报纸对中国读者来说不陌生。

由于受到金融危机和新媒体的冲击，《休斯敦纪事报》发行量近年来急剧下降，从顶峰时期的76万份降到目前的32万份。

由于利润严重下滑，该报被迫大幅度裁员，据介绍，该报近年来已裁员50%。即使留下的员工待遇也不是很高。例如地方新闻部记者及采编人员年薪2.2万美元，相当于当地比较初级的小学教师的收入。记者外出采访报里程，每英里（1.6公里）给补贴0.5美元。有90%新闻工作人员自带午餐，因为自带午餐的花费约1—2美元，而去餐厅用餐的话，则需要花费5—6美元。由于待遇低，记者流动大，该报目前有不少新聘记者（见习记者），年龄大多在40—50岁之间，女性居多。

2.《洛杉矶时报》（*Los Angeles Times*）。

该报是美国西部最大的对开日报，其影响与地位仅次于《纽约时报》和《华盛顿邮报》，被称为美国的第三大报。因在好莱坞所在地，其娱乐报道为全球关注。

同样是因为受到新媒体和金融危机的冲击，《洛杉矶时报》的发行量大大下滑，由顶峰时期的150万份下降到70多万份，广告收入也大幅下滑。2007年该报利润为2亿美元，目前只有8000万美元；为应对严峻形势，该报采取了裁版、缩版和裁员等措施。报纸的书评、评论、房地产等版面被裁减；在2010年年初，《洛杉矶时报》宣布缩版、减少张数计划，一个版面减少十平方厘米，经济版被打散到各个要闻版；该报经过了几次裁员，裁员幅度达 20%以上。十年前员工过千，如今只有 500 多一点。

尽管该报已开始了与新媒体的对接举措，例如开始了网络订阅服务，但还没有确定的赢利模式，另外，该报在平板电脑数字版有偿发行方面也进展得很不顺利。

顺带提一下，这家以娱乐报道见长的报纸，因为深知娱乐消费增长最快的地方在中国，所以有记者自学汉语，有自学时间达四年之久的记者已可以用汉语采访。所以可以看出，中国的地位和影响变化对美国的报纸还是有很大影响的。

3.《华盛顿邮报》(*The Washington Post*)。

该报是美国华盛顿哥伦比亚特区最大、最老的报纸，它被认为是继《纽约时报》后美国最有声望的报纸。它的总部位于美国首都，该报尤其擅长于报道美国国内政治动态。1970 年代初该报通过揭露水门事件和迫使理查德·尼克松总统退职而获得了国际威望。该报对美国政界的影响很大。

《华盛顿邮报》金融危机后大幅缩减驻外记者，目前在美驻外记者站由十多处缩减到四个，亚洲区记者人数也在减少。不过值得注意的是，该报在中国的记者是最多的，目前中国北京、上海、香港各一位；日本以前很多，现在两位；新加坡现在是一位记者。可见该报对中国报道还是相当重视的。

4.《今日美国报》(*USA Today*)。

《今日美国报》是目前美国发行量最大的报纸，也是一份真正意义上面向全国发行的报纸。该报虽然只有30年的历史,但自1982年创办以来,就以其亲切、彩图等独特风格迅速崛起,创造了美国报业史上发行量增长速度最快的纪录,一度成为美国报业的新贵。该报有国内版和国际版,向50多个国家发行。

目前《今日美国报》同样受到很大冲击,面临一定的困境,表现为发行量下降、版面缩减等。该报过去高峰时期的发行量达到230万份,据介绍目前的发行量是170万份;高峰期报纸的版面数达100版,现在版很少,32版大对开版,广告版平均占15%—20%,也比过去大大减少。该报的赢利以前极大倚重广告收益而不是发行收益,后者只占收益的15%。因此,广告版面的减少,意味着收益的大幅降低。同时该报也开始了裁员措施。

不过,该报正在尝试着积极与新媒体对接。据该报一位编辑的介绍,目前该报在iPad上的阅读比重与CNN相当,超过《纽约时报》。

(二)美国期刊面临的困境

美国的期刊也面临同样的困境。期刊界近年不断传来坏消息:过去全球最大的《读者文摘》破产,《商业周刊》因经营不佳也破产易主……

以这次我们考察过的时代华纳集团的《财富》杂志为例。《财富》是一本具有世界影响力的商业杂志,拥有专业财经分析和报道,以经典的案例分析见长。发行量90万份,居美国财经杂志的前列。

但2011年《财富》的广告收入下滑严重，广告版由总版面的60％下降到40％。如今该杂志的版面已由过去的300多版降到160版，这种情况在美国还是比较好的。

在广告下滑的情况下，《财富》杂志越来越渴望通过活动扩大杂志影响力。《财富》杂志举办了一系列引人注目的财经论坛，为全球商人熟知的两个杂志运营品牌“财富全球论坛”（即世界500强年会）和全球500强排行榜仍在继续维持着它在财经领域的霸权，历来都成为经济界关注的焦点，影响巨大。这些活动越来越成为杂志不可缺少的补充。

目前《财富》杂志也很希望到中国来搞活动。《财富》排行榜每年的世界富豪排名活动，通过图书进出口公司，渗透中国市场。

（三）美国报刊业陷入困境的原因

可以说，美国的报刊业正陷入深度危机。很多报纸期刊都面临着发行量下降、读者流失、广告和销售收入锐减等困境。业内人士预计，不久的未来将有更多的报业集团面临债务危机。

报刊业陷入危机的最主要原因，恐怕还是新媒体的冲击。另一方面，金融危机更加重了这一危机。就后者而言，主要因素是整个经济的走衰导致企业投放广告量减少，直接造成报刊业广告收入急剧下滑。如果说金融危机这一原因还可能是暂时和阶段性的，那么最令人担忧的新媒体的日益盛行，后者对传统报刊业的冲击几乎是破坏性的。它在以下几个关键方面对传统报刊业造成了严重影响。

首先，网络信息获得的便利、快捷和丰富，影响了报纸的受众数量，一些报刊的原来读者和潜在读者，会转而依靠网络上的其他来源来获取他们以前依赖报刊获得的信息。

其次，网络阅读的盛行极大影响了报刊的销售量。网络阅读使纸质报刊的发行量锐减。以《纽约时报》为例，其传统纸质媒体的发行量为100万份，而网上阅读的读者达1900多万，纸质媒体的读者为年龄大的老读者(35岁以上)，网上读者多为新读者，因此代表着未来读者的趋势。尽管目前美国所有的报刊都进行了数字化、网络化，但其电子版、网络版在赢利模式上仍未找到能柳暗花明的出路。一些报纸虽已尝试在网上实行订阅收费和查看全文收费，但因为大量网民仍习惯于免费阅读，所以即使网上收费价格极低，网上订阅仍不踊跃，网上订户的增量远达不到预期。因此，虽然美国报刊界一直期待将网上阅读收费作为新的销售来源，以弥补新媒体冲击下下降的发行量，改善经济状况，但目前由于赢利模式等方面的种种困难，很多报刊还处在观望状态。

再次，发行量的减少造成广告量的大幅度减少，如上文所述，各报刊的广告版都大大减少，造成广告收入锐减。尽管因为有众多网上阅读者，网上广告在增长，但目前网上广告在报业广告的总量中不及10%，短期内不可有太高预期。

因此可以说，技术革命和新媒体给纸媒带来的冲击是不可逆转的，再加上整体性的金融危机，以及由于阅读器的过度集中及第二代高速互联网可能造成的潜在威胁和冲击，使美国报刊业陷入严重的危机中。

（四）报刊业面对新媒体的转型尝试

尽管美国的报刊业从业人员对纸媒的寿命已产生深刻的危机感，尽管他们在新媒体面前还处于一种煎熬和观望状态，但他们已经开始为迎接新的挑战做出了行动。

首先，报刊的采编程序和组织结构已经根据新媒体的特点进行了很大的调整和改变。

各报刊已经将各种新媒体手段引进到采编流程中。各报刊的记者都装备有数码设备，包括数码照相机和摄像机，随时上传照片、视频。

互联网已成为采编过程中的一个不可或缺的途径。在美国的报刊编辑部，一个采编人员的办公桌上一般有两台电脑。一个是局域网，一个是外网。外网成为采编人员不可缺少的采编途径和手段。不少采访线索是记者通过社交网站（如 Facebook）了解到的。例如《今日美国报》对日本海啸第一时间的报道就是通过社交网站找到当地的网友实现的。记者通过社交网络找到当时被困在大楼里的一个人，经过他的手机拍摄现场视频，然后核实他的身份以确保信息的真实性。

各种社交网站不仅可以如此作为采访的一个手段使记者即时了解新闻采访线索，处置紧急新闻、突发新闻，还可以使报刊建立新的网络新闻服务模式。例如利用新媒体联动读者，读者为记者“点菜”，根据读者的要求选择新闻和采访对象。其他创新还包括如开创地方社区新闻的 BBS 模式、利用网络的互动功能提供自由评论空间等。

另外，各报刊还利用网络传播速度较纸媒快的特点，采用分层新闻报道的方式。先利用网络快传快报，抢时间，之后再由纸媒做深度报道。这样可以通过网上报道引起受众注意，拉动受众看纸媒。

与之相应，报刊编辑部的组织结构开始发生变化。新媒体（媒体网站的采编人员）被分到各新闻报道部门，各部门主任布置任务时直接指挥新媒体采编人员，而网上综合部门开始变小，即网站的人开始变少，因为人都分到各个专业部门，比如《今日美国报》网上综合部门只有四名工作人员，他们很年轻，行动快。

到目前为止，美国所有的报纸都已经进行了网络版数字化，建立了自己的网站，而且正在尝试着走报网互动、报网融合的道路。尽管作为传统平面媒体的报刊业在新媒体面前面临诸多的冲击和挑战，但美国报刊业还是在努力探索出路。

（五）几点相关思考

1. 技术革命一定会对传统产品带来巨大冲击，必须研究正确的应对策略。对数字出版盲目地过度热情是有问题的。

2. 互联网对纸媒的冲击与前一波电视对纸媒冲击是不同的。前者是以受众年龄为界限的重新划分，后者是以文化程度、阅读习惯深浅区别受众。而且很显然，以互联网为代表的新媒体的冲击和影响更为巨大和彻底。从另一个角度说，新技术对电视的冲击比对报纸的冲击更猛烈。

3.在谁都可以制造信息的现今社会，信息制造固然重要，但信息获取的便捷、整理更重要。新浪、网易是信息的制造商，百度、谷歌是信息的整理者。百度、谷歌比新浪、网易更赚钱。

4.文化产业需要恒心。尽管纸媒受到了新媒体的严重冲击，尽管美国报刊面临重重危机，但美国报刊业从业人员不愿谈论报纸的寿命。他们不愿意对不确定的事物进行争论和判断，但他们已在开展应对行动。这些行动是基于他们对自己报纸杂志品牌的信心，对自己文化品牌的一种自信，他们相信自己品牌长期积累起来的权威性和影响力，能够在新媒体时代得到延伸和传承。

十四、舞台文化艺术产品的运营模式与市场拓展战略

云南山林文化发展有限公司董事长　荆林

此次赴美考察，我尤其对美国舞台文化艺术产品现行的发展状况进行了较为全面的了解，并由此对中国舞台文化艺术产品的运营模式和市场拓展战略做出了深入思考。

（一）对美国舞台文化艺术产品现行状况的了解

1. 美国的文化艺术制度。

美国的文化艺术制度分为非商业和商业两大类。非商业的文化组织大多能得到政府的支持，这种支持是通过美国国家艺术基金会来实施的。美国的每个州（市）都有支持文化艺术的机构，如文化艺术委员会。市长的手下也有一个专门的机构来管理非商业性的文化艺术机构。除了政府对这类组织机构的支持外，还有间接的支持形式，就是企业、个人和财团都可以以捐赠的方式支持文化艺术类机构，对这类间接的支持方式，政府以减免税收的政策给予优惠。在美国，这类捐款每年都高达 130 亿美元之多，在美国经

济不景气的今天，政府为减少资金压力，也鼓励企业与政府合作，其目的就是让美国公众能更多地享受到文化艺术的服务，从而起到文化艺术教育作用并培养公众的文化意识。当然，美国的文化艺术各类机构也会广开门路地去拓展市场，包括自创效益，努力地获取更多的资金来源，去维持和发展自身利益。

美国商业性文化艺术组织的赢利主要为投资人所得，在组织机构和形式上也是多种多样的：有企业自身投资文化艺术项目的形式，有创作者与企业或个人合作的形式，也有企业与组织、企业与个人、企业与制作者、企业与创作者合作的形式，这类商业型的合作，大多采用股份制的模式。

2. 纽约百老汇。

纽约百老汇的舞台艺术门类也大致分为两类：第一类是商业戏剧，第二类是非营利性的舞台戏剧。百老汇是统称，细分为百老汇、外百老汇、外外百老汇三类：座位数在 500 席以上的称为百老汇，主要分布在纽约百老汇大街范围内；座位数在 100—499 席的称为外百老汇，主要分布在纽约百老汇大街的外围；座位数在 0—99 席的称为外外百老汇，它们分布在纽约市区更大的范围内。

在纽约有 375 个非营利剧团，330 个舞蹈团，96 个乐团，24 个表演艺术中心，38 个百老汇剧院，50 个外百老汇剧场。外外百老汇未进行统计。纽约百老汇的 38 家商业剧院演出内容主要以音乐剧、话剧、歌舞剧为主，百老汇的演出季是从每年的 5 月起计算，到来年的 6 月。

2010—2011 年，百老汇在演出季期间共卖了 1200 万张票，销售额 1.08 亿美元，对纽约市的经济贡献约为 100 亿美元，包括各个剧目的制作费用、营运费用及观众吃饭、叫出租车、酒店住宿、购物等相关费用。百老汇为纽约公众提供了 84400 个就业岗位，上缴 4777 万美元的税金。纽约市政府和市民公认百老汇不仅仅为民众提供娱乐文化和艺术的享受，同时也是纽约的重要经济引擎，是纽约的支柱产业。

在纽约非营利性的文化艺术团体年收入中，票房收入占 44％，政府财政补贴占 13％，社会各界捐助占 43％。

3.美国生产舞台文化艺术产品的组织机构。

美国的舞台文化艺术产品创作的背后，大多是由工会组织操控并通过经纪公司这类机构去运作的。有时候，在他们的一个剧目里，编剧、编导、导演、演职员可能会来自十多个工会，副导演、舞编助手通常不受工会制约。在美国的创作体制中，制片人、剧作家、艺术家与剧场之间的关系有着明确的约定：创作者、剧作家拥有版权，制片人只有在得到版权许可后，才能制作节目。美国的版权法会保护编导的节目，而导演则不受保护。在美国，艺术家的版权、创作费（含编舞、设计、作曲等）只占销售利润的 15％，这意味着他们承担着投入的风险，同时，他们也承担着创作的责任。

4.纽约百老汇舞台艺术产品的创作成本。

纽约百老汇在舞台艺术产品的创作成本上基本形成了一定的规律：百老汇的创作成本通常会控制在 200 万—2000 万美金，小剧场的创作成本通常在 300 万—500 万美金，普通的舞台艺术产品的创作成本约在 500 万—800 万美金，大型的舞台艺术产品创作投入的成本一般不超过 3000 万美金。

5.关于纽约百老汇舞台艺术产品的商业运作测算模式。

纽约百老汇的舞台艺术产品的商业运作也大致有两大类:一类是常规的商业运作测算模式。例如《邪恶》一剧,预计投入资金1500万美金(其中有300万美金的风险储备金,1200万美金的制作费),他们以每周为测算单位来考察现金流,假如每周票房销售额为100万美金,每周的支出成本为60万美金,艺术家版权创作费为15万美金(占15%),这样还余25万美金,即25万美金/周×60周=1500万美金,等投资人收回投入成本后,制片人便可从利润中分得50%。另一类是一种反常规的商业运作测算模式,这种模式前期可以以亏损的模式树立舞台艺术产品的品牌,为今后占有更大的市场份额(海外或其他形式的市场)、获取更大的利润奠定品牌基础,例如《蜘蛛侠》剧目。

以纽约百老汇的音乐剧为例,不管是常规的商业运作测算模式,还是反常规的商业运作测算模式,投资与回报的商业运作测算大多控制在一年左右收回投资成本,最长的也不超过三年。

(二)对中国舞台文化艺术产品运营模式和市场拓展战略的思考

1.增强文化自信心,提升中国文化艺术国际影响力。

(1)中国文化艺术底蕴丰厚。

中华文化是世界上最古老的文化之一,五千年文明发展积累的遗产,底蕴丰厚,博大精深,源远流长,民族文化资源丰富。

以云南为例。它是一个多民族的省份,在1990年全国人口普查时，生活在云南的民族多达52个，人口在5000人以上的26个。其中，彝族、白族、傣族、哈尼族、傈僳族、佤族、拉祜族、纳西族、景颇族、布朗族、德昂族、阿昌族、怒族、基诺族、独龙族15个民族属云南独有。

云南民族的多样性，决定了民族文化的多样性和多元性。云南的民族传统文化包含了建筑文化、语言文字、符号文化、民俗文化等等。其内容涵盖了服装、手工艺品、生产工具、建筑物、民风民俗（各少数民族的传统节庆活动、节目、祭祀活动、婚丧嫁娶等习俗）、民间歌舞乐（各民族传统的最具代表性的民歌舞蹈）等等。云南民族文化不仅是多元的而且是和谐的，这种多元和谐的民族文化现象，在世界范围内都是很少见的，而这些厚重的文化遗存也是云南民族舞台文化艺术宝贵的财富。

（2）中国文化艺术影响着全世界。

目前，全球经济的一体化并不代表全球文化也将一体化，国与国之间、民族与民族之间文化发展的差异形成了它们的独特性，形成了它们之间的不同。正是因为这些不同，才给生活在每个国家地域上的各个民族打下了深刻的烙印，也成为它们标榜、张扬民族个性的独特写照。

坐拥底蕴丰厚、源远流长、博大精深的中华文化艺术资源的我们，有着可自我标榜、张扬中华民族个性的独特的文化艺术形式，如武术、京剧、杂技、民族歌舞等，都对世界产生了不小的影响。

例如，2004年11月，大型原生态歌舞集《云南映象》赴巴西、阿根廷两国访问演出，九场有两万人观看，观众都是自费购票。在巴西、阿根廷，有20多家媒体进行了采访，形成当地少见的对国外演出节目的热点报道效应。《云南映象》赴南美演出反响之大、效应之广、采访媒体之多、演出票房情况之好，均创了当地的纪录。2005年11月15日至11月27日，《云南映象》赴美国辛辛纳提州商演大获成功，辛辛纳提市将2006年11月16日命名为“云南映象日”。2008年3月，《云南映象》于日本东京东急文化村11场商业演出隆重举行，日本皇室成员、数位重要国会议员观看首演。《云南映象》的这次演出在东急文化村创造了两项纪录：一是演出前一天售票5000张；二是票全部售完之后，应观众的需求又加售几百张站票，很多人为了一张站票要排队等候。

(3)从学习借鉴中提升文化的自信。

①学习借鉴符合市场规律的体制、制度。

在我国商业化的舞台艺术作品创作机制中，很多情况下，艺术创作是和投资回报、市场风险分离的。有创作人表示：只管艺术创作，不管市场效果。这样，大量的艺术创作盲目地“贪大、求洋”，其中创作费和名人名家的劳务费给舞台艺术作品的生产带来了高额的投资成本，加大了投资风险和投资人回报的不可预测性，从而也造成了舞台文化艺术作品的创作偏离市场运作规律的现状。这类作品面世后也难以适应市场客观规律的轨迹，负荷着沉重的经济压力，在夹缝中求生存，最终的结果就是削弱了这类舞台艺术产品本身应具有的市场生命力。

我们应该学习借鉴美国舞台文化艺术产品创作、生产、营销的体制和制度，建立有序的机制和运作模式。将文化作品创作中的制片人、剧作家、艺术家与剧场之间的利益关系和责任关系进行清晰地约定，规范知识产权的划分和保护，让创作者享有的报酬与文化作品的市场风险挂钩，这才是对舞台文化艺术作品创作的负责任态度，也才是符合市场规律的创作机制。

②树立文化自信。

我们这里强调的文化自信是：文化经典的自信，文化创意（创新）的自信，文化市场占有的自信，文化输出的自信，文化影响的自信。

我们要拿自己经典的文化艺术向世界展示，让中国文化艺术产品“走出去”，彰显中华民族文化艺术的独特魅力。首先，从文化艺术产品的内容上就要按照精品的标准去创作。其次，从文化艺术产品的市场运作上要注重文化消费群的培养，以及建立与国际相通的行销通路。最后，从文化艺术产品的品牌战略上要高调地建立民族文化艺术品牌，提升舞台文化艺术产品的价值和生命力。

2.构筑国际型的文化艺术演艺企业。

（1）企业化的管理机制

美国《国际日报》2011年11月30日刊文说，近年来越来越多的中国文化产品正走向世界，扩大了中国文化在世界的影响力。因此，中国文化的国际影响力进一步增强的关键，是需要建立中国文化“走出去”最合适的载体。

在全球经济一体化的今天，国际型的文化艺术演艺企业对舞台文化艺术产品的交流沟通、便捷置换买卖提供着基本的保障。这类企业管理机制的建立首先要准确地设置企业的经营理念（mind identity），这种经营理念的共性无外乎就是创作文化艺术作品、生产文化艺术产品、销售文化艺术商品，坚持文化、品质、价值为一体的理念。

企业化管理机制的建立,要考虑企业自身内在的内运动过程。管理机制是一个完整的有机系统,具有保证其功能实现的结构与作用系统。构筑舞台文化艺术演艺企业的管理机制,要充分考虑其企业自身的内部结构,并按一定规律客观地建立企业的管理秩序。而企业经营理念的个性是建立在企业文化的发展基础上的。企业的文化是由舞台文化艺术产品的文化内核去构筑的,企业文化的建立者在创建企业的时候,就在经营理念和行为理念上进行了约定,在约定中形成一个文化的企业。从企业文化到文化企业的发展,会是一个质的飞跃,会在诸多个案中去体现、延伸。舞台文化艺术产品的文化内核,就是通过舞台艺术的表现方式给予观众一种快乐、一种文化艺术的享受,这就是文化艺术演艺企业真正的经营理念。

企业化的管理机制,要靠企业决策机构去制定,通过执行机构、营运机构、职能部门去实施。企业化管理机制的建立,就是要去实现企业的经营理念。因此,为实现企业组织者制定的经营理念,就必须有相应的行为理念(Behavior Identity)来约束企业的每一位员工。管理机制一经形成,就会按一定的规律、秩序,自发地、能动地诱导和决定企业的行为。从而去完成企业决策机构所制定的一系列的管理及运营策略。国际型的文化艺术演艺企业在行为方式上有其带有规律性的共性,但要树立良好的企业形象(Corporate Identity),就必须要为企业的管理结构设置好企业的组织功能与目标、企业的组织结构、企业的环境结构,通过运营机制去组织企业内部的基本活动方式和各系统的功能作用,并且要对利益驱动这种最基本的企业力量进行充分地考虑。利益驱动是企业的一种分配制度。分配制度的建立在企业一定要具有激励作用,这可以根据企业的性质去设定,但不管是哪一种性质的企业,都要考虑“对谁负责任”、“为谁服务”的问题,只要这两个问题明确了,企业利益驱动政策的制定就会容易得多,多劳多得,少劳少得,员工为了“多得”而“多劳”也就顺理成章了。在企业管理机制的建立中,不可忽略的还要对权力约束、利益约束、责任约束和社会心理约束进行明确地设置。

良好的企业化管理机制的建立,同时也要设置好企业对内、对外的视觉识别系统(Visual Identity),将经营理念、行为理念中可以用图形、文字、颜色表述的符号统一规范,包括企业从业人员的言行举止及要向外界传达的信息都规整在企业的视觉识别系统之中,从而树立良好的企业形象。

国际型的文化艺术演艺企业要注重对企业管理行为及内在本质与规律的研究,强化人性化及科学化的管理依据,适时地调整、创新企业管理机制。

譬如,云南山林文化发展有限公司自成立至今近 20 年,一直从事着民族文化艺术的创作、生产和市场运营,引进了国内外近百个经典、优秀的舞台艺术作品,丰富、繁荣了云南的文化演艺市场。他们坚持传承(传习)、保护和发展优秀的民族文化艺术,并依托祖先传承下来的文化艺术元素,向国内外成功地推出了大型原生态歌舞集《云南映象》、大型原生情景歌舞《香巴拉映象》、歌舞集《香格里拉记忆》及大型原创情景歌舞《水舞桃花源》(大型多民族服饰歌舞乐正在创作、生产中,预计 2013 年推出),生产制作了数十场大型文艺晚会。公司创作、生产的许多作品在国内外获得了诸多的奖项和荣誉。这样一个文化企业自成立开始就注重企业化的管理机制和企业文化的建立,努力完善管理制度,力求将企业的经营管理规范化、制度化,做到有章可循,有法可依。《云南山林文化发展有限公司管理章程》是全体山林人共同遵循的一种行为准则,包括组织管理、劳动人事管理、行政管理、演员及演出管理、财务管理、演职人员守则、动态结构工资制等方面,形成了较为系统的管理体系。

《云南映象》这台剧目在市场运营上,一直实行两个团队交替演出的管理方式,一个团承担定点驻场演出,另一个团承担着国内外巡演,以满足不同市场的需要,同时也相辅相成地为《云南映象》这一文化品牌的树立奠定了基础。这一内一外的形式起到了窗口和名片的作用,对文化艺术的传播实实在在地发挥了作用,也践行了中国民族文化艺术"走出去"的战略。在投资回报上,《云南映象》从开始就是按照当时的市场条件严格控制投资成本,加上云南省委宣传部帮该剧目购买(资助项目)110 多万元的帕尼灯,其总投资成本良好地控制在 500 万元以内(剧场、灯光、音响设备是以硬件设施和设备投入的合作方式共同承担风险)。2003 年公演后,仅一年不到就收回投资,在近九年的时间,定点驻场演出及巡回演出近 4000 场,创造了近三个亿的产值并带动了城市相关消费。

(2)市场化的运作模式。

国际型的文化艺术演艺企业的市场化运作模式,就是根据买方的需求来定位发展方向与方式,也就是在运作中找到需求点,并以满足它为目的进行运作，以市场竞争的优胜劣汰为手段，充分合理整合资源，最终实现文化艺术产品的利益最大化。

国际型的文化艺术演艺企业的运作模式在某种程度上决定了文化艺术产品面向市场的战略方向，这是其区别于传统运作模式的核心。文化艺术产品一旦以全新的市场化模式进入，那些长期存在的“老大难”症结（对谁负责，为谁服务，缺少运作资金，缺少人手等等）便会迎刃而解。真正的市场化运作模式必须切实按照市场规律建立利益共同体（股份制），共同对文化艺术项目投资回收及长期有效的收益负责，而不仅仅对文化艺术项目的某一阶段负责，那样就会脱离市场运行的轨道。因此，研究并最终建立一整套的市场化运作模式，对于国际型文化艺术演艺企业而言，显得尤为重要。

国际型的文化艺术演艺企业的最终目标之一是获得足够的收益，以实现投资回报，并持续创造更大的利润空间，这个过程既是一个文化艺术作品创作的过程，无疑也是一个商业运作过程。尤其是在全球经济一体化的今天，文化艺术产品的商业运作过程的整体性、独立性开始强烈地凸现出来，这是一个独立的运作体系。因此，文化艺术产品的经营理念一旦被主管部门或投资方认可，其在市场运作时，主管部门和投资方就不应过多地进行干涉，一切应遵循规律，由市场营销团队独立地实施完成。

国际型的文化艺术演艺企业为了能应对新的市场环境，确立全新的市场理念也同样重要。这个全新的市场理念包括以下几点：第一，打破常规。市场行为变化莫测，往往需要打破常规来分析与决策。第二，鼓励创新。在判断和分析之后，要敢于创新。市场运作带有极大的风险性，在慎重分析之后，必须要有勇气去挑战一切风险。第三，知识结构更新。运用现代营销、广告、财务、管理等知识武装市场运作人员。第四，全新的思维模式。国际型文化艺术演艺企业的运作是个整体工程、系统工程，只有运用全新的思维模式才能将其贯彻到底。第五，全新的团队组合、团队精神。国际型的文化艺术演艺企业只有建立一支协同作战的团队，塑造企业团队精神，才能将计划目标落到实处。

市场是变动的，一个国际型的文化艺术演艺企业应该从变动的市场环境中准确地制定出以机会最大化和风险最小化为原则的战略行动。大型原创情景歌舞《水舞桃花源》从2010年年初开始立项，创新文化艺术产品市场运作模式，与云南海诚实业集团建立了紧密的利益共同体关系。云南海诚集团旗下的1200亩文化旅游大盘告庄西双景位居西双版纳中心城市的咽喉要道，是一个以旅游产业为先导、文化产业为内核、多种经营消费载体为平台的文化旅游地产项目，它的项目定位和功能设置适应了文化产业项目落地的需求。因此，我们打破常规的模式，与海诚集团紧密合作，在告庄西双景内根据大型原创情景歌舞《水舞桃花源》的创作要求"量身定做"设计建盖"山林大剧院"及大金塔博物馆等文化设施，使之成为集西双版纳民俗文化、农耕文化、佛教文化、雨林文化、贝叶文化于一身，向东南亚国家展示中华民族多元文化的核心基地。

大型原创情景歌舞《水舞桃花源》从开始立项就将市场运作作为重要原则，以调查数据为依据，以买方需求为方向。经过三轮的市场调查，分析西双版纳的市场空间、竞争对手、现有需求，找到开创新的市场空间的机会，并制定了从节目创作、剧院设计等方面同时追求差异化和低成本的市场战略。在节目创作中突出新颖、有趣的特点，仅演员在舞台上的出位方式就打破传统的上下场口的常规模式，设计编排了从空中、水下、舞台中央等全方位立体出位，在一个舞台上形成立体空间，力图给观众一种全新的视觉感受。在剧院座位设计中增加包房设置，不仅为新的目标市场买方提供了价值提升，也建立了一种切实可行的商业模式，成为企业开创并维持获利性增长的重要渠道。

(3)产业化的发展格局。

“产业化”的概念是从“产业”的概念发展而来的。“产业”这个概念是居于微观经济的细胞与宏观经济的单位之间的一个“集合概念”，它是具有某种同一属性的企业或组织的集合，又是国民经济以某一标准划分的部分的总和。“化”的意思是指要形成社会普遍承认的规模程度、通行法则，并在全社会范围内达到通变，以彻头彻尾地从质的规定性上达到提倡的目标。“产业化”即是指要使具有同一属性的企业或组织集合成社会承认的规模程度，以完成从量的集合到质的激变，真正成为国民经济中以某一标准划分的重要组成部分。

文化产业是在全球化的消费社会背景中发展起来的一门新兴产业，是为社会公众提供文化娱乐产品和文化服务，以及与这些活动有关联活动的产业。随着近年来国际文化交流的深入以及中国文化产业的迅速发展，在全球范围内，文化产业已经成为 21 世纪最有发展前景和最具市场潜力的新行业。

国际型的文化艺术演艺企业要构建产业化的发展格局的关键是完成以文化艺术演艺产品为核心，并带动相关衍生产品，从量的集合到质的激变的这样一个积累过程。

首先,产业化发展不能依靠单一的演出票房收入,单一的文化演艺产品无法完成产业量的集合。其次,产业化发展需要一个完整的产业链支撑,必须打造产业链,这样才能产生规模效应和互动效应。最后,文化产业"内容为王"的产业特质,加上信息技术和文化产业的融合,使产业内容增值能力倍增,也使产业链出现新的变化,产业链不再仅仅表现为垂直型,而是表现为垂直和水平相混合的复合型结构。

大型原创情景歌舞《水舞桃花源》的产业化发展格局模型构建设想,以《水舞桃花源》这个文化品牌作为源头,衍生电影、4D、动漫、游戏、民族手工艺品、音像、电子图书等内容产业,集合形成文化产业链,从告庄西双景内辐射西双版纳境内及周边东南亚国家,发展形成文化产业集群,最终形成多样化、多层次、多渠道的文化产品供给新格局和传播快、覆盖广、容量大的文化产品流通新网络。

3.舞台文化艺术产品的运营模式。

项目的准确定位是取得运营成功的基础。一个舞台文化艺术在策划构想及运营策略中,按照科学发展观,在其艺术定位和市场定位上实践创作文化艺术作品、生产文化艺术产品、销售文化艺术商品,坚持文化艺术品质和价值一体的发展理念,这是国际型的文化艺术演艺企业努力去尝试和实践的一种运营模式。

(1)舞台文化艺术作品的创作。

①源于生活、高于生活是创作舞台文化艺术作品的核心。

创作本身是一个非常漫长的过程,需要大量来源于生活本身的积淀，脱离生活的创作是空洞的，没有灵魂的作品。来源于生活但又不是生活，是高于生活的文化艺术，所以源于生活、高于生活的创作思路是创作舞台文化艺术作品的核心。

②内容的新颖有趣是舞台文化艺术作品创作的前提。

创作是和观众“斗智力”的一个过程。一个创作独立体包含着很大的信息量，在一个画面、一个视觉空间中同时展现，要让观众从大量的信息中产生印象，对这些信息有很好的接收，就要强调新颖性与有趣性，这也正是舞台文化艺术作品创作的前提。

③舞台文化艺术作品创作的手段多样化。

多样化的表现手段是为舞台文化艺术作品的创作主题和内容服务的。舞台文化艺术作品一定要用多样化的手段去呈现所想表现的主题，体现一个地区和民族的人文精神，并展现原本生活在那片土地上的民族经典的歌舞精髓。

(2)舞台文化艺术产品的生产。

①遵循舞台文化艺术产品生产过程中的规律。

舞台文化艺术产品是有一个生产周期的，而生产周期是根据具体产品的创作需求确定的，一个成功的舞台文化艺术产品的生产周期一般不低于12个月。这是舞台文化艺术产品生产过程的一个规律。这一规律要求必须对生产创作周期予以时间的保障；如果不遵循这个规律，搞短、平、快，往往会让一些粗制滥造的不合格产品面世，其结果可想而知。

②注重舞台文化艺术产品生产过程中的二度创作。

舞台文化艺术产品进入实质生产过程时，会出现对一度创作的舞台脚本进行调整，即二度创作。二度创作对原始创作有很大的补充，所以一定要注重二度创作，这也给了导演、编导、音乐、多媒体、服装、道具等参与创作的人员留足了再创作的空间。必须注意对一度创作和二度创作之间要进行合理的调整，这个调整是为了完善创作，为了“贴近生活”、“贴近观众”。

③合理动用舞台文化艺术产品生产过程中的超常规做法。

舞台文化艺术产品的创作、生产过程有规律，但也并不是墨守成规、一成不变的，也会有一些超常规的生产过程。比如，先进行节目的编创，再配音乐，这是根据舞台作品的需要而确定的，其目的是为了更准确地“贴近生活”。

(3)舞台文化艺术商品的销售。

①文化艺术产品转化为文化艺术商品。

将产品转化为商品，进入公众的视野和文化消费的管道，使作品、产品和商品三位一体，互具包容和延伸才能最终进入新的市场空间。

为了做中国藏区最好的舞台文化艺术作品，将源远流长、底蕴丰厚的藏文化艺术弘扬宣传出去，我们确定了“品牌先行”的营销策略，制定了打造“香格里拉”品牌的战略步骤。

第一步：2005 年，创作、生产了舞台文化艺术作品原生情景歌舞《香巴拉》，在云南香格里拉定点演出一年多，并在 2006 年云南省第七届新剧(节)目展演暨青年演员比赛中获得六项金奖。这样就率先树立了“香格里拉”的品牌概念。

第二步：2007 年，策划、实施了迪庆藏族自治州建州 50 周年庆典活动开幕式大型文艺表演《永远的香格里拉》，检验市场的接受程度，再一次强化“香格里拉”的品牌。

第三步:2009 年,创作、制作了歌舞集《香格里拉记忆》,在昆明演出 20 场,又一次突显“香格里拉”品牌,让市场再次检验了我们诠释的藏文化艺术是否到位。

第四步:2010 年,策划实施了“2010·第六届康巴艺术节暨迪庆州民族团结节”开幕式晚会《梦开花的地方》及闭幕式演唱会《香格里拉之夜》,让藏区的观众对“香格里拉”这一藏文化艺术品牌进行检验。

第五步:通过品牌战略“树立、强化、突显、检验”的四个阶段,对“香格里拉”文化品牌再行打磨,彰显其良好的文化个性,做中国最好的藏民族及周边民族文化艺术产品,实施“走出去”战略,为占有更大的市场空间,获取更高的经济效益做准备。

②舞台文化艺术商品的营销。

在价值创新的理念下,制定合理的市场营运策略,不千篇一律或盲目照搬别人的经验,这其中最重要的是本着“尊重生活”的态度给自身的舞台艺术产品寻找合理的市场定位,制定相对合理的营销策略。注重以市场调查为前提,以调查的数据为依据,坚持市场化的运作模式,全方位地营销舞台文化艺术商品。

在严格控制项目运营成本的基础上,确定合理的价格,提供买方价值的飞跃来创造新的需求量,使买方、企业和社会都获得价值的突破,进而开创多赢的局面。

按照国际相通的市场营运惯例,探索自己的营销模式,使用多点、多面相结合,主动式、辅助式相互联动,变被动销售为主动销售,集中式销售与扩散式销售、特许型销售与连锁型销售相结合的方式,形成独有的互动式销售网络。

挖掘客户资源，建立会员管理机制，与会员搭建新的利益共同体，充分尊重利益共同体，首先考虑对方的利益，利益共享，最终形成长期稳定的赢利增长点。

划分销售渠道，拓展有限的市场空间，与各个渠道之间建立良好的营销通路，重点对差异化优势进行营销，例如《水舞桃花源》包房计次卡销售、下午场优惠销售等。

在舞台文化艺术商品的销售过程中一定要重视产品宣传推广的策略和方式，力争给受众新颖、有趣的刺激，从而完成销售目标。

4. 舞台文化艺术产品价值的创新理念。

(1)价值创新要体现在内容上。

在舞台艺术产品的创作、生产过程中，一定要突显以“内容为王”的主创思想。

随着传播媒介的快速发展和人们对信息量摄取越来越广、越来越丰富，人们在文化上、精神上、心理上的需求也越来越高，文化消费现象在逐步增强。

一个舞台艺术产品是否能在市场上行销，关键取决于该产品的内容是否能给观众带来新颖、独特、有趣的心理刺激，是否能给观众带来愉悦和快乐，也取决于它是否能让观众在欣赏该艺术的同时去感受艺术本身的文化内涵。它不应该是文化符号感官视觉上的强加、牵强附会的表象堆砌，也不应该是对观众的说教，更不应该是以一种特定的、呆板的模式在舞台上展现。因此，直接、真实、人性化地展现艺术产品本身的特质更容易给观众留下延伸想象的空间。

一个舞台文化艺术产品在整个创作过程中一定要遵守这个基本原则，自觉不自觉地把这种“内容为王”的主创思想贯穿于其中。

“内容为王”不可缺少的就是四个字——“真实可信”，这种“真实可信”往往是让观众贴近你的主创思想的一个主要环节。“真实可信”不是花里胡哨，不是花拳绣腿，更不是各种文化符号的堆砌，应该是让观众在欣赏艺术的同时能够清清楚楚地感受到自己就在其中，或者它就是自己生活当中的某个瞬间、某个部分，这样观众才会跟它产生共鸣，才会被它愉悦、感动。所以经常有人说，我们是制造快乐的人，我们在让自己快乐的同时也要让观众得到快乐。我们是创造快乐的行业，我们所有的产品都是“快乐机器”。

(2)价值创新不但要靠保护和传承，更要依靠发展和传播。

价值创新的基础是传承和保护，没有传承和保护，价值创新便无从谈起。在云南民族文化资源的保护和传承中，长期以来，很多的有识之士就为此做出了不懈的努力，兢兢业业地探索、追寻着这些资源的源头和滋生地，他们为云南民族文化大省的建设提出了科学的理论依据，同时也为各种文化艺术的发展留下了宝贵的财富。民族文化资源的保护和传承，不外乎采用挖掘、收集、整理、言传身教等形式，也有在当地、异地建立传习学校的模式，还有建立活化石动态博物馆的设想，更有各种门类不同的实物展览馆和当地保护的种种模式。不管使用上述什么方式，都在特定的环境和条件下对云南的民族文化资源进行了有效的保护。

然而，只是一味地传承和保护还不足以提升这些民族文化资源的价值，要想真正实现价值创新，必须要依靠有力的发展和传播。我们这里的传播不是简单地写写新闻稿、制造简单的宣传片，而是带有发展性质的传播，其主要的意义便在于从文化资源的历史存在性中发现其对于当代的意义。我们的文化资源属于一种历史的遗存，而对其进行传播实际上就是对于这种历史遗存的一种当代性的解读，这种解读赋予了这些文化资源新的意义与内涵，而这正是价值创新的要旨。

5. 舞台艺术产品的市场拓展战略。

(1)了解市场。

不管形式怎么变，了解市场是关键，了解市场是国际型的文化艺术演艺企业制订营销计划的基础。企业开展市场调查可以采用两种方式：一是委托专业市场调查公司来做；二是企业自己来做，企业可以设立市场研究部门，负责此项工作。组织实施市场调查的基本过程包括：

①明确调查目标。

进行市场调查，首先要明确市场调查的目标，按照企业的不同需要，市场调查的目标有所不同。企业在使用经营战略时，必须调查宏观市场环境的发展变化趋势，尤其要调查所处行业未来的发展状况。企业制定市场营销策略时，要调查市场需求状况、市场竞争状况、消费者购买行为和营销要素情况。当企业在经营中遇到了问题时，应针对存在的问题和产生的原因进行市场调查。

②设计调查方案。

一个完善的市场调查方案一般包括以下几方面内容：

A. 调查目的要求。

根据市场调查目标，在调查方案中列出本次市场调查的具体目的要求。

B. 调查对象。

针对国际型的舞台文化艺术产品，市场调查的对象通常为所设置的目标消费群。

C. 调查内容。

调查内容是收集资料的依据，是为实现调查目标服务的，可根据市场调查的目的确定具体的调查内容。调查消费者行为时，可按消费者对相同产品的价格、品质及观看节目的时间长度等多个方面列出调查的具体内容项目。调查内容要全面、具体、条理清晰、简练，避免面面俱到，内容过多，过于烦琐，避免把与调查目的无关的内容列入其中。

D. 调查表。

调查表是市场调查的基本工具，调查表的设计质量直接影响到市场调查的质量。设计调查表要注意以下几点：a. 调查表的设计要与调查主题密切相关，重点突出，避免可有可无的问题。b. 调查表中的问题要容易让被调查者接受，避免出现被调查者不愿回答，或令被调查者难堪的问题。c. 调查表中的问题次序要条理清楚，顺理成章，符合逻辑顺序，一般遵循的原则是：容易回答的问题放在前面，较难回答的问题放在中间，敏感性问题放在最后；封闭式问题在前，开放式问题在后。d. 调查表的内容要简明，尽量使用简单、直接、无偏见的词汇，保证被调查者能在较短的时间内完成调查表。

E. 调查地区范围。

调查地区范围应与舞台文化艺术产品销售范围相一致，当在某一城市做市场调查时，调查范围应为整个城市；但由于调查样本数量有限，调查范围不可能遍及城市的每一个地方，一般可根据城市的人口分布情况，在城市中划定若干个小范围调查区域，划分原则是使各区域内的综合情况与城市的总体情况分布一致，将总样本按比例分配到各个区域，在各个区域内实施访问调查。这样可相对缩小调查范围，减少实地访问工作量，提高调查工作效率，减少费用。

F. 样本的抽取。

调查样本要在调查对象中抽取，由于调查对象分布范围较广，应制订一个抽样方案，以保证抽取的样本能反映总体情况。样本的抽取数量可根据市场调查的准确程度的要求确定，市场调查结果准确度要求愈高，抽取样本数量应愈多，但调查费用也愈高，一般可根据市场调查结果的用途情况确定适宜的样本数量。具体抽样时，要注意对抽取样本的人口特征因素的控制，以保证抽取样本的人口特征分布与调查对象总体的人口特征分布相一致。

G. 资料的收集和整理方法。

市场调查中，常用的资料收集方法有调查法、观察法和实验法，一般来说，前一种方法适宜于描述性研究，后两种方法适宜于探测性研究。企业做市场调查时，采用调查法较为普遍，调查法又可分为面谈法、电话调查法、邮寄法、留置法等。这几种调查方法各有其优缺点，适用于不同的调查场合，企业可根据实际调研项目的要求来选择。资料的整理方法一般可采用统计学中的方法，利用 Excel 工作表格，可以很方便地对调查表进行统计处理，获得大量的统计数据。

(2)尊重市场。

尊重市场，才能赢得市场。国际型的舞台艺术演艺企业在重市场、重商业利益的背景下，不能把道德伦理工具化，也不能一切都是以物质、利润为第一。无论今后如何发展，仍然要遵循市场规律、尊重市场，这是我们当下社会一个严肃的问题。

2011年12月11日，在2011(第十届)中国企业领袖年会闭幕式上，中欧国际工商学院副院长约翰·奎尔奇发表了主题演讲，约翰·奎尔奇在演讲中提到："尊重市场，更在于尊重客户。"国际型的舞台艺术演艺企业的市场，真正意义是体现在客户的需求与消费上，因此国际型的舞台艺术演艺企业要尊重市场，就要体现在如何尊重客户上。如何才能真正地尊重客户呢？

首先，要知道怎样跟客户相互学习，如何与客户一起合作来提升我们自身的能力。其次，要了解客户需求，利用一种有效的方式来满足他们的需求。最后，不要把自己凌驾于客户之上，认为自己总比客户高明的想法是不理智的。舞台文化艺术产品就是在和客户(观众)"斗智力"的一种产品。任何一点疏忽大意都有可能让自己在这场"角斗"中败下阵来，从而造成客户的流失。

(3)培育并引领市场。

当前，我国相对成熟的文化消费市场屈指算来为数不多，上海是其中的一个。在上海，已经看不到"要票"和"赠票"的现象。因为那里的人们把欣赏艺术作为自己生活、工作、学习、事业当中不可缺少的部分。换言之，文化消费的现象在上海已蔚然成风。然而，从整体上来讲，我国的文化消费市场还处于发展初期，人们的文化消费观念淡薄。人们手中用于消费的钱大多数流向了物质消费市场。这与长期以来一种文化消费导向的缺失是有着很大关系的。因此，培育文化消费市场实际上就是培养人们的文化消费观念，最终使其成为人们的一种自觉的习惯。当然，培育市场是一个漫长的过程，它是循序渐进的，不可急于求成。文化艺术演艺企业在这一过程中必须充分发挥自身的积极作用，积极配合国家出台的各项推动文化消费的政策，从宏观及微观层面共同促进文化消费观念的培育与养成。与培育市场密切相关的是引领市场。也就是说，在激发出人们“想要消费”的欲望后，要适时地给出他们“如何进行消费”的具体指引，同时在各种宣传手段的配合下，积极将文化消费打造成一种风尚和潮流。当然，引领市场还需要文化艺术演艺企业主动为客户设计利润空间，降低自身产品的成本，提升客户的价值空间，加大市场行销的可行性。

(4)注重价值创新。

价值创新理念是艺术市场拓展的一个基石，是为拓展市场而服务的，只有在市场的检验中才能体现产品的价值，只有创新才能提升产品的价值。

《水舞桃花源》就是结合了民族文化的独特性、唯一性、多样性、经典性，以本土文化资源为龙头打造的一台舞台艺术产品，与文化产业、旅游产业接轨。加之云南又是个旅游大省，资源的运用就有了广泛的市场。在告庄西双景做好定点演出，“立足本土”的基本思想是原创版《水舞桃花源》创作的主导思想；而打造经典版《水舞桃花源》则是通过国内外市场的运营去提升其产品价值的又一途径。二者相互辅助、相得益彰，完美地诠释了舞台艺术产品生存和发展的规律。

(5)注重品牌战略。

所谓的品牌战略，首先是一种理念。理念为先、品牌先行的策略在舞台艺术产品的生产和市场营销推广中起着“先入为主”的重要作用。

我们生活的家园就是“桃花源”，而“桃花源”是我们追求的一种理想的精神境界；“水舞”则凸显节目的特质。《水舞桃花源》创作初期，我们在名称定位、品牌运营中认认真真地做了品牌战略策划。如“水舞桃花源”的标志，“水舞桃花源”的经营理念、行为理念，这些都为品牌的塑造奠定了基础。有了品牌的理念，还应该按照舞台艺术产品品牌塑造的市场概念和规律来进行。打造舞台艺术产品的品牌就是要让其品牌效应在相应的市场范围内得到最大化的认知。当然，我们谈舞台艺术产品品牌的时候，离不开的就是它的推广和营销。平面、声像及各种资料的完备推荐也都应该按照相应的要求去配齐。总之，国际型舞台艺术产品品牌战略发展策略应遵循如下原则：第一，坚持艺术作品和艺术产品相结合的原则，为品牌的延伸发展留足空间；第二，完成原始资本积累，增强自身与外界的整合能力，形成平台模式，整合资本，奠定品牌战略发展的基础；第三，坚持企业化的经营管理机制，挂靠符合国际惯例的市场化运作模式，打造文化产业链的发展格局，搭建品牌战略发展的框架；第四，全方位进行知识产权保护，如名称、商标、著作权、专利权、网络域名等，并使之规模化、战略化、全局化。

(6)注重培养复合型人才和专业人才。

在大力发展文化产业的今天，文化艺术市场对复合型人才和专业型人才的要求越来越高，且需求量也越来越大，这无疑给我们提供了广阔的市场空间。在复合型人才和专业型人才的需求中，我们也应该遵循从理论到实践、从实践当中再提升理论这样循序渐进的基本原则。

现代人力资源理论认为复合型人才是一种重要的人力资本，而在国内复合型人才又是一种稀缺的资源。演艺企业家便是这样的复合型人才。市场行销战略是否能取得成功、是否有竞争力在很大程度上就取决于演艺企业家的理论能力、实战能力和综合素质。

专业型人才是指在舞台艺术产品营销环节中不可缺少的人才，他们的专业素质和综合素质也往往影响着市场行销战略实施的成功与否。因此，提高经营管理人员的综合素质，培养和造就高素质的现代文化企业家和职业经理人队伍是文化产业演艺事业发展的现实需要，也是市场的需求。

（三）开创舞台文化艺术产品的运营模式与市场拓展的蓝海战略

当今国内外舞台文化艺术产品的门类繁多，它们之间基本上是在一个已知的市场空间中以趋同的手段相互竞争，不外乎就是制造噱头，想办法努力地标榜自己与别人的不同点，从而为自己的企业争取更多的利润，所以有专家称这样的竞争层面为“红海”。

什么是“红海”呢？“红海”代表现今存在的所有产业，这是我们已知的市场空间。红海战略就是在已知的市场空间中不断地标新立异，使用竞争手段为企业获取利润，其结果往往是血淋淋的。

与之相对，“蓝海”则代表当前还不存在的产业、亟待开发的市场空间，也就是未知的市场空间。蓝海战略就是在未知的市场空间靠不断地压缩成本而获取高额利润。

太阳马戏团的创始人叫盖伊·拉利伯提，他过去踩过高跷，表演过吞火，如今却成了太阳马戏团的首席执行官，经营着加拿大最大的文化输出品之一。迄今为止，已经在世界各地90多个城市巡演过，近4000万人观赏过其作品。在不到20年的时间里，太阳马戏团的收入水平就达到了全球马戏大王——玲玲马戏团通过100多年的努力才取得的高度。

那么，太阳马戏团是如何取得成功的呢？从传统战略分析来看，一个产业发展的增长实力和潜力都是有限的。在玲玲马戏团创业后，大家看到了马戏市场的空间，看到了玲玲马戏团所创造出来的业绩，马戏观赏的娱乐形式和各种规模不同的马戏团也像雨后春笋一样应运而生。但是，马戏的观众群一直是有限的，其主要顾客是儿童。马戏团多了，看演出的人却是有限的，势必会造成分流：本来看玲玲马戏团的观众现在可以去看其他马戏团了。为争夺市场份额，各马戏团采用了不同的手段：依靠马戏明星的明星效应，依靠更惊更险的杂技，依靠血淋淋的魔术表演，依靠降价等。整个马戏市场愈加萎缩，观众也日益减少。同时，动物保护组织对马戏团役使动物的反对情绪也日渐高涨。

太阳马戏团之所以成功是因为，它不是靠在日益萎缩的马戏市场中夺取顾客，而是开拓了一个崭新的市场空间，从此如入无人之境，彻底甩脱了竞争。它运用的是价值创新的理念，吸引的是一群崭新的顾客——成年人、商界人士，他们都愿意花费高于传统马戏表演门票几倍的价钱来享受这项前所未见的娱乐。值得一提的是，太阳马戏团最初的作品就叫“我们再创了马戏”。

太阳马戏团把价值创新、蓝海战略作为一种基石，让自己不在恶性竞争中死亡，并对传统马戏魅力的三个关键元素——帐篷、小丑及经典杂技表演（如车技或程式小特技绝活等）做了大胆的改变：保留了小丑却将其幽默从闹剧型转向迷人和高雅型；把帐篷做得熠熠生辉，内部更为舒适，让观众在享受大型马戏表演时更为惬意；杂技表演保留下来但戏份减少了，而且表演因为增添了艺术气息而变得更为高雅。

太阳马戏团还将一些非马戏的因素引入进来。其作品不像传统马戏节目那样，由一幕幕互不相关的表演组成，而是由一个主题或一条故事线索来诠释节目，保证了节目的完整性、连续性，让观众顺着一条线可以看到主创者的所有思想。它还把芭蕾、戏剧、舞蹈、演唱统统融合在一起，看它的作品，也许不是芭蕾但又有芭蕾的成分，也许不是音乐剧和歌剧但又有音乐剧和歌剧的成分。尽管它的主题很模糊，但这使得各种艺术成分不受限制，并能够和谐统一。它创造了现代马戏最精妙、最绝伦的一种现场秀。

简言之，太阳马戏团集合了马戏和戏剧的最佳元素，而去除或减少了高额成本的元素，提供了前所未有的效用，开创了一片“蓝海”。它把舞台艺术产品的价值创新，以“差异化”和“低成本”这种一箭双雕的模式进行战略定位。尽可能地考虑买方的价值，而用其产品价值创新理念本身去提升自身产品的价值。

“差异化”和“低成本”将整个舞台艺术产品的价值大幅度提高。由于买方价值是由企业向买方提供的效用和价格二者组成，而企业一方所获价值来源于价格和成本，价值创新只有在企业对有关效用、价格、成本的活动都能适当地协调一体的情况下才能实现。因此,这种“全系统”的方式对太阳马戏团开创“蓝海”形成了一种可持久的战略模式。

太阳马戏团的成功,除了价值创新理念和蓝海战略外,还有最重要的一点是能愉悦观众,给观众带来快乐,其原因就是“内容为王”的主创思想贯穿始终。

综上所述,我国的舞台文化艺术产品的运营模式与市场拓展战略应建立在坚持创作舞台文化艺术作品、生产舞台文化艺术产品、销售舞台文化艺术商品三位一体的价值创新理念上,坚持“内容为王、市场先行”的经营理念,树立坚持开创“蓝海”、超越竞争的行为理念,以企业化的管理机制、市场化的运营模式、产业化的发展格局来全面实施中华文化“走出去”战略。

十五、从纽约到长安

——考察美国演艺产业的观感和启示

陕西演艺集团党委书记、董事长　刘兵

在前往美国的途中，我望着脚下浩瀚的太平洋，突然想起了两件事情：

1799年，东半球和西半球同时有两个人去世了。一个是中国的皇帝乾隆，一个是美国的总统华盛顿。这两个人同时生活在地球的两端，却处在东西方截然不同的历史语境里。

1905年冬天，寒风凛冽。晚清的几位大臣完成祭祖仪式之后，兵分两路赴欧美日等国实地考察学习，此即“五大臣出洋考察”。著名汉学家福郎克在《科隆日报》上发表文章说：中国有着极大的可能，将西方的宪法、政治制度和经济体系结合中国的情况移植到中国去。

但结果是东方一边向西方学习，一边滑向对西方的全方位溃败。后来据《大公报》记载，五大臣考察归来时从国外运回了很多动物，包括一头大象、两头狮子、三只老虎、两匹斑马、十四只天鹅、三十八只猴，还有野牛、袋鼠、鸵鸟等，林林总总装了五十九个笼子，可谓壮观。中国早期植物园、动物园的发展，成为这些大臣们促进中国社会发展的无心之功。

东方已经向西方学习了近两个世纪。现在，世界仅存的具有上下五千年历史的文明古国，文化遗产浩如烟海，却要去向一个刚刚成立两三百年的美国学习如何发展文化，不禁让人喟叹。一种历史况味和使命感也不觉油然而生。

(一)战略支柱产业
——美国演艺产业的总体面貌

"为道德而战。"

——西奥多·罗斯福

提到罗斯福，一般都知道小罗斯福(富兰克林·罗斯福)，鲜有人知老罗斯福(西奥多·罗斯福)。但是，老罗斯福的肖像和美国的开国元勋华盛顿、杰斐逊，以及国家的保护者林肯一起刻在总统山上。可见其在美国历史上的地位。

1."泰迪"凶猛、缔造美国——美国的霸权源于美国文化。

如果一定要追问美国的霸权，那么军事并不能支撑美国的地位，反而是金融、军事、文化三大支柱中最脆弱的部分。金融是最为关键的一个支柱，军事和文化都要美元支撑，而真正最具有征服力的是美国的文化，所以全球化亦被称为美国化，美国文化的一次次远征造就了一个真正的超级大国。

但是，美国在刚刚成为世界经济第一的时候却为世界所不齿。在 19 世纪末 20 世纪初，美国 GDP 高速增长，开始超过英国成为世界第一大经济强国，但是社会"道德沦丧"、城市"藏污纳垢"、"鱼龙混杂”，雇用童工、卖淫、私生子等现象层出不穷，美国的城市政府被批评为“基督教世界里最腐败、最无能、最浪费的政府”。惊人的发展、惊人的腐败、惊人的无序与分裂，美国经济虽是世界第一，却让人们感到深深的怀疑和厌恶。

西奥多·罗斯福发起的进步运动避免了美国的法西斯化，使失去方向、文化沉沦的美国迅速恢复了元气，开始重建社会价值体系和秩序。西奥多·罗斯福宣称进步运动是“为道德而战”。这位敢于挑战豪门权势，并在美国领导人标准像上第一个打领带的总统，《时代周刊》以他为封面，标题是：缔造美国。以他的乳名命名的“泰迪熊”也和好莱坞一起先于美国大兵的脚步走向世界。

2.仅次于军工——文化产业已发展成为美国的第二大产业。

2011 年，美国以视听出版、影视传媒、演艺娱乐和旅游、网络、体育、会展服务为基础产品的广义文化产业，约占国家 GDP 的 1/4。将近 100 年的发展，美国已成为世界上文化产业发展最完善、模式最先进、文化创意最新颖的国家。美国最富有的 400 家企业中，1/4 是文化企业。

美国是个演艺大国，演出市场层次多元，品种多样，注重营销，整体运作机制规范、成熟，商业化程度高，演艺产品具有超强的国际竞争力。美国表演艺术组织基本分为舞台剧、舞蹈和音乐三大类。1997 年经济普查数字显示：美有 15286 个演艺组织，其中音乐类（含歌剧）团体为数最多，占演艺业总量的 30.3%；舞台剧和舞蹈类团体分别占演艺业总量的 18.4%和 3.4%；其余的 47.9%则归为“其他演艺、娱乐组织和戏剧创作类”，如流行音乐、演艺管理或经纪机构等。

(二)艺术是产业,产业更艺术
——美国演艺产业是如何运行的

“美国商业就是演艺娱乐业,演艺娱乐业就是完全商业化的美国经济。”

——某评论家

这种说法似乎过于偏激,但更多的数字显示,世界上没有任何国家能像美国那样,如此成功地把演艺业与商业结合得如此完美。

1. 是谁塑造了百老汇——纽约政府力挽狂澜。

早在19世纪70年代,纽约市的剧院就纷纷聚集到时代广场附近,这些剧院每晚灯火通明熠熠生辉,所谓“伟大的荧光带”,就是指百老汇从那个年代开始的繁荣景象。这一景象持续到20世纪50年代,在黄金时期,百老汇的42街道布满剧院,夜夜歌舞升平。不幸的是,随着经济的萧条,百老汇在20世纪60年代陷入低谷,许多剧院倒闭,色情场所和犯罪活动长驱直入,到了80年代,游客和纽约市民都不敢再踏足时代广场。

纽约新政府上台后,意识到“一个充满生机的时代广场和百老汇产业将促进城市的发展”。于是,政府进行了一系列干预,打击犯罪、清理色情场所,让人们恢复安全感。此外,政府收购了7家剧院,建立“时代广场联盟”的非营利机构,每年在时代广场庆祝新年拉拢人气。百老汇的戏剧慢慢回归,时代广场又成为纽约市的文化娱乐中心。

2009 年，当人们在金融危机的惊涛骇浪之后开始盘点时，惊讶地发现，美国百老汇在整个 2008 年的票房收入几乎未受影响。跟过去一样，百老汇的剧院产业依旧为纽约市带来 51 亿美元的经济效益。在这场风暴面前，文化产业的重要性越发凸显，并独立坚挺地呈现出一种反周期态势。这也使人们再次思考：美国演艺产业，到底是如何运行的？

2. 营利和非营利——美国文化产业的两重性和政府的“无为而治”。

(1)非营利性演艺——政府扶持体系完善、机构健全、服务渠道畅通。

美国对非营利性艺术机构的界定标准是：第一，为社会公益事业服务；第二，赢利不分红。美国全国大约有 900 个戏剧演出团体，它们全都获得了免税资格。

美国非营利性演艺机构的收入基本由三部分组成：1)自身票房和投资等营业性收入；2)社会捐赠，演艺业的社会资金主要来源于私人捐赠、公司赞助和基金会的差额拨款；3)政府补助。非营利性演艺在为大众提供公共艺术服务的同时，依然高度市场化运行。各种基金是推动非营利性公共文化演艺的主要动力。政府为之配套的扶持体系十分完善，机构健全，服务渠道畅通，使演出保持较高的水平。

(2)营利性演艺——纯粹的商业演出。

纽约百老汇的音乐剧、戏剧和歌舞是美国商业性演出的典型代表。百老汇的收入主要来自 35 个剧场，有上演高成本、大制作的音乐剧，如号称四大音乐剧的《西贡小姐》、《歌剧魅影》、

《悲惨世界》和《猫》，每年每部剧的收入都能达到一亿多美元。也有低成本、中小型的，如我们在49街看的音乐剧《芝加哥》，它的投入成本不算高，但从1996年上演至今，也已经连续了上万场，观众达1200万，票房收入已超过6亿，演出遍布全球260多个城市。

在美国，无论非营利性艺术团体还是营利性艺术团体，都要遵循产业化的管理和运作原则。美国虽然是一个文化产业大国，但并没有专门的政府行政机构分管文化，也没有正式的官方文化政策文件。这一点，美国与英、法、德等国都不同，其文化的繁荣一是靠它的法治传统，二是靠它的产业化运作。

总之，在演艺业的宏观管理意义上，美国联邦政府似乎更钟情“无为而治”的原则。

3. 看大都会歌剧院——美国演艺产业的专业化和职业化。

起初，纽约大都会歌剧院不过是一群对音乐不甚了了的百万富翁用以表示自己社会地位的场所。但是百年之后，这里成为世界顶级的艺术殿堂。

(1)“这是我的工作!”——分工非常精细，营销非常专业。

在这里，一个人负责道具或者照明可以几十年如一日，甚至一个专门负责拉幕的工作人员，多年来只负责这一项工作，但拉幕这项工作他会做到最好。他们在现场都很快乐地忙碌着，如果你要和他交谈，他会告诉你说“这是我的工作”。如剧院负责接待我们参观的女孩四年来别的什么都不用做，专门负责接待。

美国演出团体的最高机构是理事会。理事会通常由艺术界和其他相关领域的著名人士组成。理事会负责招聘剧团的两个最关键的角色——艺术指导和行政经理。一切有关艺术创作、演出安排、演员甄选之类的事情都由艺术指导拍板决定；行政经理则负责所有的经营性事务，包括财务、票务、市场营销筹划等等。

每一个演出季开始，提前半年就开始售票。第一种是套票，就是把两次或者更多场次的剧目放到一起出售。第二种是单场票，售票的时间在套票售完之后。团体票则是对 10 人以上的团体出售的折扣票。由于套票是提前比较长的时间就预售出去的，可以保证一个剧目在制作的时候就能够拿到部分制作的经费。每一个剧目都着眼于连续演出多场，使收入最大化，所以都采用会员制，可以培养观众的忠诚度，在观众和剧院之间建立一种长久的联系。

(2)大艺术家和大制作——世界级的艺术水准。

支持演艺作品产业化运作的核心或者说支撑点，是高品格的艺术质量。产品质量第一，这是任何需要持续发展的企业都必须遵循的最基本的规律。演艺业当然更不能例外。

几乎所有最优秀的歌唱家都曾登上大都会这座舞台。近 50 年来，大都会歌剧院共上演过 217 部歌剧，其中 25 部属于世界性首演。全世界最优秀的艺术家都争先恐后与大都会歌剧院签约。卡拉斯、苔芭尔迪、洛斯安洁丽斯、卡巴耶、施瓦茨科普夫、普赖斯、斯苔芳诺、比约林、莫纳科……一直到帕瓦罗蒂、多明戈，所有这些显赫的名字，都曾印在大都会歌剧院的节目单上。1955 年，伟大的黑人女歌唱家玛丽·安德森在威尔第的《假面舞会》中登台演出，她成为大都会历史上第一位黑人首席歌手。

(3)想象力不受束缚——技术水平非常先进。

这是座现代化的剧院，平均有 24 米高，周围五层楼座，能容纳

4000 多名观众,是全世界屈指可数的大剧院之一。舞台不但面积大,而且满布着各种精巧复杂的机械装置。主台上装着 7 块升降台,以 15 厘米为一级,能从台面上升或下降各 3 米,每块升降台都有 18 米长。有了这些升降台,上可搭出山陵台殿,下可表现湖海江河,舞台设计更加灵活方便。

两边侧台上的车台都可以分成小块单独运动,凡 9 米以下的布景,全能靠它迅速更换。大都会歌剧院率先使用了一套机械化驱动机构,叫做“无平衡重式电动吊杆”。这种装备,悬在主台上方,演出时挂布景、吊大幕、打灯光全得靠它。这套吊杆,电力驱动,性能极好,25 米深的舞台上,密布着 109 道布景吊杆,外加 8 道灯光吊杆。这么复杂精致的机械,居然只需用一个人编程操作,一个人插接转换就能控制,哪怕是整整一场布景,只要按一下专设的开关,安装布置就一毫不差地完成了。可见规模庞大,功能巧妙的现代化机械设施,对于舞台表演艺术,能起到多么巨大的辅助作用。另外剧院的观众厅采用木质装潢,杰出的音效,与老剧院比有过之而无不及。

4.从艺术到市场——演艺文化和商业模式。

百老汇为了给观众推出受欢迎的剧目,剧院在一个剧目上演之前往往都要做市场调查,通过对观众的喜好分析推出恰当的剧目。

(1)产业链——演艺经纪是上游的重要一环。

百老汇的公司主要分为三种:第一是剧院经营商,第二是制作商,第三是节目经纪商。剧院经营商一般拥有或者长期租用剧院,并负责承办演出的宣传广告、售票及剧场的日常工作等技术方面的要素。制作商指的是开发并创作百老汇节目的公司,负责获取所有的创作作品的法律权利，并筹集资金。

演出经理公司（节目经纪商）是演出市场的重要枢纽，它通常代表演出团体或艺术家个人与剧场打交道。公司要对演出的场次、场地、方式做出精心设计，向承办演出活动的各地剧场及演出协会推荐艺术表演团体或个人，并分别商签演出合同。公司以平等合作的理念、适合的工作机会及报酬与艺人达成合作关系，并通过搜寻潜质新人、明星客户和海外资源建立并扩大自己的艺人资源库。经过资源整合，向文化项目所有者提供打包业务，为艺人争取工作机会与报酬，从而实现自身的营利与价值增长。

(2)艺术的“乘数效应”——下游综合性经营。

很多人到美国拉斯维加斯旅游除了感受其赌城的魅力以外，主要是参观拉斯维加斯酒店和看各种表演。在拉斯维加斯能看到来自各国的歌手、艺术家和魔术师精彩表演。经久不衰的节目还有免费的金银岛酒店的海盗船和梦幻金殿酒店的火山喷发，更有巨星秀、音乐歌舞秀、魔术秀、上空秀、马戏杂耍、脱口秀表演。在贝拉吉有无数人赞誉有加的、全世界最享有盛名的马戏团之一的太阳马戏团(Cirque du Soleil)的表演。

迪士尼的演出、环球影城主题动感演出也成为美国演艺文化的标志之一。演艺与酒店、游乐场、主题公园、酒吧、赌场等等场所结合，呈现出各种不同的形态。综合性经营体现了所谓的“乘数效应”，即艺术消费可以带动餐饮、交通等其他行业的消费。提供就业机会、增加税收、吸引游客、提升城市形象以及带来GDP增长等一系列经济效益。

5."费城之声"和米高梅破产——文化背后的资本之手。

享有世界盛誉的美国费城交响乐团申请破产保护，原因是"资金缺乏，乐团运营陷入困境"。费城交响乐团头顶"费城之声"的光环，名列美国五大交响乐团，与维也纳爱乐乐团和柏林爱乐乐团齐名。身处交响乐重镇，却到了破产境地，令人嗟叹不已。

作为电影产业的巨头，米高梅也因债务而破产。在没有任何外来电影文化和他国电影产业撼动美国电影产业的今天，唯一能够让米高梅消失的只能是华尔街。

美国政府以"不干涉艺术"为名，将高雅艺术的发展都置于"基金会法"的辅翼之下，交响乐团从政府那里拿不到一分钱，都是通过名目繁多的基金会和财团、企业的赞助而生存。这种制度使交响乐团处于社会再分配环链的末梢，当华尔街处于"丰水期"时，乐团阔绰无比，而一旦遇到资金"枯水期"，乐团的生存问题便"水落石出"了。

如果说20世纪五六十年代好莱坞电影界是"资本为王"的话，那么交响音乐在美国可以说资金是"硬道理"，甚至是"第一生产力"。

6.百万婴儿和中国堂会——艺术至上、明星大腕为中心。

由于文化市场巨大的风险性，大公司十分依赖"巨星演出模式"。艺术至上的价值体系，使艺术家在社会的地位也相当高。社会大众尤其是年轻一代对"明星"的兴趣和追求有增无减，促成了"明星市场"的繁荣和"明星们"的暴富。

早在五年前，明星爱侣安吉丽娜·朱莉和布拉德·皮特即打破先例，以高价预售两人即将出生的爱女照片。为防止狗仔队偷拍，朱莉不惜长途跋涉至纳米比亚生产。在美国，各家娱乐杂志的编辑们则经历了颇似“毒品交易”的竞拍。长期等待之后，他们被带至一个黑暗房间，在那里被示以朱莉刚刚出生的女儿夏洛的照片。然后，各家杂志社出价竞拍，照片归出价最高者所有。据说，《国民闻讯》周刊开出1000万美元的高价，但朱莉和皮特不喜欢这家杂志的八卦做派，最终将照片卖给出价310万美元的《人物》周刊。

为让名人的名气这一“生产资料”产生最大价值，好莱坞形成错综复杂的产业链条。从明星经纪人到娱乐公司经理，从八卦杂志编辑到公关公司员工，好莱坞几乎人人都在探索新模式，从名人的起居生活中发掘新的商业价值。

7. 文化消费的不是奢侈品——百年来集成的规模效应。

美国的演艺文化产业经济效益非常好，但是百老汇的票价并不高。300、400、800美元，按照美国人收入和消费水平，票价并不高。反观中国，票价则相对太高，一般人很难轻松随便走入剧院消费。

规模效应是票价合理，适合大众走进剧院的条件。如百老汇，就是指纽约市时代广场附近12个街区以内的36家剧院；也包括在纽约市以外地区主要以演出百老汇音乐剧为主的剧院。除了百老汇这一体系，还有密西西比的乡村酒吧体系，摇滚等巡回演出的体系。

大型演艺机构无论其系营利或非营利，均更加面向“大众市场”，更加注重大规模的营销活动和“明星演出模式”，不断推出具“轰动性”的演艺产品，以吸引尽量多的观众和取得最大的经济效益。演艺市场上衡量成功的标准是产品能吸引多少“眼球”和“钱景”如何，而不再有“高雅”和“通俗”之分。

8. 娱乐是"主旋律"——观念到内容都体现了美国的价值观。

艺术的本质是为观众带来愉悦，为社会进步服务，为社会的价值体系做解释。看似完全不拘一格的美国演艺文化，其实从观念到内容无不体现了美国的价值观。

其实，百老汇与好莱坞一样，主要的功能之一就是提供娱乐，它们由此也就成了全球通俗文化的大温床。娱乐从来不可能是单纯的，百老汇音乐剧和好莱坞的电影传统也与美国社会和政治的运行密不可分，与美国主流意识形态同宗同祖。所以，即便是歌舞时事讽刺剧，也是以通俗歌舞娱乐的外表讽刺腐败的统治者而出台的。到了 20 世纪 30 年代由于美国国家衰危的经济条件和日益加深的战争威胁，音乐剧又成为在娱乐外表下的反映人们对于世界愤世嫉俗态度的艺术形式，从而为更多人喜爱。

当然，当代音乐剧的多数题材仍然是轻松愉快的喜剧，即使是少有的悲剧作品，仍然有渗透于其中的喜剧和幽默因素来调节气氛，历史、政治、法律、宗教、人文……这些题材，在百老汇居然也是为了娱乐而娱乐。

（三）经济基础决定上层建筑
——我国演艺产业改革刻不容缓

"人类最严酷的法则是什么？是发展。"

——马克·吐温

呼啸着的火车、喷着火的汽轮船，马克·吐温描绘了一个飞速发展的“遍地黄金”的时代。他所处的正是美国工业化狂飙突进的时代，而现在中国土地上正在重复着美国的发展故事。

1. 中国式文艺复兴——转型时期抚慰并解放中国人的心灵。

中国在短短的30年里浓缩了西方200多年的发展历程，工业革命和信息革命重叠发生，各种矛盾复杂交织。经济的高速发展，使社会契约、道德体系和价值观都发生了裂变。人们焦虑、苦闷、空虚、迷茫，在这个充满困惑的历史时期，如何唱响真善美，唱响主流价值观，用先进文化以文化人？我们不能忽略艺术本身的价值，它可以给予人心灵的慰藉，如“9·11事件”以及汶川大地震后，艺术家的创作帮助使受难者渐渐从苦难中解脱出来。

说美国的历史只有两三百年没错，但是，它是西方文化的集大成者。其渊源可以追溯至古希腊古罗马，而欧美的真正崛起，源于文艺复兴对于人性的解放。中国在经济和社会转型时期，如何把人从千年封建权力崇拜和信仰缺失的拜金主义之中解放出来，发挥出个人的创造力和活力？文化体制改革也将成就一次中国式的文艺复兴。

2. 长安的胡姬和万人昆曲大合唱——中国文化产业曾经盛况空前。

回顾中国历史，能看到许多文化与商业珠联璧合的辉煌例子。公元8世纪，长安的西市是贸易集中地区，商业极其繁荣，甚至通用波斯金币。西市里一家最热闹的酒家叫胡姬，常聚集大量诗人吟诗作赋；公元16到17世纪，苏州和南京因为昆曲的繁荣完全被文化的热潮所包围，甚至有几万人在山上唱歌的盛况。

元代杂剧表演更是火遍中国。他们在城市里的瓦舍勾栏中演出;在乡村、小城镇的庙会演出;在任何可以聚集观众观看的空地上演出。在大都或其他城市里的戏班演员属于教坊,有教坊总管掌管;在农村和小城镇,有一些小规模的戏班在做流动演出,他们被称为"路歧"或"散乐"。在农闲和比较重要的节日,农民也组织起业余戏班,自演自乐,称之为"社火"。元代有姓名可考的杂剧作家就有80余人,留下见于书面记载的作品约500余种,现存116种。在不到一个世纪里,竟出现如此众多的名家、杰作,不能不说是盛况空前了。

3.多年的病垢——我国老的演艺体制不改不行。

中国的演艺体制一直沿用前苏联的模式,由政府供养。大小不同的几千家市级以上院团组成了大而全的表演体系。在"双百"方针的指引下,为社会主义精神文明建设、颂扬社会主义理想、弘扬爱国主义、唱响主旋律发挥了强大的作用,同时也培养出大批的艺术家,为广大人民群众送上丰富多彩的精神食粮。但是,随着经济发展和社会转型,其弊端也逐渐显示出来:

(1)观念陈旧:在老体制下,原有院团吃大锅饭,坐等要闹,无市场意识,人浮于事,机构涣散。

(2)缺乏效率:体制陈旧机制不活,穷庙富和尚,吃国家的饷,干自己的活,单位整体效益很不好,收入很低。

(3)不懂市场:缺乏发展规划和市场经营观念,艺术营销人才奇缺。投入很大的一部作品,往往演一两场就束之高阁。几十年国家花巨资积累下来的文化艺术资本无法开发利用,抱着金饭碗讨饭。

(4)创作乏力:老体制束缚了创作活力,无动力的机制又严重影响了创作激情。一方面几个名家大腕奇货可居漫天要价，另一方面大批有才华有学识受过良好教育的青年俊才却不能冒头发挥，社会影响力弱，老的表现形式不为大众和市场所接受，新的作品又很难创作出来，严重制约了创作市场的繁荣和发展，创作恰恰又是艺术之本。

(5)缺乏职业精神：大锅饭导致干与不干，干多干少差距不大，多年的事业体制使人们难以打起精神。职业素质、职业道德形同虚妄，明星大腕摆谱失信事件屡屡发生，艺术人才得不到应有的尊重和尊严。

(6)技术落后：文化与科技高度结合的时代已经到来。在实体经济高速发展的时代，我们的文化与科技的结合还很浅显，艺术的魅力不能充分地表现，已不适合现代人的消费需求。信息不对称，技术落后，严重影响了创新和创作。

(7)资本无链接：文化艺术与资本缺乏一个有效的链接机制，没有资本的支持，文化艺术生产受到了极大限制，影响了艺术的大繁荣和大发展。

(8)人才断档：文化艺术的第一生产力就是专业人才。随着社会经济迅速发展，艺术人才的培养和流动已成为各个老院团难以解决的病痛。优秀的人才进不来上不去，无才无德的人下不去。后继无人、后继乏人，渐渐地使老的文艺院团都成了“养老院”。

老院团不得不改。文化体制改革是我国经济社会发展新形势的需要，是提高效率的需要，是建立新的可持续发展体系的需要，是出人、出戏、出效益的需要，是与世界交流对接的需要，是在新时期坚持“双百”、“二为”方针的需要；是更好地弘扬社会主义核心价值观的需要。改革刻不容缓，这场改革是深层次的、必然的。这场改革自上而下、自内向外，具有深刻深远的意义。

（四）不破不立——中国演艺产业改革探索

“爸爸妈妈，我要嫁给艺术。”

——香港中文大学教授郑新文

这是一次主题为“文化管理的经济和社会效益”的讲座的副标题。这位教授将艺术比喻成可以让女生托付终身的有经济能力、社会地位，并且与女生真心相爱的男子。旨在说明，一方面要重视非营利艺术的发展，另一方面也要开发市场，减少艺术对政府的依赖。

1. 面对市场——从文化产品到文化商品。

很难想象，一部文艺作品创作出来，不经过市场的充分检验，不为大众所接受，没有流传或者流行过的作品，可以被称为精品甚至经典。

有个非常形象的比喻形容中国的某些文化产业，说很多人虽然在做文化，但是他们在创作的过程当中就像是科幻片，突发奇想而已，没有着地。在制作产品的过程当中又像武打片，乱打一气，没有招数。到营销推广跟市场对接非常重要的过程当中，他们又开始演上了爱情片，羞羞答答，不知所措。所以从头到尾他就没有办法把文化真正与市场结合。

基层的很多演出团体已经被圈养惯了。财政拨款、补贴来自上级。团长、院长说我们要写一个艺术性很强的东西,于是就有了产品。这个节目很可能获奖,而获奖又是拨款、补贴的一个前提。文化产品到了市场上以后卖得掉卖不掉,有没有人花钱来买,演出团体并不关心,因为排出来一个“精品”,就很自豪。有时,花重金制作出来的作品演出一两场之后就鸣金收兵,束之高阁。问题是这些精品到底是否成立,并没有经过市场的检验。我们相信一个有好的市场票房、经久不衰的作品,从艺术上来讲一定有它特殊的魅力。就像百老汇著名音乐剧《歌剧魅影》,演了20多年,收入数十亿美元,经久不衰,从艺术上也堪称经典。这里面就要研究一个问题,到底如何使我们的文化产品通过市场,成为文化商品,而获得良好的社会效益和经济效益。

2.政府和艺术如何站位——一般国有文艺院团要坚决转企改制。

(1)政府保留和扶持传统的文化遗产,扶持部分小众的艺术形式进行保护性演出。

(2)大部分国有文艺院团,取消行政事业编制,即使有再大的困难,也要坚决转制为企业,走市场化道路。

(3)鼓励金融和社会资本进入演艺产业,将行政婆婆改成资本婆婆,适应现代市场经济的发展。

(4)公共文化服务政府买单。制定相关政策,按市场要求进行招标运作。政府买单市场招标对文化产品有意识形态、艺术水准服务档次的要求,因而促成院团参与市场竞争提供积极优质的服务。

3.出人、出戏、出效益——人是第一要素。

第一个人是观众。

这是我们的终极目的,终极消费者。什么是市场,人心才是最大的市场。所以,适应人心就可以创造一个巨大的市场。当代的艺术作品,从更深层次来讲就是寻找与人心灵深处的碰撞,从而赢得观众,赢得市场。

第二个人是创作。

所有的文化资源,必须靠人去创意、创作,才能成为文艺作品。而艺术家正是这些作品的创作者。

第三个人是营销。

参与作品的整个创作策划和营销之人,我们称为艺术产品的经营者,使文化产品成为一件面向市场的商品。

如果这三个层次"人"的因素得到最好的组合配置,随着我国演艺市场的不断成熟,新的演艺产业体系就建立起来了,就能形成良好的社会效益和经济效益。

第一个"人"是我们改革的目标。无论是我们社会主义的文化艺术事业,还是其他国家成功的艺术市场经验,为广大的观众服务,创作广大观众喜闻乐见的艺术作品,都是文化工作者的始终目标。同时,市场也是要靠培育和引导的。

第二个"人"是改革是关键。必须坚持做到尊重劳动、尊重知识、尊重人才、尊重创造,建立和完善有利于优秀人才脱颖而出的体制机制。一般国有文艺院团只有打破事业单位的"铁饭碗",摆脱体制机制束缚,主动参与市场竞争,才能发展壮大。只要你有好戏，就有人来看戏。看戏的人多了，才可以养剧场。企业有了更加灵活的体制机制，个人才会有更大的发展空间，对优秀人才才会有吸引力。现代企业制度就是要建立一个良好的市场机制，为艺术家的创作和交流提供更大的平台和空间，使他们的艺术才华能够得到充分的发挥，极大地激励他们的创作灵感和创作热情，从而创作出优秀的文艺作品。

第三个“人”是推手。在我国目前还没有形成一支文化艺术经营人才的队伍，这严重影响和制约了文化作品向文化产品的转化，同时也使艺术家们很难把握艺术创作的市场需求。培养职业的文化艺术经营管理人才，已成文化产业发展的一项刻不容缓的任务。

经过两年的实践，我们陕西演艺集团在清产核资，核销事业编制，签订全员劳动合同，建立、健全现代企业制度等方面做了一些有益的尝试，积累了一些经验。同时，在体制机制创新，新品创作、市场开拓、人才培养方面取得了很大的成绩，得到了有关方面的肯定。同时吸引了民营企业参股入股，陕西演艺集团与西安中贝元艺术剧院有限责任公司进行资产重组，演艺集团收购其51％以上的资产控股。民营企业参股入股，一方面促进国有院团快速改变，另一方面，也能学习和借鉴民营院团灵活的经营管理经验。

4. 扶持“草台班子”——民营演出团体应该是生力军。

社会对民营文艺表演团体往往以“草台班子”看待。在演出接待、演出价格，甚至人格尊严上，还缺乏公平。我们要充分认识民营文艺表演团体的地位和作用，应把其发展纳入我国演出市场体系建设、纳入文化产业和文化事业建设规划、纳入社会主义精神文明建设总体格局之中，建立健全适合其发展的政策支持体系和管理机制，热情为民营文艺表演团体排忧解难。

支持有条件的民营文艺表演团体兴建演出场馆，简化报批手续，减免相关税费。鼓励支持民营文艺表演团体在不影响城市环境和管理秩序的前提下，在旅游景点、场馆、公园、礼堂、企业、学校、宾馆等定点演出或流动演出。

支持社会资本参股甚至控股改制后的国有演艺企业，使其能真正意义上从行政婆婆转为资本婆婆，适应演艺市场的需要。

5. 整合产业链——上下一盘棋。

我们现在一个一个的院团，好像就是棋盘上的一个一个的子。我们一台一台的节目，也还是一个一个的子。我们一个一个孤零零的剧院，仍旧是一个一个的子。下棋不能一个一个的孤子，需要把这些子布成一个势，进而盘活全局，这盘棋才可能赢。所以，从上游的创意、策划创作到下游的市场营销和综合经营，要进行优化资源配置，整合产业链，提高生产力。

2009 年，以现有陕西省歌舞剧院、省乐团、省杂技艺术团、省民间艺术剧院、省京剧团、陕西人民艺术剧院、西安人民剧院、省演出公司 8 家单位的资产为基础，组建而成的具有独立法人资格的陕西演艺集团有限公司，整合了演出院团、演出中介机构、演出场所的资源，提升了集约化经营水平和产业集中度，形成演艺产业两大环节在市场运营方面的互动、联动和聚合效应，从而提升陕西演艺业的核心竞争力。转制之后，仅 2011 年，各种演出达 1800 多场，演出量和收益都实现了翻番，并初步形成了一个完整的运作体系和演艺产业布局。

(1)四个大型旅游演出项目。演出达 3 万多场的《仿唐乐舞》，已经成为长盛不衰的品牌。《仿唐乐舞》是由中国最著名的唐代专家、学者、艺术家，经过多年学术上的发掘、考证、研究，按照唐代燕乐表演形式悉心编排的盛唐歌舞表演，观众达1000万人次，此规模在目前国内演出市场上是少有的。大唐宫廷舞《大唐赋》，也连续演出500多场。《汉唐百戏》，以传统杂耍、民间艺术为主要内容，已演出100多场。大型情景音画《延安颂》被誉为新中国成立以来陕西文艺演出的盛事之一。今年五一，此剧开始在革命圣地延安每天进行常态化演出。

(2)惠民小剧场。演艺集团打造的周末剧场“周末大荟彩”演出活动，以人艺小剧场为基础，用歌舞、话剧、室内乐、京剧、杂技等优秀作品，为观众提供艺术品鉴和文化休闲，引发小剧场演出热潮。该活动自2010年5月6号启动以来，截至目前已进行了7个门类100多场演出，演出实行低价票，并推出会员票、优惠票、半价票、免费票等场次，旨在通过小剧场培育演出产业大市场，培养文化消费新群体，让艺术惠及大众。目前，我们已有5家惠民小剧场演出，分别是儿童剧、皮影木偶戏、室内乐、话剧、歌舞、杂技等，深受广大人民群众的欢迎。

(3)春天系列的演出。陕西演艺集团承办的陕西省迎春晚会《春天你好》、《春天的歌》等春节、元旦大型晚会，通过市场化运作，填补了陕西10年没有重大新春演艺活动的空白，成为了艺术水准高、内容丰富、深受陕西人民喜爱的新春文化大餐，并通过电视、网络、报纸等媒体广泛传播，取得了良好的社会效益和经济效益。

(4)大型庆典系列。如举办了迎接十八大、建党90周年、辛亥革命100周年、延安文艺座谈会70周年等活动，弘扬主旋律和主流价值观，为我国政治经济社会服务。

(5)大型文化服务和大型祭奠活动。文化演艺进社区、进农村、进学校、进企业、进机关，为人民群众送文化，同时常年为政府机关、企事业单位，提供文化艺术服务，有效地改善了过去演艺服务市场缺乏组织，以个人行为为主、艺术水准不高、管理混乱的局面。每年的世界华人"公祭黄帝陵"等重大祭祀乐舞活动，已成为我公司的一个品牌。

(6)探索综合性经营管理和综合开发。陕西演艺集团经营范围涉及艺术生产、研究和辅导，演出经销，演艺文化衍生产品的开发和销售，舞台美术、服装、灯光、音响设计制作，主办、承办各类大型艺术活动。下一步，我们将在西安文艺演艺基地建设方面与其他投资企业合作，建设包括综合办公、教学、培训、各种演出剧场、演艺吧、演艺交易中心、艺术家公寓以及演艺商业综合设施等，拉长产业链，做强做大。

陕西演艺集团的改制，为陕西演艺文化产业提供了新的生机活力，为打造文化强省积累了非常重要的经验。

(五)最后的思考——我们和好莱坞、百老汇的差距到底是什么？

事件1:2008年，为拍摄《功夫熊猫2》，近30位创作人员在梦工厂动画公司首席执行官卡森伯格的率领下抵达成都，参观了宽窄巷子、大熊猫繁育研究基地、金沙遗址、青城山等标志性景观，并将脚步迈到了山西平遥、湖北武当山、北京等地。这些工作人员把亲眼看到的建筑、风光、专门花10天尝试了各种小吃如麻辣火锅、麻婆豆腐等，统统砸进了动画里，就连熊猫基地周围的野孔雀，也没逃过他们的法眼，被设计成为大反派沈王爷。

事件2：猎头网站Interview Street为Facebook等硅谷诸多科技公司网罗技术人才。他们在网站上贴出编程挑战，并根据成绩列出黑客英雄榜。结果统计一看，前十名居然有9名来自中国，第11名才来自美国。美国媒体感慨：世界顶级软件人才在中国。

事件3：2011年，中国人的注意力牢牢地被一部美国音乐剧《妈妈咪呀》所吸引。该剧半年来走了北京、上海、西安等6个城市，演出将近200场，观众的人数达到了20多万人，总票房逼近1个亿。演苏菲的演员是来自台湾地区的，有记者曾经问大陆人才济济，干吗一定要跑到台湾去找演员？制作英文版的导演说你这个问题很好，我没有想她是大陆还是台湾的，我只想到她是合适的。

我们有人才、有技术、有市场、有五千年文化资源，但我们和好莱坞百老汇的差距到底是什么？为什么多年来，世界上只有百老汇和伦敦西区，没有第三个城市照抄成功的案例？百老汇、好莱坞集成的是全球的文化资源，首先是全球的人才。我们要想解决这个问题，也要变成从集成中国到集成全球，即中国元素国际制作，中国故事国际表述。

我们的文化发展进入了历史上最好的时期，同时具备了天时、地利、人和的国内外环境。党的十七届六中全会的召开，标志着我们的文化自觉和文化自信提升到一个新高度，也标志着党对文化战略制定提升到一个新高度。中国文化如何与世界交流，如何建设社会主义文化强国，成为我们每一个文化工作者的使命。

我国的演艺产业，需要坚持发扬“双百”、“二为”方针，适应新的形势，进行新的思考，建立适合我国国情和文化传统的体制和机制，充分发挥演艺产业的社会效益和经济效益，为构建社会主义核心价值体系服务，为完成我国文化产业的历史任务服务。

十六、学习先进经验，结合实际情况，开发特色文化产品

青海西宁新之奇文化艺术有限公司董事、总经理　马季春

本文希望以此次赴美考察所获得的对美国文化产业发展的初步了解，结合青海实际，对青海文化产业发展进行进一步的思考和认识。

（一）美国文化产业发展的经验和我们的差距

美国建国历史不过200多年，与具有5000年文明的中国相比，其历史文化底蕴贫薄不知凡几，但它如今却是公认的世界文化产业大国。究其原因，这很大程度上是与美国政府大力培育文化产业的理念和举措分不开的。2005年，美国的全部版权产业对美国国内生产总值的增值达到了1.39万亿美元，在GDP中的比重达到了11.12%。到2009年，短短的四年时间，美国文化产业发生了飞速的发展。单就2009年美国电影海外票房而论，就达到了193亿美元，占全球总票房的64%。而美国电影版权产业的综合收益（包括票房收入、相关广告、音像、软件、游戏、旅游娱乐、玩具、主题公园等），则达到了1000亿美元的规模。在电视方面，美国控

制了全球74%左右的电视节目生产制作。美国的音乐市场也占到了全球的35%以上。资料显示，2009年美国文化产业共创造产值2784亿美元，文化产业产值占到整个GDP的约25%。全世界56%的广播和有线电视收入、85%的收费电视收入、55%的电影票房都来自美国。从以上数据可以看出，美国的文化产业已经发展到相当高的水平，成为国民经济中的优势和主导产业。这样骄人的成就，其发展方式和成功经验的确值得我们很好的比较和借鉴。我认为，归纳起来，有以下四点。

1. 文化产业发展要依靠科学技术与人才培养。

历史的经验充分证明，文化资源是文化产业发展的基础。但美国没有像中国一样有五千年深厚的文化底蕴，其文化产业之所以取得极大的发展，与美国的科技发展与人才培养是分不开的。在美国，文化产业的生产、流通、销售等各个环节中，现代科技无处不在。文化企业与科技公司建立合作伙伴关系，共同开发了一系列文化产品，促进了文化产品的消费。在文化产业的人力资源方面，美国宽松的移民政策起着重要的作用，来自世界各地的移民对美国文化贸易的发展做出了突出贡献。美国政府在引进人才的同时，注重对人才进行文化产业与文化贸易方面的培养。美国多所大学开办了文化管理等相关专业，并指导其进行科技创新，在文化产业中加入高科技手段，增强文化作品的感染力与创造力，为文化产品在国际市场上的竞争提供了强有力的保障。

从生产要素中的核心要素文化资源来看，中国历史文化以其丰富性、独特性和多元性在世界市场中具有相当的竞争优势，但文化产业却远远赶不上美国。主要原因在于我国对文化产业人才的培养上没有对原创性和优秀创意引起足够的重视，在文化产业的生产和销售中也没有更好地融入现代科学技术，从而不能形成有竞争力的文化产品品牌。对文化资源的内涵缺乏深入的挖掘和创新，无法形成具有核心竞争力的品牌产品和品牌企业，发展后劲不足，使得文化资源和高新技术结合的高附加值和高回报的品牌特色文化产品难以批量涌现。就青海而言，文化产业发展呈现散、弱、小的状况，文化产品科技含量和附加值不高，基本上以传统文化经营为主，还处于初级阶段。

2. 文化产业发展要依赖于良好的竞争性市场环境。

美国政府通过一系列法案的制定和实施为其国内的文化产业培育了良好的竞争性市场环境，促进了企业组织结构、经营战略、营销网络的提升。美国政府在 1984 年放松了对文化产业所有权的限制，特别是放松了对媒体所有权的限制，这直接导致 20 世纪七八十年代美国一次较大的媒体兼并浪潮。20 世纪 90 年代，克林顿政府颁布的《1996 年联邦电信法》极大地放宽了对广播电视、电视所有权的限制，鼓励互联网等进入传统的文化产业，促使一大批像迪士尼、华纳、百老汇等大型文化巨头的产生。这些文化产业巨头有着强大的经济技术实力，有着无可比拟的完整产业链和庞大的跨媒体营销网络，为美国文化产业的发展做出了突出贡献。

而我们的文化企业缺乏有序、统一的市场竞争环境。个别企业利用与行政机构的传统联系垄断资源、操纵市场。各种形式的地方或部门保护或垄断继续存在，规范、竞争、有序、统一的文化市场体系没有建立，文化资金市场、文化设施市场、文化人才劳务市场等发展滞后，这种状况无疑阻碍了文化产品和服务的生产和流通。

3.文化产业发展要依赖于产业链各环节的大力扶持。

首先，文化产业是由一系列产业所构成的链条，文化产业竞争优势的培育需要在生产、流通、消费等各个环节获得相关辅助产业的支持。在产业集群的打造上，美国有很多值得借鉴的经验。到2010年年底，青海省文化产业及相关产业共有7233个，从业人数97017人，实现文化产业增加值22.38亿元，文化产业企业在逐渐增多，可企业生产的外部产业链还未形成，处于单打独争的状况。内部能胜任文化策划、工艺美术研发、设计的人才少之又少，在一定程度上阻碍了文化产业向广阔的新兴领域发展。

其次，美国政府早在1965年就成立了国家艺术拨款委员会，为文化产业的融资提供了极大的便利，进而扶持文化产业的快速发展。美国政府还设有专门的国际艺术基金、人文基金，通过政府的拨款、项目投资等方式，扶持美国各地的文化活动。美国的地方政府也设有艺术理事会，负责给文化项目拨款，保证文化活动。美国政府的这些政策不仅鼓励政府对文化产业给予资金支持，而且还调动了全社会对文化产业的扶持，带动了文化产业的极大发展。但我们的状况是，只有一个从上到下的文化行政部门负责文化工作，社会层次的各种扶持文化的机构和组织还未发展起来或是作用不大。这主要是发展观念还比较落后，对文化产业重视不够，对其产业运作认识不够清楚，致使文化产业发展受到一定程度的影响和制约。青海文化产业投资主体渠道单一，基本上还是靠财政拨款，文化产业投入不足，与发展文化产业所需要的资本扩张能力不相适应，导致青海目前文化产业的基础、设施、资金、后劲多数比较落后和严重不足。

4.文化产业发展要依赖于对知识产权的保护。

版权作为文化产业发展的重要基础,是促进文化产业健康快速发展的有效途径。美国完善的版权保护法律体系则为文化产业的发展提供了有力的保障。1979年,美国将知识产权保护战略作为国家战略进行发展。如今,美国已经形成了以《专利法》、《版权法》、《反不正当竞争法》为主的一系列完整的产权保护法律体系,使文化产业的发展得到了很好保护。同时,美国还在国际上极力推广产权保护,使得知识产权和国际贸易问题紧密联系在一起,形成了一套有利于美国文化贸易的体系。美国政府在国际贸易中实行的普惠制也是以各国知识产权保护为前提的;美国政府还设有负责版权工作的办公室、贸易代表署以及海关等政府部门,加强对版权的保护力度。总之,美国强力的法律体系以及相关政府部门为美国文化产业的发展提供了强有力的保证,美国政府为文化贸易的发展起到了保驾护航的作用。就青海而言,文化经营市场活力不足,文化经营部门规模小,集约化程度低,缺乏龙头企业;不少地区的文化产业结构雷同,各自为政,产品项目大多一窝蜂上,知识产权得不到有效保护,质量没有保证;经营运行机制僵化,经营活力不足;市场管理跟不上,市场经营不规范,假冒伪劣产品泛滥,没有形成规范有序的文化市场环境。

(二)文化产品的开发思路及策略

根据中央改革开放、西部开发战略和近期召开的中央十七届六中全会审议通过的《中共中央关于深化文化体制改革　推动社会主义文化大发展大繁荣若干重大问题的决定》精神,借鉴美国文化产业发展的经验,运用科学发展的思路,我们必须立足青海的经济社会发展状况和文化产业发展处于初级阶段的实际,走特色发展路子,这就是依托丰富的民族民间文化资源,进一步发挥民间文化艺术的精神价值、艺术价值和经济价值,开发更多更好的特色文化艺术产品。

1.思路。

树立继承、提升、出新的观念。瞄准省内外、国内外大市场,树立大文化的观念。以资源为依托,以人才为基础,以科技为动力,研制开发具有地方特色的民族宗教系列、民俗风情系列、昆仑神话系列、非物质文化系列、昆仑玉系列、现代工艺系列六大特色文化产品系列。发展以各民族歌舞为代表的民族民间歌舞文化产品,以热贡艺术为代表的绘画和造型艺术产品,以昆仑神话和彩陶为代表的非物质文化产品,以藏族、土族、撒拉族风情为代表的民间风情文化产品,以藏传佛教和伊斯兰教为代表的宗教文化产品,以昆仑玉为代表的玉石文化产品,以影视动漫为代表的衍生文化产品,以现代工艺为代表的现代工艺文化产品,促进文化与旅游的结合,打造精品,赋予产品丰富的文化内涵和较高的经济效益,开发特色文化产品。

2.策略。

(1)保护开发的策略。

尽快建立以专家学者、民间文化艺术家、有关方面人士组成的研究机构和组织,加大对优秀民间文化艺术的挖掘、研究和抢救、保护力度。依托我国独具特色的民间文化,走边保护边开发的可持续发展的道路。合理开发,有序开发,理智开发,切忌以创新开发为名,受经济利益驱动盲目求新、求变,使其成为丧失传统和本土特色的过度开发。留住宝贵的民间文化艺术品的根,就是留住了辉煌的民族文化,就为更好地传承民间文化艺术精华,开发生产新的特色文化产品积蓄了力量。

(2)建设创新机制策略。

创新能力的培育,是提升特色文化产品的必要手段。要紧紧抓住众多的市场机会和政策机会,树立以创新换市场的观念,在继承传统的基础上对特色文化产品进行全方位的整理、审视、改造,以适应现代人的生活和审美需求。同时,要适应市场经济规律,即用新的思维、新理念、新的审美观和强烈的市场意识、现代高科技,挖掘民间文化艺术产品的内涵,创新发展,从而使特色文化产品不断出新,具有活力,开拓出更加广阔的特色文化产品市场。

(3)品牌带动策略。

由于长期以来在经营管理上相对缺乏市场运作和品牌营销观念,特色文化产品的品牌创建和品牌管理成为当前民间文化艺术产品开发的核心问题。加大品牌研究的力度,打造特色文化产品品牌,一要发挥民间文化艺术名人、名师的品牌效应,实现优势互补,坚持面向市场、面向大众,推动民间文化艺术产业的发展。二要发掘和重塑现有的著名民间文化艺术品牌,扩大品牌效应;积极开发和推广新品牌,用品牌吸附资本,由内而外开拓特色文化产品市场空间,带动特色文化产品产业的整体发展。三要重点扶持已在国际、国内有知名度的特色文化产品和产业,以及各地有特色、有实力、有国际影响的特色文化产品精品,推出适当的文化活动、文化宣传等形式，促进民间文化艺术品牌的形成。

(4)特色发展策略。

品牌带动需要把做出特色放在首位。特色是民间文化艺术产品打开市场的敲门砖，特色是特色文化产品产业壮大发展的铺路石。以特色求生存、以特色谋发展、以特色赢市场是特色文化产品开发的发展策略。一是优先开发市场需求旺盛、竞争力强、关联作用大的青海特色文化产品，实行普及性、实用性、娱乐性强，同时又有地方特色、文化品位高的特色文化产品类的专项开发和垄断经营。二是与经贸、旅游等活动相结合。围绕特色，突出重点，深入挖掘、合理整合丰富的地方民间文化艺术资源。有计划、有选择地树立一批特色文化产品典型，形成一个个各具特色的文化景点，以点带面，带动和促进特色文化的繁荣发展。三是积极开辟、拓宽国内外市场。将受到青睐的具有纯朴乡土风格的特色文化产品，作为产业来发展，除了保持其传统特色外，还要不断提升其艺术水准，在艺术价值、工艺技术、包装运输等方面不断改进，形成以特色文化产品为主体、吸收外来有益文化，多层次、宽领域，官方、民间和贸易并举的特色文化产业新局面。四是树立大文化意识，特色文化产品的开发与影视、动漫、博物、出版、演艺等文化产业紧密结合，共同发展。

(三)特色文化产品开发的措施

把特色文化产品作为一种文化产业，促其做大做强，实现社会效益和经济效益协调发展，进一步提升特色文化产业的整体形象，实现发展目标，应采取四项措施。

1.产业发展措施。

加强政府对特色文化产业的扶持力度。制定支持和促进特色文化产品开发及产业发展的相关法规和优惠政策，以扶持民间文化艺术品生产企业走向外向型、规范化、多元化的市场；鼓励民间文化艺术品生产企业与著名商场、贸易中心合作，推销民间文化艺术产品，为民间文化艺术产业创造与国内外各种文化进行深度交流、对话、互动的外部环境。

培育和建设一批特色文化产业基地。大力扶持有发展潜力的中小型特色文化产品专营企业向“专、精、特、新”方向发展，形成有自己的定位、有自己的趋向、富有活力的优势产业群；努力开发既具普及性、实用性，又具地方特色的特色文化产品专项品类，实现适度规模的专项特色文化产品企业集团；要借鉴美国好莱坞、迪士尼、百老汇和国内的深圳大芬村、华侨城、北京798、昆明七彩云南、西安曲江大唐芙蓉园等园区建设的经验，建设文化产业园区，引导艺术品生产经营向园区集中，逐步形成品牌优势。实行强强联合、强弱互补，建立跨省、区的民间特色文化产品生产基地，扩大特色文化产品的范围，从战略高度对特色文化产品进行统筹规划，延伸产业产品链。同时，加大对特色文化产品宣传的力度。利用各种媒体对特色文化产品进行大张旗鼓地宣传，是民间文化艺术产品开发进程中至关重要的环节。

2.人才推动措施。

借鉴美国文化产业发展依赖于科技发展与人才培养的经验，特色文化产品产业要做大做强，就必须有一批人才来支撑、推动。要以科学发展观为指导进行人才培训，建立民间文化艺术技能培训基地。打破资历、身份、年龄限制，鼓励企业的职工参加技师资格培训，努力造就一批民间文化艺术领域的领军人才、民间文化艺术的顶尖人才、掌握民间新工艺的专业人才、民间文化艺术经营管理人才、民间文化艺术的研制开发人才以及既善于传播又懂民间艺术文化的翻译人才，并建立激励机制，充分调动他们开发特色文化产品的积极性。

要有计划地抓紧培养一批文艺专业素质与市场经济素质兼备的复合型经营管理人才，特别要注意培养或引进一批既具有开放的文化创新思维，又具备现代科技素质与经营才能的人才。还要通过各种途径的培训和学习，提高现有文化生产经营管理人员的素质，造就一批懂生产、懂经营、善管理和德才兼备的文化产业经营管理人才，为特色文化产品开发生产和文化产业的可持续发展提供人才保障。

3.科技提升措施。

科技是第一生产力。美国文化产业发展的主要原因是充分依靠科技进步。因此，我们要运用高新科技和新工艺加强文化产品的创作与开发，加大特色文化产品的科技含量；运用现代技术更新传统文化产品与服务，提升文化企业的市场竞争力。借助现代科技手段，对进入市场的特色文化产品进行精心包装和创新改进，从而使特色文化产品的原有艺术特色和所传达出的民间文化艺术信息更浓。对那些不能进入市场只能保存在博物馆里的优秀历史文化遗产进行高质量的复制品制作，使其进入市场，传达民间文化艺术的信息。

要以科学的依据，利用科技手段制订和完善如青海昆仑玉、藏毯、唐卡等特色文化产品的行业、地区乃至国家标准，建立健全各类检测、鉴定机构，加强产品质量管理。要组建各级各类行业协会，规范经营者的行为，走行业自律的路子。要建立知识产权保护机制，保护特色文化产品开发生产的合法利益。

4.市场营销措施。

市场是检验特色文化产品优劣和实现经济效益的唯一平台。只有经得起市场考验的特色文化产品才能立于不败之地。要及时把握市场脉搏，掌握市场动态，了解市场需求，研制开发市场需要和畅销的特色文化产品，占领市场；要打造更多的具有地方特色、反映时代风貌、具有深远影响的特色文化产品品牌，以品牌扩大影响，吸引资本，形成以强势品牌带动大众产品，以大众产品保护特色精品的独特的特色文化产品市场格局；要挖掘潜力，发挥优势，与国家宏观政策相对接，在开发环保、生态和科技创新型产品上做文章；要与旅游及服务业相配套，在开发特色礼品和旅游纪念品上求突破；要与人民大众的生活需求相适应，在开发室内装饰品和收藏品上下工夫，根据市场需要，增强产品功能，增加产品实用性，扩大产品范围，不断开发个性突出的产品，形成丰富多彩的特色文化产品产业链；要建设依法经营、违法必究、公平交易、诚实守信的民间文化艺术市场秩序，积极营造公平、开放、竞争、统一、有序的特色文化产品市场环境，为特色文化产品的开发赢得广阔的市场。

要积极发挥自身优势，加快走出去步伐，从国际市场的长远发展出发，以一个或若干个能够立足国际文化市场的产品，如热贡唐卡、青海昆仑玉等为突破口，全力打造成国际品牌，让青海特色文化产品走向世界。

后　记

本书的编辑出版工作是在中宣部领导关心重视下，由中宣部干部局、中宣部改革办负责组织的。蒲增繁、黄志坚、杨小平、朱涛同志参加了本书的策划统筹和书稿审改，编辑出版的具体工作由杨小平、朱涛同志协调落实。姬斌、于殿利同志对书稿进行了审读并提出修改意见，于殿利同志还担任了“美国文化产业考察报告”的主要执笔人。

在本书编辑出版过程中，商务印书馆有关负责同志给予了大力支持，学术出版中心的同志特别是李霞同志做了大量扎实细致的工作。秦亮、苏淑珍、陈启榆、柳杰、罗杨、王培龙、谷红瑞、夏英元、周伟娜等同志分别参加了书稿部分内容的审读和修改工作。

在此，谨向关心支持本书出版的有关领导、有关专家致以诚挚敬意，向为本书编辑出版工作付出辛勤劳动的同志表示衷心感谢。

编者

2012年8月